"十四五" 国家重点出版物出版规划项目

转型时代的中国财经战略论丛

绿色食品区域品牌生态系统动态演化研究

The Dynamic Evolution Research of Green Food Regional Brand Ecosystem

邢夏子 著

中国财经出版传媒集团

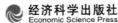

经济科学出版社
Economic Science Press

图书在版编目（CIP）数据

绿色食品区域品牌生态系统动态演化研究/邢夏子
著.—北京：经济科学出版社，2021.10
（转型时代的中国财经战略论丛）
ISBN 978 - 7 - 5218 - 2946 - 4

Ⅰ.①绿…　Ⅱ.①邢…　Ⅲ.①绿色食品 - 品牌战略 -
研究 - 中国　Ⅳ.①F426.826

中国版本图书馆 CIP 数据核字（2021）第 204904 号

责任编辑：于　源　冯　蓉
责任校对：孙　晨
责任印制：范　艳

绿色食品区域品牌生态系统动态演化研究
邢夏子　著
经济科学出版社出版、发行　新华书店经销
社址：北京市海淀区阜成路甲 28 号　邮编：100142
总编部电话：010 - 88191217　发行部电话：010 - 88191522
网址：www.esp.com.cn
电子邮箱：esp@ esp.com.cn
天猫网店：经济科学出版社旗舰店
网址：http：//jjkxcbs.tmall.com
北京季蜂印刷有限公司印装
710 × 1000　16 开　14.25 印张　230000 字
2021 年 12 月第 1 版　2021 年 12 月第 1 次印刷
ISBN 978 - 7 - 5218 - 2946 - 4　定价：57.00 元
（图书出现印装问题，本社负责调换。电话：010 - 88191510）
（版权所有　侵权必究　打击盗版　举报热线：010 - 88191661
QQ：2242791300　营销中心电话：010 - 88191537
电子邮箱：dbts@ esp.com.cn）

总　序

《转型时代的中国财经战略论丛》是山东财经大学与经济科学出版社合作推出的"十三五"系列学术著作，现继续合作推出"十四五"系列学术专著，是"'十四五'国家重点出版物出版规划项目"。

山东财经大学自 2016 年开始资助该系列学术专著的出版，至今已有 5 年的时间。"十三五"期间共资助出版了 99 部学术著作。这些专著的选题绝大部分是经济学、管理学范畴内的，推动了我校应用经济学和理论经济学等经济学学科门类和工商管理、管理科学与工程、公共管理等管理学学科门类的发展，提升了我校经管学科的竞争力。同时，也有法学、艺术学、文学、教育学、理学等的选题，推动了我校科学研究事业进一步繁荣发展。

山东财经大学是财政部、教育部、山东省共建高校，2011 年由原山东经济学院和原山东财政学院合并筹建，2012 年正式揭牌成立。学校现有专任教师 1688 人，其中教授 260 人、副教授 638 人。专任教师中具有博士学位的 962 人。入选青年长江学者 1 人、国家"万人计划"等国家级人才 11 人、全国五一劳动奖章获得者 1 人，"泰山学者"工程等省级人才 28 人，入选教育部教学指导委员会委员 8 人、全国优秀教师 16 人、省级教学名师 20 人。学校围绕建设全国一流财经特色名校的战略目标，以稳规模、优结构、提质量、强特色为主线，不断深化改革创新，整体学科实力跻身全国财经高校前列，经管学科竞争力居省属高校领先地位。学校拥有一级学科博士点 4 个，一级学科硕士点 11 个，硕士专业学位类别 20 个，博士后科研流动站 1 个。在全国第四轮学科评估中，应用经济学、工商管理获 B＋，管理科学与工程、公共管理获 B－，B＋以上学科数位居省属高校前三甲，学科实力进入全国财经高校前十。工程学进入 ESI 学科排名前 1%。"十三五"期间,我校聚焦内涵式发展,全面实施了科研强校战略,取得了一定成绩。获批国家级课题项目 172 项,教育部及其他省部级课题项目 361 项,承担各级各类横向课题 282 项;教师共发表高水平学术论文 2800 余篇,出版著作 242 部。同时,新增了山东省重点实验室、省重点新型智库和研究基地等科研平台。学校的发展为教师从事科学研究提供了广阔的平台,创造了更加良好的学术生态。

"十四五"时期是我国由全面建成小康社会向基本实现社会主义现代化迈进的关键时期,也是我校进入合校以来第二个十年的跃升发展期。2022 年也将迎来建校 70 周年暨合并建校 10 周年。作为"十四五"国家重点出版物出版规划项目,《转型时代的中国财经战略论丛》将继续坚持以马克思列宁主义、毛泽东思想、邓小平理论、"三个代表"重要思想、科学发展观、习近平新时代中国特色社会主义思想为指导,结合《中共中央关于制定国民经济和社会发展第十四个五年规划和二〇三五年远景目标的建议》以及党的十九届六中全会精神,将国家"十四五"期间重大财经战略作为重点选题,积极开展基础研究和应用研究。

与"十三五"时期相比,"十四五"时期的《转型时代的中国财经战略论丛》将进一步体现鲜明的时代特征、问题导向和创新意识,着力推出反映我校学术前沿水平、体现相关领域高水准的创新性成果,更好地服务我校一流学科和高水平大学建设,展现我校财经特色名校工程建设成效。通过对广大教师进一步的出版资助,鼓励我校广大教师潜心治学,扎实研究,在基础研究上密切跟踪国内外学术发展和学科建设的前沿与动态,着力推进学科体系、学术体系和话语体系建设与创新;在应用研究上立足党和国家事业发展需要,聚焦经济社会发展中的全局性、战略性和前瞻性的重大理论与实践问题,力求提出一些具有现实性、针对性和较强参考价值的思路和对策。

山东财经大学校长

2021 年 11 月 30 日

前　言

"十四五"规划明确提出了"坚持农业农村优先发展、全面推进乡村振兴""优化区域经济布局，促进区域协调发展"及"推动绿色发展、促进人与自然和谐共生"的纲要，坚持走农业农村优先发展、区域发展和绿色发展的道路；2021年中央一号文件强调"要深入推进农业供给侧结构性改革，推动品种培优、品质提升、品牌打造和标准化生产"。由此可见，在"双循环"新发展格局下，深入实施品牌强农战略，对全面推进乡村振兴、加快农业现代化建设具有重要意义。推进农业绿色发展是农业发展观的一场深刻革命，也是农业现代化发展的必由之路。

互联网技术的迅速发展和网络经济的快速崛起，将商业社会带入以协同进化为明显特征的商业生态系统时代。品牌管理的视野已经扩展到生态系统领域，区域经济内各利益相关者和系统要素以区域品牌为依托，建立互相依存、和谐共生的生态关系，有助于多方参与者相互促进，有利于系统协同进化。未来企业之间的竞争也将从商业模式之间的竞争提升为品牌生态系统的竞争。工业化进程带来的污染等问题使得绿色食品产业成为全球关注的焦点，绿色食品逐步取代传统食品将成为必然。近年来，绿色发展理念逐步深入人心，绿色食品安全问题愈发受到重视，农业绿色发展加快推进，绿色优质农产品供给能力不断提升，绿色食品区域品牌建设取得较大突破，农业质量效益和竞争力持续提高。中国绿色食品产业实现突飞猛进的高速、健康发展，呈现出较强的区域性特征，知名区域品牌成为推动绿色食品发展的重要途径和动力来源，同时也为中国绿色食品产业的健康成长提供了宝贵的理论依据和实践经验。

　　绿色食品区域品牌生态系统是指在一定的区域范围内，由具有较大规模、较大影响力的、能够提供具有特色的绿色产品品牌及其赖以生存和发展的相关环境复合而成的商业生态系统。东西方的绿色（有机）食品产业和区域品牌生态系统在市场成熟度、消费者接受度、集群产业发达度、政府参与程度及地区资源禀赋等方面存在众多差异，因此在中国特色情境下对绿色食品区域品牌生态系统开展针对性研究具有现实意义。绿色食品区域品牌生态系统是一个开放的复杂适应性系统，涉及众多要素和利益相关者。在其实践发展过程中，一个品牌的失败往往带来整个区域品牌塌方式的毁灭，给区域品牌生态系统带来致命打击，严重影响整个区域绿色食品产业的健康发展。如何打造具有高市场价值的优质绿色食品区域品牌？如何真正实现质量兴农、绿色兴农、品牌强农？如何协调绿色食品区域品牌生态系统内各主体关系、促进生态系统的良性循环？探讨绿色食品区域品牌生态系统的建构逻辑，把握生态系统成长规律和驱动机制成为推动区域经济持续发展和提高绿色食品品牌价值的关键课题。

　　绿色食品区域品牌生态系统的构建逐渐成为区域品牌领域的研究焦点，并呈现出交叉化和多元化的研究特点。相比较于国外，中国绿色食品产业尤其呈现出较为鲜明的区域特征，区域品牌生态系统内部存在众多个性化要素。当前对绿色食品产业的研究，很少涉及"区域品牌生态系统"理论，过多地关注地方政府因素，忽视了企业动态能力利用区域资源禀赋的重要驱动作用，且多采用定性分析以及案例分析的研究方法进行描述和机理演绎。因此，本书结合系统动力分析、问卷调查等多种研究方法，基于复杂适应系统理论，构建了绿色食品区域品牌生态系统模型，解析了生态系统的构成要素及相互之间的作用机制，并利用逻辑斯蒂方程对生态系统进行演化分析，之后对生态系统驱动机制进行了实证检验，最后根据系统发展周期，分阶段、有针对性地提出了绿色食品区域品牌生态系统的优化建议。

　　本书主要取得了以下一些成果：

　　（1）基于复杂适应性系统的特征、结构和运行机理，构建了绿色食品区域品牌生态系统（GFBE）模型，剖析了生态系统三大基础体系及具体建构要素，探讨了本模型的基础体系和具体系统要素的构成、特点及在系统中所发挥的作用。

（2）运用区间二型模糊集、区间二型模糊决策实验分析方法、基于 Shapley 值 Choquet 积分的区间二型模糊积分算子等方法构建了绿色食品区域品牌生态系统竞争力评价指标体系，进而对评价指标因果关系进行分析确认各指标的重要性，并对绿色食品区域品牌生态系统竞争力进行排序。

（3）构建了绿色食品区域品牌生态系统动态演化模型，利用逻辑斯蒂方程对绿色食品区域品牌生态系统进行演化分析，探讨了萌芽期、成长期、成熟期和蜕变期四个演化阶段的不同特征。

（4）运用实证研究方法，结合问卷调查技术，对企业动态能力与绿色食品区域品牌生态系统成长性的关系进行检验，揭示了绿色食品区域品牌生态系统的核心驱动机制。

本书共分为 9 章。第 1 章是绪论，具体介绍研究背景和全书框架；第 2 章是绿色食品区域品牌生态系统的理论基础，对区域品牌、品牌生态系统和绿色食品的国内外研究进行综述分析；第 3 章介绍了复杂适应系统理论，分析我国绿色食品区域品牌生态系统的现状及问题，构建了生态系统模型；第 4 章是绿色食品区域品牌生态系统竞争力分析，构建竞争力评价指标体系并进行因果关系分析及排序；第 5 章是绿色食品区域品牌生态系统驱动机制分析，探讨了驱动机制、输入机制、输出机制和反馈回路；第 6 章构建了绿色食品区域品牌生态系统动态演化模型并对生态系统演化过程加以分析；第 7 章是基于企业动态能力的绿色食品区域品牌生态系统驱动演化实证研究；第 8 章为绿色食品区域品牌生态系统动态演化研究启示；第 9 章对研究工作进行总结，并展望了未来的研究方向。

由于本书是从理论分析及问卷调查的角度对绿色食品区域品牌生态系统进行的探索性研究，案例研究样本存在局限，且因其生态系统的复杂性，研究的实证分析并未涉及很多要素，对于企业动态能力之外的其他部分重要系统演进参与者的行为方式，主要是通过理论分析的方式实现的。限于这部分数据的难以获得性，本书难以做到面面俱到，难免存在疏漏，研究对象和研究方法亦存在一定局限。希望通过此书抛砖引玉，得到各界专家学者的批评指正，以拓展系统科学在绿色食品区域品牌方面的应用范畴，促进绿色兴农、品牌强农，实现农业绿色良性循环发展。

目　录

第1章 绪　　论

1.1　研究背景

世界工业化进程加速带来一系列环境污染、生态破坏等问题，食品安全受到严重威胁，人们对健康安全、无污染、无公害食品的需求与日俱增。全球绿色食品市场正在高速扩张，成为食品行业中增长最为出色的市场之一。全球食品生产、贸易格局出现显著变化，国际食品安全认证标准的制定和提升使得与食品生产相关的资源、环境等问题成为新的国际贸易障碍，健康安全的有机食品逐渐取代传统食品将成为社会发展和市场选择的必然（韩杨，2010）。

20 世纪初，西方发达国家率先提出了"有机食品""生态农业"等概念和有机农业的发展思路。世界上第一个有机农业组织德米特（Demeter）于 1924 年在德国成立。1972 年，国际有机农业运动联盟 IFOAM 的成立标志着国际有机农业步入一个崭新的发展阶段。在顺应国际有机农业发展潮流、满足国内外市场日益增长的有机食品需求和中国大力发展"两高一优"农业的背景下，中国于 1990 年提出了能够将生态效益、经济效益、社会效益三者统一的农业发展模式，推行"绿色食品工程"。作为由中国提出的特定概念"绿色食品"，是指产自优良生态环境、按照绿色食品标准生产、实行全程质量控制，同时被授予绿色食品标志使用权的安全、优质食用农产品及相关产品（绿色食品标志管理办法）。绿色食品是中国的一项开创性事业，经过 30 多年的发展，已经获得了较为显著的成效，并在世界上占有一席之地。党的十八届五中全会强调了绿色发展（以效率、和谐、持续为目标的经济增长和社会发展方式）等新型发展理念，"产出高效、食品安全、资源节约、环境友好"的现代农业和绿色食品产业受到高度重视。

据中国绿色食品发展中心统计，"十三五"规划以来，我国绿色食品企业和产品规模分别以13.7%和11.7%的速度增长，截至2020年9月，绿色食品企业已经达到18747个，产品总数达到41681个，产品抽检合格率保持在99%以上，绿色食品原料标准化生产基地面积1.7亿亩，产品总量超过2亿吨，已经取得了良好的经济效益、社会效益以及生态效益。绿色食品品牌影响日益扩大，大中城市对绿色食品品牌的认知度超过80%，并且逐渐得到国际认可，中国绿色食品标志证明商标已在美国、法国、俄罗斯等11个国家和地区组织注册。

中国绿色食品产业的产品结构和地区分布相对集中，区域特征较为明显，如新疆的瓜果、黑龙江的大米、福建的茶叶等。中国绿色食品发展中心统计数据表明，2019年，全国有超过50%的绿色食品产业集中在山东、安徽、江苏、黑龙江、重庆、湖南、湖北7个省份，粮食、油料、蔬菜和瓜果等农作物种植面积占到全国绿色食品总量的60%。2020年11月，第二十一届中国绿色食品博览会在厦门举行，共有36个展团，2100家企业参展，参展产品主要为"三品一标"，即绿色食品、有机食品、无公害农产品和地理标志农产品。博览会实现订单交易额24.37亿元，合作意向金额46.5亿元，分别比第二十届增长2.14%和23.88%。山西、四川、黑龙江、湖北、吉林等展团达成交易额超亿元。可见，中国绿色食品发展迅速，并逐渐出现了区域品牌，如西湖龙井、烟台葡萄酒、和田玉枣、东北大米等。众多绿色食品区域品牌成功运营的案例，为中国绿色食品区域品牌发展提供了宝贵的理论依据和实践经验。绿色食品区域品牌的发展已经成为中国农业现代化发展的主流趋势，是中国农产品品牌化发展的主要形式之一，是推动绿色食品发展的重要途径和动力来源。

然而，在中国食品区域品牌的建设与发展过程中也出现了一系列问题。如双汇火腿肠的瘦肉精事件、以三鹿为首的中国牛奶奶源安全问题，以及金华火腿事件中食品加工问题，这些都对中国绿色食品区域品牌带来一系列负面效应。绿色食品区域品牌内一个品牌的失败，往往带来整个区域品牌塌方式的毁灭，会对供应商、金融机构、行业协会等众多品牌利益相关者产生深刻影响，给整个区域品牌生态系统带来致命打击，严重影响整个区域绿色食品产业的健康发展。针对目前中国食品行业中普遍存在的不安全、重污染、无营养等问题，以及消费市场逐渐积累的对中国绿色食品的怀疑、抵触情绪等现象，强化绿色食品产业发展，进一步优化中国的绿色食品品牌的建设，以无污染、无公害、安全、优质的食品形象展现在市场和消费者面前，成为当前中国食品产业发展的重中之重。

2016年4月，中华人民共和国农业部①绿色食品办公室发布《全国绿色食品产业发展规划纲要（2016－2020年)》，明确提出要发挥绿色食品在现代农业建设中的示范引领作用，提高农产品质量安全水平，更好地满足城乡居民的安全健康消费需求。目前，中国绿色食品产业发展处于关键阶段，通过对绿色食品区域品牌生态系统的建构和动态演化研究，借鉴、学习东西方有机食品、绿色食品等发展模式和经验，全方位打造高价值、高品质的绿色食品区域品牌，构建具有中国特色的绿色食品区域品牌生态系统，进而为食品质量安全提供保障，为绿色食品产业引领现代农业建设和发展助力，树立良好的绿色食品区域品牌示范效应，以满足绿色食品巨大的社会需求，把健康安全、可持续发展贯穿"从农田到餐桌"的整个产业链条，夯实绿色农业经济基础，助推经济产业结构转型升级和加速实现农业经济发展方式的转变。

1.2 研 究 意 义

民以食为天。在食品安全问题频发的今天，绿色食品产业的健康发展尤为重要。东西方国家在有机农业、绿色食品产业方面有着较多代表性理论和成功案例，借鉴优秀的绿色食品区域品牌和绿色食品品牌生态系统理论，结合中国国情和特有的环境体制，构建中国绿色食品区域品牌生态系统并剖析其动态发展规律，具有极为重要的理论意义和实践价值。

---

① 中华人民共和国农业部于2018年更名为中华人民共和国农业农村部，本书提及文献中，2018年以前发表的统一简称"农业部"，2018年以后发表的统一简称"农业农村部"，全书同。

1.2.1 理论意义

第一，构建绿色食品区域品牌生态系统模型，丰富品牌生态系统理论。

国内外众多学者以区域品牌、利益相关者、协同学等多种理论为基础，从多个角度出发对绿色食品品牌发展进行了广泛而深入的研究，但是，鲜少有学者整合区域品牌理论和品牌生态系统理论，从"区域品牌生态系统"视角对绿色食品产业进行针对性分析。因此，构建绿色食品区域品牌生态系统模型，对于丰富品牌生态系统理论的应用范围具有积极意义。

区域品牌是在一定的区域范围内，由具有较大规模的、较大影响力的、能够提供具有特色的产品或服务的产业集群及其所形成的具有标识作用的名称、符号、形象的综合，区域品牌一旦形成能够给区域增加附加吸引力（熊爱华、邢夏子，2017）。由于区域资源禀赋、历史文化因素、经济社会发展基础等原因，中国的绿色食品产业呈现出较为明显的区域性特征。绿色食品区域品牌已成为提升区域竞争力的重要途径，对区域经济转型成长具有重要影响。品牌生态系统的研究最早始于美国著名的品牌专家林恩（Lynn），他将品牌作为"复杂的生物"进行考察对待，认为品牌的生存和发展具有生态行为的特点，被认为是品牌及其赖以生存和发展的相关环境复合而成的商业生态系统，涉及多种宏观要素、支持环境要素、行业要素、竞争要素等，对生态系统内部品牌发展具有重要影响。近年来，众多学者将品牌生态系统理论引入城市、木材、茶叶、新型战略产业、服装、电影等领域进行研究，以生态系统视角对某一行业或领域进行分析。本书将运用"区域品牌生态系统"理论对"绿色食品产业"发展及成长历程进行较为完整和系统地剖析，对于全面了解绿色食品区域品牌建构主体、品牌合作主体以及众多品牌外部利益相关者，揭示生态系统内部具有自适应能力的品牌个体与其他主体和环境的交互作用及系统运行规律具有重要意义，从而拓展了品牌生态系统的应用范围。

第二，构建绿色食品区域品牌生态系统竞争力评价指标体系，丰富模糊决策理论的应用领域。

针对绿色食品区域品牌生态系统竞争力评价存在不确定性与关联

性的特征，运用区间二型模糊集、区间二型模糊决策实验分析方法、基于 Shapley 值 Choquet 积分的区间二型模糊积分算子等方法，借助 MATLAB、Smart PLS 以及 SPSS 等软件，构造了绿色食品区域品牌生态系统竞争力评价的三阶段法。阶段 1 是问题构造阶段。首先，从绿色食品区域品牌管理能力、绿色食品区域品牌基础能力、绿色食品区域品牌市场能力以及绿色食品区域品牌关系能力四个维度构建了包含 13 项指标的评价体系；其次，设计了绿色食品区域品牌生态系统竞争力指标关联评价调查问卷与绿色食品区域品牌生态系统竞争力指标评价调查问卷，以获取语言评估数据；最后，借助 SPSS 和 Smart PLS 软件检验了问卷的信度和效度。阶段 2 为评价指标因果关系分析阶段。首先，利用区间二型模型决策实验分析方法求取评估指标的关系度和中心度，进而绘制因果关系图；其次，依据可视化的因果关系图确定指标体系的归类，其中绿色食品区域品牌管理能力与绿色食品区域品牌基础能力为原因型指标，绿色食品区域品牌市场能力绿色食品区域品牌关系能力为结果型指标；最后，依据因果关系图计算指标体系的重要性比例，为阶段 3 构造的权重优化模型提供约束条件。阶段 3 是绿色食品区域品牌生态系统竞争力排序阶段。首先，运用基于离差最大化和 Shapley 值的权重优化模型求取指标集的 2 - 可加模糊测度；其次，利用 Shapley 区间二型模糊 Choquet 积分算子计算绿色食品区域品牌生态系统竞争力的综合评价值，以此实现对绿色食品区域品牌生态系统竞争力的排序；最后，通过与现有方法的对比分析验证所提方法的可操作性与优势。

第三，构建绿色食品区域品牌生态系统动态演化模型，描绘系统演化轨迹，拓展复杂适应性理论的应用范畴。

由于绿色食品区域品牌生态系统是开放的复杂适应性系统，拥有众多品牌主体、产业集群及其利益相关者，内部要素之间的相互作用对系统的健康和可持续发展所具有的重要意义应当受到关注。限于数据的可获得性、基础理论以及研究方法的限制，现有文献对绿色食品区域品牌生态系统演化发展缺乏系统思考和综合分析，研究思路尚未基于复杂适应性的视角，整体剖析绿色食品区域品牌生态系统的演化过程。单纯立足于某一个视角对绿色食品区域品牌生态系统建构进行研究势必会造成研究结果的片面，忽略系统内部各因子之间的关联关系，无法全面地理解绿色食品区域品牌发展的驱动机制和运行规律。本书在现有的理论基础之上，运用 CAS 理论对绿色食品区域品牌生态系统进行剖析，揭示系统内部各要素相互关系和因果反馈回路，构建绿色食品区域品牌生态系统动态演化模型，进而清晰描绘出系统动态演化轨迹，直观呈现出系统演化过程，从而丰富了复杂适应性系统理论的应用领域。

第四，基于中国情境研究绿色食品产业，拓展绿色食品产业理论体系。

由于政治、经济、地理等因素的不同，东西方绿色食品产业和区域品牌生态系统方面的研究存在差异，如产业发展阶段、市场成熟度、政府参与程度、地区资源禀赋差异等。因此，现有西方文献归纳出的各项结论不一定适合中国情境，需要研究者们在中国特色背景下对相关问题进行探讨。另外，不同产品类型、产业和领域所处品牌生态系统在构成要素、作用机制、成长路径和演化机理等方面存在差异，某一种品牌生态系统演化机理不具备普适性。现有研究就缺乏专门针对绿色食品产业进行的系统性的针对分析。本书立足于中国具体国情，聚焦绿色食品产业，在中国情境下对绿色食品区域品牌生态系统的动态演化展开研究和分析，因势利导地解决中国绿色食品产业成长发展过程中存在的问题，有的放矢地采取针对性措施，从而提高中国绿色食品产业理论研究的有效性。

1.2.2 实践意义

第一，激活企业动态能力，满足市场食品安全的需求和绿色国际贸易的需要。

世界经济贸易一体化要求生产和贸易的协调发展，国际食品安全认证标准的建立为中国绿色食品产业发展树立新标准、带来新契机，对中国有机食品的出口和贸易提出新要求。在经济新常态下，绿色食品区域品牌研究已成为广泛关注的焦点。本书构建了具有新时代中国特色的绿色食品区域品牌生态系统模型及其动态演化模型，对该系统的构成要素、作用机理进行了实证检验，得出针对性研究启示，这对于激发绿色食品企业动能，提供产品质量高、安全性能强、品牌价值高的绿色食品，迎合现代消费者绿色消费意愿，满足人们食品质量安全的需求和促进国际食品贸易发展具有重要意义。

第二，顺应经济发展转型要求，助力经济产业结构转换升级。

作为国民经济的重要新兴产业，绿色食品产业遵循了可持续发展原则，能有效保护和改善生态环境，实现农业资源的可持续利用。产业发展不仅是一个数量扩张过程，更是一个结构与布局不断优化升级，技术、市场、体制与管理不断创新的过程。党的十九届五中全会明确提出，推动绿色发展，促进人与自然和谐共生。绿色是农业的本色，农业是自然再生产与经济再生产相互交织的过程，是生态文明建设的重要组成部分。准确把握生态文明建设的战略布局，科学把握农业发展与生态文明建设的关系，就是要增加优质、安全、特色农产品供给，促进农产品供给由主要满足"量"的需求向更加注重"质"的需求转变。这使得"产出高效、产品安全、资源节约、环境友好"的现代农业受到高度重视。本书研究有利于协调各系统参与要素作用机制，实现利益相关者协同共生，加快绿色食品区域品牌化发展，刺激绿色食品社会需求，推进绿色食品品牌生态系统的演化创新，对助推经济产业结构转型升级和加速实现经济发展方式转变具有现实意义。

本书旨在回顾和总结中西方绿色食品区域品牌发展和品牌生态系统研究成果的基础上，借鉴东西方绿色食品区域品牌生态系统管理实践经验，基于中国绿色食品产业实际，结合中国政治经济制度和背景，探索与研究适用于中国国情的绿色食品产业的区域品牌生态系统模式、驱动机制和动态演化路径，以期为中国绿色食品产业发展提供某些研究启示和行之有效的建议。综上所述，鉴于绿色食品在现代农业建设中的重要地位和"十四五"期间绿色发展理念的要求，本书的研究具有理论紧迫性和重要的实践价值。

1.3 研 究 内 容

本研究共分为9章，具体研究内容如下：

第1章，绪论。本章主要在论述绿色食品区域品牌生态系统的理论背景和实践背景基础上，指出在此研究背景下建构绿色食品区域品牌生态系统，探索和分析其动态演化研究的理论意义和实践意义，对研究对象进行了界定和说明。同时分析了本书的研究思路和结构安排，并对研究方法与技术路线和创新点进行了阐述与介绍。从整体上对本书的研究意义和研究框架进行分析。

第 2 章，绿色食品区域品牌生态系统的理论基础。本章在检索、梳理和归纳国内外绿色食品区域品牌生态系统的相关文献基础上，从区域品牌、品牌生态系统和绿色食品产业三方面进行理论阐述和概括。在梳理和研究以上三个方面及其相关现有文献有益成果和贡献的基础上，通过系统分析和归纳总结，针对其研究不足和研究展望等，提出本书研究切入点，进而为本书研究奠定理论基础。

第 3 章，绿色食品区域品牌生态系统理论分析与模型建构。首先，对复杂适应性理论进行综合阐述，深度剖析了复杂适应性系统的特征、结构、基本模型和运行机理等；其次，分析当前中国绿色食品区域品牌生态系统的现状及问题；最后，将 CAS 理论应用于中国绿色食品区域品牌生态系统领域，采用层级建构的方法，构建绿色食品区域品牌生态系统模型，确定该模型的三个基础体系，然后对基础体系的构成要素进行二级筛选，确定系统二级要素，对其逐一进行分析。绿色食品区域品牌生态系统包括建构主体、合作主体和外部环境三个基础体系，进一步通过对三大基础体系的构成要素进行二级筛选确定了 13 个具体的系统要素。其中，区域品牌建构主体包括区域资源禀赋、供应商、企业、产业集群、地方政府 5 个要素，是培育和发展绿色食品区域品牌生态系统的主导力量，直接决定了绿色食品的产品质量和区域品牌价值，能够显著影响区域品牌的边界效应及市场空间。绿色食品区域品牌合作主体包含行业协会、创新网络、金融机构、外包机构 4 个要素，是企业持续创新能力和区域品牌发展张力的重要动力源泉，能够对区域品牌建构主体的生产、销售、融资等活动流程加以协同和辅助。外部环境体系是区域品牌生态系统得以生存和发展的环境保障，通过信息、能量的流动和交换，能够对建构主体和合作主体的行为产生影响，涵盖消费者、竞争性集群、社区与居民、生态环境 4 个系统要素。

第 4 章，绿色食品区域品牌生态系统竞争力分析。本章在绿色食品区域品牌生态系统模型的基础上，针对绿色食品区域品牌生态系统竞争力评价存在不确定性与关联性的特征，运用区间二型模糊集、区间二型模糊决策实验分析方法、基于 Shapley 值 Choquet 积分的区间二型模糊积分算子等方法对绿色食品区域品牌生态系统进行竞争力评价分析。从绿色食品区域品牌管理能力、绿色食品区域品牌基础能力、绿色食品区域品牌市场能力以及绿色食品区域品牌关系能力四个维度构建了包含13项指标的绿色食品区域品牌生态系统竞争力评价指标体系，分析评价指标因果关系，依据因果关系图计算指标体系的重要性比例，探索绿色食品区域品牌生态系统竞争力影响因素的权重。绿色食品区域品牌生态系统竞争力评价指标体系一级指标中，基础能力是最重要的影响因素；在绿色食品区域品牌基础能力的二级指标中，产业化龙头企业是最重要的影响因素。因此，要着重从绿色食品区域品牌龙头企业入手，发挥其企业动态能力，才能从根本上提升绿色食品区域品牌生态系统的竞争力，推动系统演进发展。本章挖掘出了与绿色食品区域品牌生态系统竞争力提高紧密相关的关键影响因素，进而为下文的驱动机制分析奠定基础。

第5章，绿色食品区域品牌生态系统驱动机制分析。首先，本章运用复杂适应性理论的聚集、非线性、流、积木、涌现等基本特征，有针对性地对绿色食品区域品牌生态系统驱动要素形成的涌现现象进行分析，行为主体之间的涌现现象是该系统演化最初的逻辑起点，成为生态系统向前演化发展的基本动力。绿色食品区域品牌生态系统主要存在两级驱动机制，系统的一级驱动机制是企业与区域资源禀赋之间的交易行为，成为系统能量交换的起点；企业动态能力构成系统的二级驱动机制，决定了企业与外部资源之间的互动广度、深度和持久度，从根本上驱动绿色食品区域品牌生态系统向前演化发展。其次，本章重点探讨了绿色食品区域品牌生态系统能量输入和输出机制，进而分析系统内部呈现出的具有典型的动态非线性特征"流"的运作机制。该系统的能量输入机制主要包括区域内企业与金融机构、创新网络、外包机构之间所发生的资金、人员、知识、技术和专业化服务等能量交换。系统的能量输出流主要存在于企业与产业集群、消费者、竞争性集群和社区居民之间所发生的产品、技术、信息和资源等能量交换。最后，根据对绿色食品区域品牌复杂适应性系统中主要行动主体之间作用机制的分析，本章以区域资源为起点，按照系统演化级别和政府参与两个维度，梳理出了区域品牌生态系统在有无政府参与情况，初级状态和高级状态下所包含的四条资源循环反馈回路，并加之案例分析。该反馈回路是生态系统得以有序运行的基本保证，决定了生态系统内部的能量流动。

第6章，绿色食品区域品牌生态系统动态演化分析。本章首先根据序参量的定义和特征，对绿色食品区域品牌生态系统所包含 13 个行动者所产生的 20 个参变量进行了初次筛选和二次筛选，最终确定企业动态能力为绿色食品区域品牌生态系统的序参量，对该生态系统的演进和发展起决定作用。其次以企业动态能力为系统序参量，运用逻辑斯蒂方程构建绿色食品区域品牌生态系统演化速度模型 $\frac{dc}{dt} = \xi \cdot c \cdot (Max - c)$。选取 4 个代表性绿色食品区域品牌为样本作为研究对象以确定 ξ，对方程进行推导，从而给出了在企业初始动态能力 c 为 0.1，极值 Max 为 1，演化成长速度 ξ 为 0.22 时的系统演化过程，描绘出以企业动态能力为序参量的系统演化轨迹。最后，根据演化轨迹，按照两个拐点，将绿色食品区域品牌生态系统的动态演化划分为萌芽期、成长期、成熟期和蜕变期四个阶段。绿色食品区域品牌生态系统的企业动态能力 c 随着时间按照 S 形曲线增长，从而带来 GFBE 的不同演化发展特征。萌芽期，绿色食品企业动态能力不断提升，在该序参量的带动下，绿色食品区域品牌生态系统成长速度和加速度也表现出递增的态势；成长期，绿色食品企业动态能力快速提升，但是加速度减慢，在企业的推动下，绿色食品区域品牌生态系统开始迅速成长；成熟期，企业动态能力的成长速度与加速度呈现递减规律，此时系统的成长速度开始放缓；衰退期，该阶段企业动态能力的成长速度递减，但是加速度递增，也就是说企业动态能力的增长变得越来越缓慢，直至几乎停止增长，绿色食品区域品牌生态系统加速向衰落方向运行。结合案例研究，分析 GFBE 内各要素和行动者在不同时期呈现不同行为特点和能量、信息与资源交换机制。

第7章，基于企业动态能力的绿色食品区域品牌生态系统驱动演化实证研究。引入系统序参量——企业动态能力作为绿色食品区域品牌生态系统演化的解释变量，以 104 个绿色食品区域品牌为研究对象，运用计量分析方法实证检验企业动态能力作为序参量对绿色食品品牌生态系统成长性的作用效应，以揭示绿色食品区域品牌生态系统的驱动机制。实证结果表明：（1）企业动态能力对绿色食品区域品牌生态系统的成长性之间具有显著促进作用，企业动态能力越高，生态系统成长性越高。动态能力驱动的企业可持续成长，能够增加生态系统的整体动能，使之与系统外部的资源交换频率增加，成长性增强。

此外，企业动态能力的增加将有效提升生态系统内部各个构成要素之间的资源与信息流动，资源配置效率提高，交易成本降低，再次提升生态系统的成长性。（2）企业动态能力对生态系统成长性的促进作用具有较强的稳健性，对于南方和北方的绿色食品区域品牌生态系统均适用。但是，南方企业动态能力对生态系统成长性的贡献高于北方，其促进作用更为显著。（3）生态系统规模与系统成长性具有显著正相关关系，即生态系统规模越大，系统的成长性越好。企业经济效益与系统成长性具有显著正相关关系，企业经济效益越好，越有利于品牌生态系统的成长。

第 8 章，绿色食品区域品牌生态系统动态演化研究启示。本章在前文理论分析和实证分析结果的基础上，按照绿色食品区域品牌生态系统演化发展周期，分别根据系统萌芽期、成长期、成熟期和蜕变期提出生态系统发展的优化建议。特别是从每一阶段的企业动态能力的不同侧重点及进阶方式的角度提出针对性意见，同时关注不同时期的区域品牌建设的其他重要系统要素、利益相关者的行动方式，提出相应优化建议。

第 9 章，研究结论与展望。该章节对本书的研究内容、逻辑关系和研究过程进行了概括和总结，归纳和阐述了绿色食品区域品牌生态系统驱动机制、动态演化过程的主要结论和企业动态能力驱动系统发展的实证检验结果。同时指出本书研究存在的不足之处和研究展望，提出下一步的研究方向。

1.4　研究方法与创新点

1.4.1　研究方法

1. 理论研究

本书研究前期首先通过文献检索和分析，在梳理和归纳现有文献的理论基础上对本书的研究方案加以规划和设计；其次，主要结合区域品牌、品牌生态系统、绿色食品产业三方面理论文献进行研究分析和综述比较，对绿色食品区域品牌生态系统模型进行系统的理论建构；最后，基于复杂适应性理论对绿色食品区域品牌生态系统进行系统分析，梳理系统因果反馈回路，描绘系统演化轨迹，确定绿色食品区域品牌生态系统序参量，从而为系统动态演化发展奠定研究基础。

2. 案例研究

在理论构建的基础上，选择部分代表性区域品牌和企业作为研究对象，采用访谈、调查问卷等途径深入挖掘其绿色食品区域品牌生态系统建构过程中的构成要素和影响因素，在分析系统资源能量反馈回路、演化周期时辅之以案例分析，生动形象地展示出各要素主体的行为方式和阶段性特征，进一步验证本书研究设计的科学性和研究结论的可靠性。

3. 实证研究

本书在已有文献基础上设计调查问卷并进行前测；严格筛选具有代表性的中国绿色食品区域品牌作为研究样本，并选取该区域内的典型企业作为问卷调查对象，经过多轮次调查获取数据。一是对绿色食品区域品牌生态系统竞争力评价体系进行了因果关系分析和竞争力排序，挖掘系统的关键影响因素；二是展开回归分析，实证检验了生态系统序参量企业动态能力对于绿色食品区域品牌生态系统发展的驱动作用。

4. 系统动力分析方法

系统动力学是结构的方法、功能的方法和历史的方法的统一，基于系统论，吸收了控制论和信息论的精髓。本书运用系统动力分析方法，因循绿色食品区域品牌生态系统内各个构成要素相互作用、互为因果的反馈特点，确定了生态系统内部的四条反馈回路，从系统的内部结构计算并描绘出了绿色食品区域品牌生态系统的运行轨迹，特别是确定了企业动态能力为系统序参量，为后期实证研究确定了关键指标，奠定研究基础。

1.4.2　主要创新点

本书在理论研究和实践应用上产生的创新点：

第一，基于复杂适应性理论，构建了中国绿色食品区域品牌生态系统模型，剖析了生态系统三大基础体系及具体建构要素。

本书将复杂适应理论和品牌管理理论进行有效融合，在充分考虑中国绿色食品产业所具备的区域化分布、政府参与强度等典型特征的基础上，科学建构了绿色食品区域品牌生态系统模型。剖析了区域品牌主体、合作主体与外部环境三部分构成主体的特征和相互作用机制，运用系统动力分析方法对生态系统的能量输入机制和输出机制加以分析，在此基础上梳理出品牌生态系统内基于企业动态能力驱动的四条资源流动反馈回路，对构建的绿色食品区域品牌生态系统进行了比较全面、系统的分析论述。

第二，构建了绿色食品区域品牌生态系统竞争力评价模型，挖掘系统关键影响因素。

针对绿色食品区域品牌生态系统竞争力评价存在不确定性与关联性的特征，首先构造了绿色食品区域品牌生态系统竞争力评价体系，包括绿色食品区域品牌管理能力、绿色食品区域品牌基础能力、绿色食品区域品牌市场能力以及绿色食品区域品牌关系能力 4 个维度、13 项指标。其次，对评价指标因果关系进行分析，依据可视化的因果关系图确定指标体系的归类，其中绿色食品区域品牌管理能力与绿色食品区域品牌基础能力为原因型指标，绿色食品区域品牌市场能力和绿色食品区域品牌关系能力为结果型指标；同时对每个一级指标所包含的二级评价指标进行了因果关系分析，以确定关键影响因素。最后，实现对绿色食品区域品牌生态系统竞争力的排序。

第三，构建了绿色食品区域品牌生态系统动态演化模型，利用逻辑斯蒂方程对绿色食品区域品牌生态系统进行演化分析，探讨了萌芽期、成长期、成熟期和蜕变期四个演化阶段的不同特征。

绿色食品区域品牌生态系统是一个开放性的复杂适应系统，本书创新性地利用复杂适应理论，确定了企业动态能力为系统序参量，运用逻辑斯蒂方程刻画系统演化模型，通过数理分析描绘出绿色食品区域品牌生态系统演化轨迹，并根据演化轨迹将品牌生态系统划分为萌芽期、成长期、成熟期、蜕变期四个时期。本书对生态系统伴随该过程表现出相应的演化规律以及系统内各要素呈现不同特征进行了理论分析，深度剖析绿色食品区域品牌生态系统的驱动机制和演化轨迹。

第四，运用实证研究方法，结合问卷调查技术，对企业动态能力与绿色食品区域品牌生态系统成长性的关系进行检验，揭示了绿色食品区域品牌生态系统的核心驱动机制。

国内外文献关于区域品牌生态系统发展的研究绝大多数采用定性分析以及案例分析的研究方法进行描述和机理演绎，很少使用定量分析方法。本书运用问卷调查研究方法，选取中国代表性绿色食品区域品牌龙头企业作为研究对象，引入企业动态能力作为绿色食品区域品牌生态系统演化的解释变量，对绿色食品区域品牌生态系统驱动作用进行了实证检验，揭示了企业动态能力对绿色食品区域品牌生态系统成长性的影响，以期为实现区域经济可持续发展，提升绿色食品品牌价值提供科学依据。

1.5 研究思路

本书在整理、归纳国内外权威文献资料的基础上，结合理论分析、系统动力分析、问卷调查等多种研究方法，首先基于复杂适应理论，构建了绿色食品区域品牌生态系统（GFBE）模型，解析了生态系统的构成要素及相互之间的作用机制。其次，对绿色食品区域品牌生态系统进行了系统动力学分析，系统两级驱动机制的主体及作用，围绕企业动态能力驱动机制解析了绿色食品区域品牌生态系统要素间的能量输入、输出机制及资源循环反馈回路。再利用逻辑斯蒂方程对生态系统进行演化分析，选取了104个代表性绿色食品区域品牌为样本作为研究对象，对系统方程进行推导，描绘出以企业动态能力为序参量的系统演化轨迹。最后，基于企业动态能力视角，对生态系统驱动机制进行实证研究，以104个绿色食品区域品牌为研究对象，运用计量分析方法实证检验企业动态能力作为序参量对绿色食品品牌生态系统成长性的作用效应，以揭示绿色食品区域品牌生态系统的驱动机制。本书技术路线图如图1-1所示。

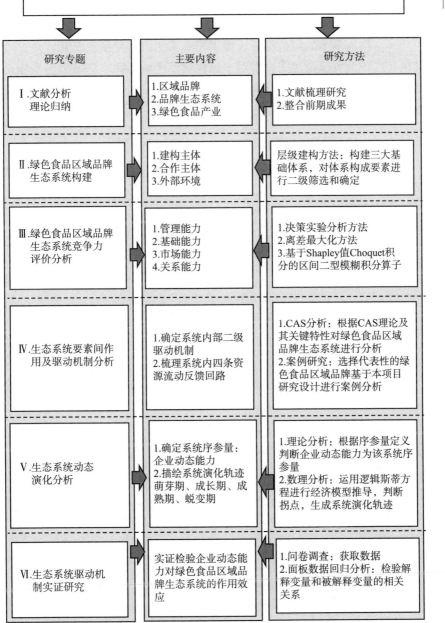

前期研究
文献检索与分析；研究方案分析、评估与修正

研究专题	主要内容	研究方法
Ⅰ.文献分析 理论归纳	1.区域品牌 2.品牌生态系统 3.绿色食品产业	1.文献梳理研究 2.整合前期成果
Ⅱ.绿色食品区域品牌 生态系统构建	1.建构主体 2.合作主体 3.外部环境	层级建构方法：构建三大基础体系，对体系构成要素进行二级筛选和确定
Ⅲ.绿色食品区域品牌 生态系统竞争力 评价分析	1.管理能力 2.基础能力 3.市场能力 4.关系能力	1.决策实验分析方法 2.离差最大化方法 3.基于Shapley值Choquet积分的区间二型模糊积分算子
Ⅳ.生态系统要素间作 用及驱动机制分析	1.确定系统内部二级驱动机制 2.梳理系统内四条资源流动反馈回路	1.CAS分析：根据CAS理论及其关键特性对绿色食品区域品牌生态系统进行分析 2.案例研究：选择代表性的绿色食品区域品牌基于本项目研究设计进行案例分析
Ⅴ.生态系统动态 演化分析	1.确定系统序参量：企业动态能力 2.描绘系统演化轨迹萌芽期、成长期、成熟期、蜕变期	1.理论分析：根据序参量定义判断企业动态能力为该系统序参量 2.数理分析：运用逻辑斯蒂方程进行经济模型推导，判断拐点，生成系统演化轨迹
Ⅵ.生态系统驱动机制实证研究	实证检验企业动态能力对绿色食品区域品牌生态系统的作用效应	1.问卷调查：获取数据 2.面板数据回归分析：检验解释变量和被解释变量的相关关系

图 1-1 本书技术路线

15

1.6　本　章　小　结

　　本章作为全书的绪论部分，提出了本书的研究背景和研究意义，从理论和实践两方面论述了全书对于绿色食品区域品牌、品牌生态系统及复杂适应理论交叉学科研究取得的突破。介绍了本书的研究思路及研究方法，梳理出全书的主要创新点。

第2章　绿色食品区域品牌生态系统的理论基础

西方关于有机食品的研究较早。从 20 世纪 70 年代初开始，由美国扩展到欧洲和日本的"有机农业"思潮席卷了许多国家，"有机农业"旨在限制化学物质过量投入以保护生态环境，同时提高食品安全性。这些国家受到该思潮影响，立刻投入到了生态农业的研究行列，积极探索有机农业的可持续发展模式。中国绿色食品的研究较之起步稍晚，也出现了部分有价值的成果与观点。国内外关于区域品牌、品牌生态系统的研究较为丰厚。"生态系统"作为生态学的一个重要概念，早已被引入品牌理论领域的研究之中。然而，在目前绿色食品区域品牌的研究当中，比较缺乏系统研究视角，运用品牌生态系统理论对绿色食品区域品牌的研究不足。因此，理论界需要采用生态系统的观念对绿色食品区域品牌进行研究，运用品牌生态系统理论对其系统内构成要素和要素间的相互作用进行探索和剖析，为绿色食品产业发展提供新的研究视角和理论指导。本章通过对国内外研究文献进行综述与评析，系统梳理出绿色食品区域品牌生态系统相关理论研究和实践发展的内在逻辑和成长脉络，从而为后续研究工作奠定良好基础。如图 2-1 所示，文献综述部分将从区域品牌、品牌生态系统和绿色食品三方面对国内外研究现状和发展动态进行评述。

区域品牌   品牌生态系统   绿色食品

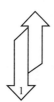   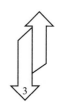

区域品牌内涵   品牌生态系统内涵   绿色食品产业内涵
区域品牌化的可行性   品牌生态系统研究视角   绿色食品品牌
区域品牌的研究视角   品牌生态系统结构   绿色食品区域品牌
区域品牌发展驱动机制   品牌生态系统理论的应用领域   绿色食品产业研究视角
                      品牌生态系统演化

图 2 - 1　绿色食品区域品牌生态系统的理论基础框架

2.1　区　域　品　牌

2.1.1　区域品牌内涵

　　区域品牌早已成为学术界研究的重点，但因其所涉及层面较广，研究内容复杂，所以学者们还没有对区域品牌这一概念给出明确的定义，尚未形成统一的描述来概括区域品牌包含的所有内容，英文表述也尚未统一。1962 年，哈佛大学著名工业心理学家厄内斯特·迪希特等（Ernest Dichter et al.）首次提出产品标签上的"产自……"短语会影响消费者的决策制定，这是目前所知关于产品所在区域对消费者购买行为产生影响的最早观点。随着研究的不断扩展，"区域"一词出现了 place、location、regional、destination 等多种术语，在西方理论文献中以"place branding"的采用频率为最高，使用最为广泛。"区域品牌"是根据地理区域为界所命名的公共品牌的统称，它包含集群品牌、地理品牌、目的地品牌、地区品牌、城市品牌和国家品牌等多种类型和层级的区域品牌的属概念。2002 年科特勒等（Kotler et al.）在阐述区域营销战略时第一次提出"区域品牌"的概念，他认为一个城市、地区或国家可以同产品、企业一样开展营销活动，塑造区域品牌形象。雷恩斯（Rainisto，2003）认为区域品牌能使该地区增加更大、更强的吸引力，并提高该区域的大众识别度。汉金森（Hankinson，2010）指出区域品牌化源自区域促销，而且与城市政策紧密相关。基于此，卡瓦拉茨（Kavaratzis，2005）认为区域品牌是集功能、情感、关系和战略于一体的多维组合，这几种要素组合起来集体作用于公众的大脑中，进而产生一种独特的联想。同时他还认为区域品牌成功的关键是在品牌和消费者之间建立一种联系。此外，地缘视角和政治视角也成为学者研究区域品牌的重要逻辑起点。艾伦（Allen，2010）通过将企业品牌和区域品牌进行对比分析，认为区域品牌是在政治和地理框架下的产品和服务。汉金森（Hankinson，2001）将区域品牌理论的发展整理划分为起源、深化和拓宽三个阶段：第一阶段，在产品品牌化、城市政策和市场营销等理论基础上，区域品牌理论开始萌芽；第二阶段，品牌资产、区域促销和目的地品牌化等理论先后出现，并成为区域品牌的理论"养分"；第三阶段，在吸收公司品牌化、服务品牌化、非营利性组织品牌化、内部品牌化等理论的基础上，区域品牌理论的应用领域、应用场景不断扩大，旅游、城市政策和营销三个领域存在着对区域品牌化的多样化解释，这导致出现了目的地品牌化、国家品牌化、地区品牌化和城市品牌化等多种表述[①]。

　　国内关于区域品牌的研究从王兴元（2000）和王启万、王兴元（2013）对品牌间的区域市场资源竞争的研究开始，指出区域品牌的市场资源主要是指品牌影响力所主导下的区域市场购买力，如果在同一个产业集群内部企业竞争异常激烈，企业应根据市场购买力的分布适时对市场进行布局调整，避实就虚。盛亚军等（2009）认为，区域品牌（Place Branding）特指基于产业集群的区域品牌，在性质上具有产业集群和区域品牌的双重属性，也可称为集群区域品牌，是指在具备较好产业发展经济基础和众多同类型企业的基础上，形成具有较大规模、较高市场占有率和声誉度的共有产品品牌。牛永革（2014）指出，区域品牌大多发端于区域内传统产品品牌，其典型表现为"区域名 + 产品名"。原始状态下，区域内一家或若干家企业利用当地独特地理资源，打造具有鲜明地理特色的产品品牌。这一类品牌广泛集中于农特产品、加工型食品、陶瓷和民间品四大传统产品领域。张敏等（2019）也认

19

---

① 刘文超、孙丽辉、辛欣：《区域品牌化理论研究：国外文献述评》，载于《税务与经济》2018 年第 5 期。

为，大多数区域品牌以区域特征和产业名称组合成共享名称，象征着该地区产业集群的历史文化、发展现状和整体形象，因此对整个产业集群的发展方向或单个企业的创建与成长都具有重要的影响。一个区域拥有良好的品牌形象有助于推动区域内的产品和资源向外扩散及吸引各种资源流入该区域（刘文超等，2018）。宋先道（2000）研究认为，品牌运营是转变经济发展方式的突破口和有效驱动力，可以起到调整产业结构和优化资源配置的作用。洪文生（2005）指出，区域品牌是依托某一个地域内产业集群或者企业集群所产生的，在这一区域内的某一产业或某种产品形成了较高的美誉度和知名度。夏曾玉和谢健（2003）认为区域品牌效应比企业品牌效应更大而且更持久，能够产生范围经济效益，并且具有区域形象，成功的概率较高。熊爱华、汪波（2007）对区域品牌的定义更加具体，区域品牌是产业发展到一定阶段，形成了一定的产业规模，在市场中占据了较大份额，影响力较高的企业集群。

笔者结合国内外对区域品牌的研究，将区域品牌定义为：在一定的区域范围内，由具有较大规模、较大影响力的、能够提供具有特色的产品或服务的产业集群及其所形成的具有标识作用的名称、符号、形象的综合，区域品牌一旦形成能够给区域增加附加吸引力。

2.1.2 区域品牌化的可行性

关于区域可否品牌化，国外学者形成了两种截然不同的观点，部分认为区域可以进行品牌化，奥林斯（Olins，2002）从历史背景的视角出发，理顺和剖析了国家品牌化的历史成因及渊源，并借用法国品牌成长发展的历史过程，阐述了一个国家品牌化的历程，国家可以像产品一样进行品牌化管理；安霍尔特（Anholt，2006）也是对区域进行品牌化管理的支持者，品牌技术不仅仅能应用到产品和服务，区域品牌的建立也是很可能并且是很必要的，区域可以指国家、地区和城市，一个区域，像产品一样，不能仅以它的功能进行评估，还更应该包括它的象征性特点，主要从旅游者方面细述了对旅游地的品牌化可以帮助重建地方文化，有助于建立一个丰富多元的文化世界。当然，也有一部分学者认为将品牌应用到区域是无稽之谈，会助长区域内不正当风气的形成。特鲁曼等（Trueman et al.，2004）以英国城市布拉德福德为案例，指出区域品牌化需要考虑区域内多种要素及多类品牌，服务多元化的目标和多样化的组织等。

国内对于区域品牌的研究开展较晚，是建立在外国学者研究基础之上的，并没有单纯就"区域能否品牌化"这一问题进行过多探讨，大都是在认可"区域能够进行品牌化"的观念之上进行的研究。随着社会各主体对塑造区域品牌的重视程度日益深化，加之中国具有的较为明显的区域色彩，人们的关注点已经不是"是否进行区域品牌化"，而是"如何有效地推进区域品牌化"。

2.1.3　区域品牌研究视角

区域品牌理论研究呈多个分支发展态势，目前主要存在国家品牌、城市品牌、目的地品牌和集群品牌四个研究方向，这些研究视角下的区域品牌理论已经得到理论界的广泛讨论。

1. 国家品牌（country branding）

科特勒和格特（Kotler & Gerter，2002）率先指出国家能够品牌化，并且存在国家品牌资产。安霍尔特（Anholt，2003）随即引入该观点，指出若要在全球化经济中更有效地展开竞争，摆脱作为发达国家原料供应地的角色，新兴市场经济国家就有必要对出口业务及国家实施品牌战略。安霍尔特（Anholt，2006）研究发现，将国家视为企业品牌进行运营管理，能够推动该国旅游发展和聚集社会资本投资。此后学者们从公共关系、区域促销、政治实践等不同角度指出了实施国家品牌战略的必要性。在如何塑造国家品牌方面，迪尼（Dinnie，2007）提出创建国家品牌的多种途径，如举办国际性体育赛事、国家特色文化产品的传播、改善旅游者体验等，同时表示这种新型品牌管理方式有利于塑造竞争优势；古琼森（Gudjonsson，2005）在波特（Porter，1998）的国家竞争优势理论基础上构建了国家品牌影响因素模型；米哈伊洛维奇（Mihailovich，2006）研究指出国家品牌化的首要目标是实现可持续、长期就业和繁荣，国家品牌的塑造应当采取自上而下的方式。一个连贯的地方品牌架构对于一个新兴国家的增长战略是至关重要的，因为它为打造强大的联盟和推动国家的整体发展战略提供了一种结构。何佳讯、吴漪

（2015）基于施瓦茨和博恩克（Schwartz and Boehnke, 2004）的人类通用价值观框架，引入"品牌价值观"概念，采用问卷调查、内容分析和定性访谈方法研究证明以中国人的价值观建立中国品牌概念的有效性，"中国"作为国家品牌与中国企业的品牌在价值观方面存在密切的联系。何佳讯、吴漪（2020）将国家品牌资产按宏观、中观和微观三个层面进行界定，即独立的国家品牌资产、与产品/品牌关联的国家品牌资产以及融于品牌资产中的国家品牌资产，探索了国家品牌资产的测量方法、作用结果，提出了未来开展该领域研究值得重视的若干方向。

2. 城市品牌（city branding）

凯勒（Keller, 1993）从消费者认知视角出发，对城市品牌的含义进行解析，他认为城市品牌化就是让人们了解某一城市之后，将自身形象或联想与该城市结合，使其充满竞争力与生命力。城市品牌是从商品品牌、企业品牌延伸出来的概念。城市品牌建设也就是城市品牌化的过程，它与一般的企业品牌建设的过程类似，都包括品牌定位、品牌选择、品牌开发、品牌传播等具体行为。城市品牌定位是城市品牌建设的核心，是城市品牌定位的延续，其开发应着眼于凸显城市品牌的价值，城市品牌通过传播塑造出城市品牌独有的魅力。城市品牌可以有效地凸显城市特色，增强持续竞争力，城市品牌塑造追求的是长期的存续和发展（陈柳钦，2011）。张燚、张锐（2006）提出了城市品牌的概念、实质与分类，重点对城市品牌形成的内部品牌驱动机理和利益相关者认知驱动机理进行了初步探讨，并绘制出了城市品牌塑造过程与塑造方法模型，最后从5个方面对城市品牌的塑造方法进行阐述。城市品牌建设中涉及商业文化传播、企业形象设计、旅游品牌建设、大型体育赛事等各方面，城市品牌理论存在多重研究视角，如产品与公司品牌、城市特质、旅游目的地、公共关系、历史文化和政府政策等。

3. 目的地品牌（destination branding）

目的地品牌的相关研究成果多聚焦在理论和实践方面，多数学者从建立或改变目的地形象的角度诠释其内涵，研究成果较为丰富。亨特（Hunt, 1975）最早研究了旅游发展中目的地的形象问题，此后，目的地形象成为旅游营销研究的重要方面。布莱恩（Blain, 2001）认为，目的地品牌可以通过一系列的营销活动来影响消费者目的地访问行为，并且总结出构建目的地品牌的九大步骤。蔡（Cai，2002）根据"将一组相容的要素组合起来，通过积极的形象建设使目的地容易辨别和区分"的目的地品牌的含义构建了概念模型。王兴元、朱强（2017）认为原产地品牌的形成以区域优势资源为基础，良好的原产地品牌具有区域认知趋同光环效应、区域规模经济效应以及区域范围经济效应。原产地品牌光环效应能够给产地内企业品牌和整体区域带来超额溢价、外部规模经济和外部范围经济效应，使区域内企业品牌获得原产地品牌的溢价价值，并促进区域社会经济发展。目的地品牌的研究多见于旅游目的地品牌研究领域。旅游目的地品牌是一种文化力和巨大的无形资产，包括历史文化、人文景观、民俗风情、宗教文化、艺术文化等重要构成要素，而美誉性、专属性、独特性、导向性、认同性等原则是旅游目的地品牌定位的基本准则。

4. 集群品牌（cluster branding）

罗森菲尔德（Rosenfeld，2002）通过对产业集群的研究发现，区域品牌化战略可以促进发展中国家提升国家竞争力，大冢和园部（Otsuka & Sonobe，2011）的研究也证实了这一点，近年来集群品牌的发展模式在非洲地区也获得了成功。米哈伊洛维奇（Mihailovich，2006）初步探讨了当前的集群品牌架构，指出一些集群品牌架构的不合理性，有些地区只是流于形式，简单地给同一地区、同一产业的企业群体冠之以统一性的名字，但很少考虑集群品牌内部的架构问题，没有真正从产业集群角度出发建构集群品牌，发挥集群效应。产业集群内聚是区域品牌发展的根本动力。波特（Porter，1998）系统地提出了新竞争经济学的产业集群理论，研究指出"产业群"是区域经济的一个显著特征，产业集群可以有效提高单体企业的生产效率，增强企业在技术和管理创新、降低交易成本以及提高外部经济正效应等方面的竞争力，提升区域优势效应和区域品牌化绩效。罗森菲尔德（Rosenfeld，2002）认为产业集群是区域品牌化的重要因素和形成基础，是欠发达国家和地区提升其竞争力的重要手段；产业集群在自我强化的过程中逐渐扩大其影响范围，同时建立区域品牌的知名度、美誉度以及市场竞争优势。另外，区域品牌发展受到品牌效应与集群效应的交互作用，品牌内涵、区域特性、产业基础三者是其决定要素。熊爱华（2007）指出区域品牌和产业集群存在紧密的互动关系：区域品牌是产业集群的无形资产，其影响力将会促使与区域内产业相关的更多企业及生产要素向内聚集，进而有力支持集群的规模扩张和技术升级；产业集群是区域品牌的有形资产，群内大量的关联企业、机构等通过专业分工协作，结成本地化网络，这既克服了单体企业参与市场交易的分散性和不确定性风险，又可避免层级制企业的低效率。而产业优势性、环境优势性和名牌聚集性对该有形资产具有积极影响。集群品牌化的研究多限于案例分析和质性研究（Lundequist et al.，2002）。区域品牌主要研究视角及分类如表 2－1 所示。

表 2－1 区域品牌研究视角

国家品牌	科特勒和格特（Kotler and Gerter，2002），安和特（Anholt，2003；2006；2010），斯从狄（Szondi，2006），怀尔德（Widler，2007），古尔德和斯金纳（Gould & Skinner，2007），格诺斯（Gnoth，2002），考德威尔和弗莱尔（Caldwell and Freier，2004），格尔纳（Gerner，2007），何佳讯（2015，2020）
城市品牌	凯勒（Keller，1998），法迪恩（Fadyen，2004），特鲁曼（Truceman，2004），卡瓦拉齐斯（Kavaratzis，2004；2006），沃纳比（Warnaby，2006）；怀特菲尔德（Whitefield，1999），帕德森（Paddison，1993），汉金森（Hankinson，2001），吉普森（Gibson，2005）
目的地品牌	亨特（Hunt，1975），蔡（Cai，2002）；布兰（Blain，2001），摩根（Morgan，2004），王兴元等（2017）
集群品牌	罗森菲尔德（Rosenfeld，2002），米哈伊洛维奇（Mihailovich，2006），伦德奎斯特和鲍尔（Lundequist and Power，2002），佩德森（Pederson，2004），大冢和园部（Otsuka and So-nobe，2006；2011），阿里萨比耶等（Ali et al.，2014），孙丽辉（2006），盛亚军（2009）；张敏等（2019）

资料来源：笔者根据相关文献整理。

此外，还可以根据研究对象的不同，将区域品牌视角分为政府视角、产业集群视角、消费者视角和公共产品视角等。当前基于消费者视角的研究较多，更关注消费者的品牌认知、购买动机、个人情感、品牌忠诚度及反馈信息等因素对于区域品牌的影响。卢宏亮等（2020）基于自媒体背景，探究自媒体使用对消费者生态认知及农产品区域品牌资产的影响机制，构建了自媒体使用、农产品生态认知、品质感知与区域品牌资产的理论模型。研究发现，自媒体使用对生态环境认知、生态产业认知及生态产品认知均有显著正向影响；生态环境认知、生态产业认知及生态产品认知对品质感知有正向影响，品质感知对区域品牌资产同样存在正向影响。熊爱华等（2019）运用实证方法来分析消费者认知与情感对农产品品牌忠诚度的影响，研究结果表明消费者认知通过影响消费者情感间接对农产品品牌忠诚度产生影响，消费者情感发挥完全中介作用。农产品企业要提高消费者的品牌认知，满足消费者实际购买的情感需求，从而达到提高消费者品牌忠诚度、实现品牌资产价值的目的。李林竹等（2020）基于社会认同理论和解释水平理论，从家乡概念的动态视角，探究了消费者离家空间距离对其家乡内群体边界扩展和"近乡"区域品牌偏好的影响。研究显示，离家空间距离远的消费者内群体边界扩展程度更高，即更倾向于把与家乡相邻的区域纳入更广泛的家乡概念中，从而增加对近乡区域品牌的偏好程度，区域文化差异性会调节消费者离家空间距离与其内群体边界扩展的关系，即当消费者感知到近乡区域文化与其家乡文化存在显著差异时，离家空间距离对内群体边界扩展的促进作用会减弱，进而抑制消费者对近乡区域品牌偏好的距离效应。

2.1.4 区域品牌发展驱动机制

区域品牌发展对当地经济结构转型具有重要影响，区域品牌的驱动因素和作用机制研究已成为理论界和实践界共同关注的焦点。已有研究主要在两个基本视角下探讨了区域品牌发展的驱动机制：一是集群内生视角，二是政府外生视角。

1. 集群内生视角

集群内生视角认为，产业集群内聚是区域品牌发展的根本动力。波特（Porter，1998）系统地提出了新竞争经济学的产业集群理论，研究指出"产业群"是区域经济的一个显著特征，产业集群可以有效提高单体企业的生产效率，增强企业在技术和管理创新、降低交易成本以及提高外部经济正效应等方面的竞争力，提升区域优势效应和区域品牌化绩效。罗森菲尔德（Rosenfeld，2002）认为产业集群是区域品牌化的重要因素和形成基础，是欠发达国家和地区提升其竞争力的重要手段；产业集群在自我强化的过程中逐渐扩大其影响范围，同时建立区域品牌的知名度、美誉度以及市场竞争优势。马向阳等（2014）认为，集群内企业之间的聚合、竞争、结盟、学习和创新等因素相互作用和联系，不断促进集群范围扩张和实力增强，为区域品牌创建奠定一定基础。另外，胡大立等（2006）指出区域品牌发展受到品牌效应与集群效应的交互作用，品牌内涵、区域特性、产业基础三者是其决定要素。熊爱华（2008）指出区域品牌和产业集群存在密切的互动对话关系：区域品牌是产业集群的无形资产，其影响力将会促使与区域内产业相关的更多企业及生产要素向内聚集，进而有力支持集群的规模扩张和技术升级；产业集群是区域品牌的有形资产，群内大量的关联企业、机构等通过专业分工协作，结成本地化网络，这既克服了单体企业参与市场交易的分散性和不确定性风险，又可避免层级制企业的低效率。而产业优势性、环境优势性和名牌聚集性对该有形资产具有积极影响（孙丽辉等，2009）。张敏等（2019）以中国白酒金三角（川酒）产业集群为研究对象，探究和界定了阻碍区域品牌形成和发展的锁定效应因素，通过质性研究方法开发了一套定量测量量表，提出了一个较完善的集群区域品牌锁定效应的分析框架。张月义等（2020）从"标准＋认证"视角下的制造业区域品牌培育入手，以计划行为理论分析框架为基础，探讨行为态度、主观规范、知觉行为控制和政府支持对企业参与区域品牌建设意愿与决策行为的影响。赵卫宏等（2018）提出并检验了一个基于资源环境形成的制度压力正向驱动企业参与区域品牌化的预测模型，研究显示构建与社会期待相一致的资源环境可以形成区域内相应的制度趋同压力，对企业参与区域品牌化具有正向驱动效应。

2. 政府外生视角

政府外生视角认为，政府构建是区域品牌发展的动力源泉。区域品牌具有不同于产品品牌和企业品牌的公共性与非排他性，市场机制难以达到资源优配，因而需要政府通过战略的规划与实施、政策的导向与协力动员加以构建。政府具有创建、设计和管理区域品牌的职权，在区域品牌定位、参与市场竞争、培育顾客满意和品牌忠诚中发挥重要作用（Jorgensen，2016）。区域品牌化需要众多利益相关群体一致性地传播区域信息，支持区域目标，履行区域承诺，这也需要政府通过协调和管理来提高其效率和效益（Cleave，2016）。佩德森（Pedersen，2004）研究发现，实施区域品牌战略是提升国家竞争力的重要途径，将领导专业性、战略规划性和资源利用性确定为区域品牌发展三要素，他认为面对未来发展的不确定性，专业化的政府领导能够制定有效的战略规划，高效地利用区域资源和能力。安德森（Anderson，2007）指出区域品牌发展涉及众多利益相关者，因此需要政府对其进行管理和协调，约束企业及利益相关者的机会主义行为，共同支持区域目标，履行区域承诺，传达一致性信息，形成区域识别。可见，地方政府的主导作用是区域品牌发展必不可少的中介变量。孙丽辉（2009）基于温州鞋业集群品牌进行案例分析，证实了政府构建性显著大于市场生成性，区域品牌发展的方向、速度和水平受到地方政府主观偏好与政策导向的重要影响，因此地方政府应当在区域品牌发展的不同阶段针对不同的公共政策需求及时进行管理创新。帕斯奎内利（Pasquinelli，2014）指出了基于制度和传播视角下的区域品牌发展四步骤：机会产生、利益动员、达成协议和制度设计。

　　目前，关于区域品牌发展驱动机制的研究大部分是从外生视角下，较多地关注了制度因素，特别是地方政府对区域品牌发展作用的直接效果，认为地方政府在区域品牌的构建、维护和发展过程中扮演了主体或是主导角色。艾伦（Allen，2010）、帕斯奎内利（Pasquinelli，2014）等认为地方政府是区域品牌创建的领导者，直接决定着区域品牌的发展结果。孙丽辉（2009）等研究表明，地方政府是区域品牌形成不可或缺的中介变量，政府构建性明显大于市场生成性。然而，资源是产业集群发展的物质基础和前提条件，产业集群的内聚效应能够促进区域特色传播，因此产业集群扮演着区域品牌形成和传播的经济基础和载体这一重要角色，并且区域品牌与产业集群的产生和成长具有共生和协同效应。区域资源禀赋的丰富程度和资源利用效率对区域经济发展具有直接影响（张力小、梁竞，2010）。地区资源禀赋状态决定了区域品牌的发展潜力和成长空间，是区域品牌的重要驱动因素之一。

　　笔者基于资源配置体系的内生视角，在对区域品牌发展的驱动机制进行探讨和构建的基础上，理论分析并实证检验了区域资源禀赋对区域品牌发展的影响机理和作用边界，以及制度因素在二者关系中的调节作用，通过探索资源禀赋、制度因素与区域品牌发展的关系，揭示以资源禀赋为逻辑起点的区域品牌发展驱动机制。相关研究成果已发表在《中国人口·资源与环境》（2017 年第 27 卷第 4 期），为本书开展绿色食品区域品牌生态系统驱动机制研究提供了重要的理论依据和研究视角。区域品牌发展的核心驱动要素为区域资源的禀赋状态，而资源禀赋实际上是真正作用于企业动态能力，进而对绿色食品区域品牌生态系统的发展产生影响，这也为本书绿色食品区域品牌生态系统动态演化分析研究中将企业动态能力确定为序参量提供了强有力的理论支撑。

2.2　品牌生态系统

2.2.1　品牌生态系统内涵

品牌的生命力根植于品牌与其所处内外部环境的相互依赖和相互作用，进而达成协同进化的最终目的，因此品牌在宏观上更多地表现为一个生态系统。品牌生态理论体系诞生于 21 世纪初，主要通过类比逻辑，运用生态学视角，分析市场中一系列品牌相关活动。品牌生态理论认为品牌具有"生命特质"，并且在发展过程中时刻处于某种"生态环境"当中。这种生态环境即品牌生态系统，是品牌与其生存发展的环境相复合，共同组成的商业生态系统（许晖等，2019）。众多国内外学者的研究证明了品牌生态系统的重要性（Winkler，1999；Baskin，2016；张力小、梁竞，2010）。摩尔（Moore，1996）指出，网络技术的迅速发展和全球经济的快速崛起，将商业社会带入到以协同进化为明显特征的商业生态系统时代；科尔特和凯勒（Kolter & Keller，2011）研究指出品牌管理的疆域已经拓展至生态系统层次。自 20 世纪 50 年代以来，品牌理论研究经历了一个相对较长的发展时期，学者对品牌的含义、成因、发展等各方面进行深入研究。伴随品牌理论研究的深入和其他相关学科理论的交叉，学者们日渐认识到了品牌发展的复杂性和多样性（王兴元，2000；2006）。品牌是一个复杂系统，品牌的成长发展应当从复杂适应的角度进行理解与分析。张燚等（2013）认为，若一个人渴望能够理解某种复杂系统，那么他获取丰富灵感的思想理论源泉无疑就是生态学。达尔文的《物种起源》一书是生物学的奠基之作，袁胜军、符国群（2012）及许晖等（2017）分析指出书中论述的"适者生存"和"竞争分化"这两条自然定律与品牌发展规律具有天然的相似性。

　　"生态系统"的概念从生态学延伸而来，最早由英国生态学家坦斯利（Tansley）于 1935 年提出，是指在某一空间内生物因子和环境相互作用，通过物质吸收和能量输送两种路径形成的生态学功能单元。品牌是构成商业活动的重要组成部分，随着品牌理论研究的不断深入，生态学中适者生存与竞争分化的观点开始逐渐被接受。

　　首次将"生态系统"概念引入到对品牌研究领域的学者是美国著名的品牌专家林恩（Lynn），他认为品牌的形成及成长具有生态系统的发展特征，应当把品牌作为一个"复杂生物体"进行考察分析，只有营造和建设适合品牌生存的环境，品牌才得以永续发展（Lynn，1995）。此外，将品牌及其生存环境与拟生态系统进行对比研究，可以得出与生态系统演化过程相似的品牌运作过程及演化形态。著名品牌策略专家阿克（Aaker）将品牌研究进一步微观化，将生态学中的"种群"概念运用在品牌研究中，提出了"企业品牌群"的概念（Aaker，1998）。科特勒（Kotler，2002）指出，品牌可以像生物一样按照出生、发育、成熟到衰退的生命周期进化。琼斯（Jones，2005）认为品牌的发展其实是一个无限循环更新的过程，应包含品牌的孕育阶段、成长发育阶段和再循环阶段。温克勒（Winkler，1999）指出品牌生态环境是一个复杂的、充满活力的、有能量流动的有机组织。孙成章是国内最早将生态理论运用到企业运作管理研究中的学者，其在 1995 年提出现代企业生态学应融入企业制度的创新工作中。王兴元（2004）提出生态学视角下，品牌自身即复杂的有机组织，具备不断发展变化的能力，并且这种能力体现在一定的生态环境当中。这种品牌生态环境主要由内部微观环境、外部微观环境以及外部宏观环境组成，在此基础上，由品牌自身与相关生态环境复合而成的商业生态系统被称为品牌生态系统。同时构建了商业生态系统和名牌生态系统的概念和结构模型，并对品牌生态系统的运行管理进行探索性研究（王兴元，2000；2006）。张燚（2013）、张锐（2003）从品牌生态学的角度出发，研究指出品牌生态系统是一个由品牌及其生存环境所组成的人工管理系统，品牌生态系统从微观、中观、宏观角度可分为个体生态、群体生态和品牌生态。熊爱华（2012）对品牌生态系统基础理论进行归纳梳理，对其内涵特征、一般规律、系统复杂性及其协同进化进行了深入分析。上述学者的研究深化了品牌生态学的理论研究基础，扩展了品牌生态系统的实践应用。

综上所述，结合国内外关于品牌生态系统的研究，本书将品牌生态系统定义为：由具有较大规模、较大影响力的、能够提供具有特色的产品品牌及其赖以生存和发展的相关环境复合而成的远离平衡态的开放系统，包括资源禀赋、供应商、企业、产业集群、地方政府、行业协会、金融机构、创新网络、外包机构，以及消费者、竞争性集群、社区与居民和生态环境等环境要素。系统内各要素通过一定内在联系结合在一起，并能够通过不断地形成新性质和新功能以适应外界环境的变化或挑战（Baskin，2016）。

2.2.2　品牌生态系统研究视角

总结国内外有关品牌生态系统理论的研究文献，可以发现这些文献基本都是在借用生态学原理与方法的基础上，跨学科结合管理学、经济学、营销学等理论，将生态学领域的观点及研究方法纳入品牌领域加以研究，初步建立了品牌生态系统理论体系的基本框架。品牌生态系统研究主要集中在品牌个性理论、品牌生命周期理论、品牌生态系统利益相关者理论和品牌生态位理论等几个方面。

品牌生态系统是一个复杂、动态的生命系统，涉及众多利益相关者，对品牌个体和区域品牌的发展起到重要作用。邓肯（Duncan，1998）指出真正的品牌存在于利益相关者心中，企业应该在各利益相关者的协同作用下构建和培育品牌，并随时关注利益相关者的看法，以提高产品的针对性和品牌竞争力。科特勒等（Kotler et al.，2002）指出，伴随商业经济的发展及其外部环境的不断变化，运用生态系统视角对品牌加以分析业已成为一种趋势，品牌管理的视野已经扩展到生态系统领域，品牌与各系统参与者建立和谐共生的生态关系，有利于双方相互提高、共同进化。埃尔西（Elsie，2003）结合全新的品牌管理环境，对品牌生态系统进行分析，指出当今社会的品牌管理涉及众多要素和参与主体，品牌管理工作应当在新的利益相关者的环境中展开。琼斯（Jones，2005）构建了利益相关者品牌价值模型，用来评价与该品牌相关的利益相关者的价值。戈桑和坎迪亚（Gossain & Kandiah，1998）着重研究了品牌生态系统的构成与管理，探讨分析了生态系统的建构要素和驱动机制，从而为品牌生态的可持续发展提出相关建议。以土耳其棉花和纺织行业为例，穆萨普（Musap，2008）等对土耳其成分品牌和品牌生态系统进行了实证研究，提出实现成分品牌战略的过程中，想要创造竞争优势，第一步就要注重品牌生态系统的发展。王念（2010）丰富了品牌生态系统的定义及范畴，在前人提出的概念基础上增加了时空要素，主张在更加立体的维度内对品牌生态系统进行考察。张鹏（2012）在王兴元（2000；2006）研究的基础上对品牌生态系统进一步加以分析指出：品牌生态系统是以品牌为核心，由众多成员以利益为基本出发点，按照一定的结构和规则联结而成的商业生态系统，同时将个体品牌生态系统分为四层：品牌层、品牌企业内部层、供应链层、其他利益相关者层。

2.2.3 品牌生态系统结构

品牌生态系统的结构差异导致了系统的多样化，进一步影响整个生态系统的市场竞争力。阿克（Aaker，1991；1998）教授在其"品牌三部曲"中对品牌识别结构的论述是从横向组合和纵向延伸两个大角度进行的。施鹏丽、韩福荣（2006）构建了品牌生态系统模型，并对其结构特征和功能加以详细描述，对品牌生态位及其适应度问题进行较为详尽的分析，以部分相关品牌为样本加以实证检验。汪波等（2006）基于生态因子理论对中国农机品牌进行研究，对其品牌生态系统的结构特征和优势进行了分析，认为在建构品牌生态系统时需要注意系统的层级性特征，系统层级由小到大依次为品牌个体、品牌种群、品牌群落、生态圈（包括非生物环境）。王兴元（2006）以品牌数量为标准，将品牌生态系统划分为个体品牌生态系统和整体市场品牌生态系统，分别从两个维度对品牌生态系统加以阐述。个体品牌生态系统主要是指单个品牌生态系统，包括顾客、资源供应链、品牌供应链在内；而整体市场品牌生态系统是某一特定市场中，由多个品牌系统共同组成的品牌生态系统，主要包括区域市场品牌生态系统和产业品牌生态系统。杨保军（2010）认为品牌生态系统是以品牌企业为核心，由品牌与品牌产品、品牌企业、相关企业、社会公众以及品牌生态环境所组成的人工生态系统，其中系统外部生态环境包括经济生态因子、社会生态因子和地缘生态因子三类因子。朱英明（2007）更是从不同领域的产业集群角度总结整理了集群递阶层次结构图。张燚（2013）认为，在生态系统中，除了品牌与品牌产品之外，还包括品牌所有者、股东、供应商、中间商、竞争者、金融机构、大众媒体、政府、社会公众以及最终顾客等。徐峰（2009）运用案例分析方法，以义乌市为例，探讨了不同层级城市间主导品牌联合、主副品牌融合的合纵连横格局。寿萌吉等（2012）构建了服装区域品牌网络结构模型，包括核心竞争层、辅助支持层、核心战略层，并对其包含各因素进行探讨。殷红春（2006）在汪波（2006）研究的基础上指出一个完整的品牌生态系统应当包括含品牌物种、品牌种群、品牌群落和品牌生态环境四个部分，同时建构了由品牌成分、非品牌成分两部分构成的品牌生态系统，其中品牌成分包括品牌、供应商、代理商、消费者以及同质品牌群 5 类要素，非品牌成分主要包括政治、经济、社会、自然环境因素。熊爱华（2012）在此研究基础上引入博弈论，构建了品牌生态系统中协同进化的博弈模型，对比分析了企业之间、政府与企业、企业与消费者的博弈模型，同时提出了系统进化中品牌与行业生命周期的关联性。王启万、王兴元（2015）丰富和发展了王兴元（2013）的品牌生态系统模型，构建了品牌生态系统框架下的集群品牌驱动机制，从宏观基础、行业发展、资源支持、群内营销四个维度进行分析，每个变量下都设置了具体关键指标，并且确定了变量间的驱动关系，划分了可改变、可提升的关键指标。

2.2.4 品牌生态系统理论的应用领域

许多学者将品牌生态系统理论引入到各个领域加以研究，以不同的标准可以进行多种划分。

首先，研究基于不同行业的品牌生态系统。余利红（2006）针对中国服装行业，运用品牌生态系统理论进行研究，指出建立服装品牌生态系统可以促进品牌及产业的发展；任晓峰、陈颖（2008）以江苏常州木业品牌为例，将品牌生态系统理论运用到木业领域，构建常州木业品牌生态战略系统；王兴元等（2009）将品牌生态系统引入到了高科技领域，研究了高科技品牌生态系统的特征、成长的动力机制等，并对该系统的技术创新风险因素进行了分析；谢向英等（2012）、单军等（2016）将生态系统理论引入农产品区域品牌发展研究，单军等（2016）以茶叶区域品牌为例，基于扎根理论对农产品区域品牌生态系统演化路径进行分析；高红岩（2013）提出了电影品牌生态系统的框架。

其次，研究基于产业集群的品牌生态系统。杨建梅等（2006）研究了产业集群的品牌生态问题，建立了产业集群的品牌生态系统模型；刘志峰等（2012）对产业集群品牌生态系统的概念、结构和基本特征进行了研究；张志红等（2011）提出了城市品牌生态系统的概念，分析了其特征和机制；王启万、王兴元（2013）利用集群品牌生态模型对战略性新兴产业集群品牌生态系统进行了研究；李琛等（2014）从系统活力、组织结构和系统弹性三个层次构建白酒品牌生态系统评价指标体系和评价方法；翁胜斌、李勇（2016）构建了区域品牌生态系统评价指标体系，从基因强壮性、种群成长性和环境适应性三个方面对农产品区域品牌系统进行重构建模分析。祝合良、张志明（2017）通过对我国乳品产业的研究发现，在自我提升演进的过程中，集聚品牌生态系统的自组织功能和有机体适应性，推动了集聚品牌生态系统的动态演化功能。熊爱华、邢夏子（2017）在剖析绿色食品区域品牌生态系统构成要素的基础上，运用系统动力学方法分析梳理出系统内二级驱动机制和非线性能量输入、输出机制以及四条因果反馈回路。许晖、薛子超、邓伟升（2019）为探究区域品牌生态系统演化及其竞争力提升的内在机理，以武夷岩茶区域品牌生态系统为研究对象，对其演化路径进行了系统呈现，并构建了区域品牌生态系统赋权理论框架。

品牌生态系统理论的研究者及应用领域如表2-2所示。

表 2 - 2　　　　　　　品牌生态系统理论的应用领域

研究者	应用领域	研究时间
黄喜忠、杨建梅	产业集群品牌生态系统	2006
李明武		2010
刘志峰、刘志国、党胜利		2012
祝合良、张志明		2017
王红焱、张婉娸、李明武		2017
余利红	服装品牌生态系统	2006
郭金童、汪波	自主品牌生态系统	2007
任晓峰、陈颖	常州木业品牌生态系统	2008
王兴元、于伟、张鹏	高科技品牌生态系统	2009
王念	中国轿车自主品牌生态系统	2010
朱育峰	高校校园文化生态系统	2011
张伟民、张洋	城市品牌生态系统	2011
吴江涛、乐为、杨国梅		2021
高红岩	电影品牌生态系统	2013
王启万、王兴元	战略新兴产业品牌生态系统	2013
翁胜斌、李勇	区域品牌生态系统	2016
祝合良、张志明	乳品产业生态系统	2017
熊爱华、邢夏子	绿色食品区域品牌生态系统	2017
许晖、薛子超、邓伟升	武夷岩茶区域品牌生态系统	2019

资料来源：笔者根据相关文献整理。

2.2.5　品牌生态系统演化

　　总结国内外有关品牌生态系统演化（进化）理论的研究文献，可以发现这些研究主要是在生态学的基础上，结合协同学理论、生命周期理论，对品牌生态系统的协同进化和周期演化进行分析和探讨，揭示品牌生态系统的建构机理和成长路径，从而为处于不同发展阶段的品牌生态系统提供值得参考和借鉴的理论及实践经验。目前品牌生态系统的演化研究主要从生态系统整体演化、产业集群品牌生态系统演化和某一品牌生态系统演化三个方面展开。

有的学者对品牌生态系统的整体演化进行研究，对品牌生态系统做了较为系统全面的理论分析，进而探索品牌生态系统的演化发展规律和运行机理。王仕卿、韩福荣（2008）以品牌生态位为研究切入点，运用数学模型构建了品牌生态位演化的种内竞争模型和品牌生态位拓展的种间竞争模型，对两种模型进行探讨分析。卡普弗勒（Kapferer，2012）认为，生态系统中，通过品牌为核心，企业、顾客和相关利益群体之间双向互动以及重叠交叉的联系，品牌与多个主体共同建立和谐共生的关系，并共同进化。熊爱华（2008）将品牌生态系统的协同进化方式分为自组织协同进化、竞争性协同进化和互补性协同进化三类；将协同进化模式分为纵向协同进化和横向协同进化两类：纵向协同进化是指按照时间发展顺序经历萌芽期、成长期和成熟期等阶段，品牌生态系统发展的主导力量由生产商到经销商再到分销的演化过程；横向协同进化则是指品牌物种之间通过竞争与合作、迁移与兼并等方式，实现从产业集聚、品牌集聚到品牌生态系统的演化过程。许晖等（2019）将区域品牌生态系统演化路径划分为三个阶段，即孕育阶段、进化阶段与成熟阶段，并且他认为制度力量是推动其生态系统不断演化的关键因素。

有些学者的研究针对产业集群领域，对产业集群品牌生态系统的协同演化进行了分析，研究集中在解析产业集群的构成、特征、结构、演化层次等方面，进而发现产业集群品牌生态系统的演变规律，探索其演化机理。李舸（2008）提出了企业生态位超体积模型，将产业集群演化划分为四个阶段；分析了集群内企业之间的竞争、共生、捕食关系；以汽车产业集群为例剖析了其生态系统的运行机制和演化规律。赵进（2011）构建了产业集群生态系统内三个层次的协同进化模型，分别是企业集群间、产业种群间、产业集群与外部环境，运用仿真研究对演化模型加以模拟和验证，并以中关村国家自主创新示范区为例进行了案例研究。于颖（2013）运用仿真研究、定量分析和案例研究方法构建了产业集群品牌生态系统协同进化模型，对生态系统进化的主体和动因加以分析，分三个层次构建了品牌种群内部、种群之间及种群与外部环境的进化模式。李明武、綦丹（2017）分析指出了产业集群品牌生态系统演化过程是系统内成员自适应、自协调、自组织的过程，演化体系存在层次性，涵盖品牌个体、种群、群落和外部环境之间的三个层次，进而将产业集群品牌生态系统的演化过程划分为初创期、成长期、成熟期、衰退期四个阶段。

部分学者则是在品牌生态系统全面理论分析的基础上，选取某一典型具体的品牌生态系统，针对该系统的发展演进展开深入、聚焦性的研究，从而探究这一品牌生态系统的协同演化特点及发展运行机理。殷红春（2005）实证分析了天津品牌生态系统的复杂适应性和协同进化，对其协同度进行了较为详细的分析；熊爱华等（2016）对青岛市家电品牌生态系统的构成及协同进化进行实证研究，构建了该系统"品牌—经济"协同度模型对青岛家电品牌生态系统进行定量分析。陆鹏飞、贺红权（2016）构建了工业产业集群品牌生态系统，分析了该生态系统协同进化的三大动因：环境压力、市场拉力、自身动力；对工业产业集群品牌生态系企业间的协同演化机理和集群品牌与外部环境协同演化机理构建矩阵模型并加以阐释；许晖等（2017）运用质性研究方法，基于云南白药1999~2015年品牌生态圈发展进行纵向案例研究，详尽分析了云南白药品牌生态系统的成长路径和发展机理，着眼于企业动态能力进阶演化以促进生态系统的发展。此外，如前文"品牌生态系统应用领域"部分中提到的一些学者对常州木业品牌生态系统、中国轿车自主品牌生态系统、福建茶叶品牌生态系统等多个领域进行研究时，对这一品牌生态系统的演化发展均开展过相关论述。

2.3　绿　色　食　品

2.3.1　绿色食品产业内涵

绿色食品是指产自优良环境，按照规定的技术规范生产，实行全程质量控制，产品安全、优质，并使用专用标志的食用农产品及加工品（陆鹏飞、贺红权，2016）。1962年，美国的雷切尔·卡森（Rachel Carson）通过披露杀虫剂DDT危害其他生物的种种情况，首次在全世界引出绿色生物的意识。20世纪70年代初，由美国到欧洲和日本的、以保护生态环境和提高食品安全性的"有机农业"思潮影响许多国家。

1992 年美国、英国、德国、日本和澳大利亚等发达国家和一些发展中国家纷纷加快在生态农业领域的"南北合作"步伐。在我国，将西方国家的健康食品、无公害食品、有机食品和生态食品等统称为"绿色食品"，这些表述在本质上是相同的。

库兰等（Kuran et al.，2014）研究发现消费者对绿色食品的主观感受、经济实力、健康意识和绿色食品的知识储存影响了对绿色食品的购买意愿和实际购买力。绿色食品产业应当以保障消费者的饮食安全和身体健康为第一要义，从维护和改善农业生态环境出发，在选种、种植、运输、加工、生产、销售等过程实现全方位、全流程的安全监管和质量测控。

绿色食品产业将可持续发展作为首要原则，把标准化种植、产业化生产贯穿在"从农田到餐桌"的整个价值链条中，是以绿色食品生产、加工为主线的生态、安全、营养、优质、高效、高产的现代农业产业。唐伟、张志华（2015）指出要抓住时代发展赋予绿色食品产业发展的新机遇，例如"互联网＋"、供给侧结构性改革等，认真落实绿色食品全程质量检测，全面提升绿色食品标志许可的服务水平，完善绿色食品监管制度。王运浩（2016）总结"十二五"期间中国绿色食品工作成效及经验，提出"十三五"期间要向创造新的发展条件和加强全程管控能力方向努力。绿色食品产业是一种实现农业可持续发展的新型农业发展模式，是对生态农业、标准化生产等农业发展模式的改造和升级，是绿色农业经济的核心内容。作为国民经济的重要新兴产业，绿色食品产业遵循了可持续发展原则，实现农业资源的循环利用，激活绿色食品庞大的社会需求，推动绿色食品产业又好又快发展，成为推动经济产业布局转型升级和加速转变经济增长方式的必由之路，有利于实现经济文明与生态文明的协同发展。

2.3.2　绿色食品品牌

绿色食品产业通过建立绿色食品品牌得以持续快速发展，并形成系统性的竞争优势。消费者的食品安全意识伴随消费水平的提高而逐步增强，为绿色食品品牌建设或食品质量保证承担额外费用的意愿也随之增强，因此，加强品牌建设对于降低消费者对有机食品的选择成本、增强识别绿色食品的安全性具有重大意义。藤田等（Fujita et al.，2006）研究表明，当代消费者的生活水平下，消费者倾向于购买有机种植、安全无害、营养丰富的绿色食品。绿色食品品牌建设需求日益高涨，市场潜力巨大。贝拉克斯等（Beracs et al.，2006）提出，绿色食品品牌由一系列指标组成，包括产品质量等内在指标，以及产品包装、售前（后）服务等外在和附加指标。林（Lam，2007）等指出绿色食品的品牌化建设应始终将"绿色"作为其核心，围绕有机、绿色、自然来建立品牌形象；当绿色食品产业呈现出产于优良的生态环境、相关部门对产品的全面质量管理、实行标志管理的三个显著特征，标志着绿色食品产业进入良性发展阶段。总之，绿色食品品牌能够提高产品识别度，具有独特的区分绿色食品与普通食品的能力，它将绿色食品的内在产品特质（营养价值、安全无公害、优质、高附加值等）、外部产品特征（包装、名称等）以及通过外部宣传活动建立起消费者对企业价值观、企业文化的认知相联合，进而影响消费者的购买行为。

目前关于绿色食品品牌的研究基本都是围绕如何更好地建立和发展品牌市场来进行，主要集中在公共产品、技术、政府支持、消费者需求等角度。周云峰（2010）着眼于公共产品视角，绿色食品品牌作为无形资产，其核心价值由绿色食品标志和原产地形象构成；绿色食品品牌的概念内核由市场制度和政府制度组成，前者以市场信誉为主、交换关系为基础，后者以公共服务为主、权威关系为基础。王宁等（2014）和琼巴等（Jumba et al.，2012）研究指出了加强绿色食品品牌建设的三大建议：扩大品牌市场效应、强化品牌营销推广、提高消费者认知。王琦（2016）认为绿色食品品牌需要依靠高科技来提升品牌价值，培育名、特、优、新的产品需要充分利用网络营销提升品牌知名度，此外还要建立完备的质量追溯体系，保证绿色食品拥有良好的法律环境。赵广英（2012）强调通过完善法律法规来监管市场行为，政府的引导和扶持有利于资源整合和科研优势的发挥。施密德（Schmid，2008）同样支持政府主导绿色食品品牌发展作用。熊爱华、邢夏子（2017）经过长时间的实地调查得出，自1980年以来欧洲绿色农业发展迅猛源于消费者需求旺盛和政府正确的政策支持。

2.3.3 绿色食品区域品牌

绿色食品产业要想占据市场地位、获得持久的市场竞争力、走持续发展道路,应该从战略视角展开品牌的融合(王德章、赵大伟,2003)。绿色食品行业发展具有区域根植性和路径依赖性的特点,在产业发展过程中逐渐凸显绿色食品原产地特色,并呈现出地域特性。这一绿色食品产业化发展的独特性决定了实现区域品牌化发展对该产业成长极具重要性。

国内绿色食品区域品牌较为丰厚的研究主要集中在东北地区,特别是黑龙江省。王德章等(2006)指出"黑龙江省在过去的十年间对绿色食品产业实行品牌战略,绿色食品消费保持较高增长率,其中资源禀赋、科技创新和市场需求是获取市场竞争优势的重要条件"。张明林等(2012)认为从微观的角度来看,我国农业龙头企业普遍实施"局部化"绿色品牌战略,且农业龙头企业"绿色化"规模扩张有停滞的趋势,政府部门要以促进农业龙头企业进行"绿色化"扩张为抓手,进一步优化原有的绿色食品产业扶持政策,形成针对大、中、小不同规模农业龙头企业的扶持政策体系,从而促进我国绿色食品产业发展模式由粗放式向集约式转变。李英禹等(2011)和王宁等(2014)对黑龙江绿色食品区域品牌竞争力的发展特点和区域品牌建设障碍因素进行归纳,并指出提升区域品牌竞争力的有效途径。孔丹(2009)立足于自组织理论,把黑龙江省绿色食品产业集群作为一个整体进行考察,对集群的自组织过程进行系统调控,提出改进和完善产业发展的建议。王德章等(2012)从主体合作的角度提出区域优势品牌发展对策,企业 + 生产基地、企业 + 投资主体、科研机构 + 基地 + 农户一体化,各参与主体只有成为风险共担、利益共享、共谋发展的经济共同体,才能实现绿色食品产业新的突破。

在国外,也有一些学者根据国别特点对绿色食品品牌开展针对性研究。赛芳(Seyfang,2006)指出消费者是刺激绿色食品可持续性消费的力量,这种刺激能够对当地绿色食品网络构建和品牌发展产生积极作用;消费者动机主要有减少对生态的负面影响和安全方面的考虑。布莱拉(Bryla,2016)以波兰为例研究总结了绿色食品的主要发展动因是消费者；绿色食品市场的发展障碍主要是较高的市场价格、消费者认知不足、生产商透明度低、可获得性低。

2.3.4 绿色食品产业研究视角

国内外关于有机食品或绿色食品的研究主要集中在市场、政策、区域竞争力、产业结构等方面，部分学者将生态系统理论引入绿色食品领域进行研究，主要用于分析某一具体的绿色食品品牌。

在市场方面，斯塔尔（Stagl，2002）等指出了绿色食品市场能够积极推动产业发展，然而一旦过度发展将会制约产业的发展前景，两者关系呈现倒 U 形；他同时研究提出要提升产品生产标准和打破各国贸易往来壁垒才能将市场机会转化为企业机会。詹纳卡斯（Giannakas，2005）针对绿色食品产业的"柠檬市场""免费搭车"等问题，指出应该将"看得见的手"和"看不见的手"结合起来，采用严格的认证制度和强效的市场监管，有助于解决绿色食品市场的信息不对称、外部性等问题，从而解决绿色食品的部分市场失灵问题。克拉洛等（Claro et al.，2004）指出，在市场准入门槛、产品质量标准双双提高的市场和制度环境下，高技术含量、高附加值的绿色食品在市场交易过程中具有明显的竞争优势；雷诺兹（Raynolds，2004）、芬奇（Finch，2005）等研究提出绿色食品产品创新、品牌附加值提高是应对激烈的市场竞争、拓展消费市场边界的双路径。顾帅坤等（2020）以黑龙江省为例，围绕新零售视角下绿色食品发展，阐释新零售业的发展优势，在此基础上进一步剖析了黑龙江绿色食品零售存在的主要问题，从金融、顾客、数据、生产等方面指明了新零售视角下黑龙江绿色食品零售模式的创新路径。随着电子商务发展，消费方式逐渐从"线下"转而变为"线上 + 线下"，个人不仅是网络电子商务的消费者，同时也可以成为电子商务资源的生产者。这为绿色食品产业的发展提供了全新的市场环境和更广阔的销售空间。李佳俐等（2021）结合当前电子商务环境下绿色食品产业的发展现状和存在的问题，探究相应的发展对策。

在政策方面，卡里奎里等（Carriquiry et al.，2007）结合欧盟、美国的绿色食品产业案例研究，提出在发展初期应加强产业政策导向、增加产品供给，后期要加强市场调节以实现市场供求的协调发展；林海（2006）提出必须构建以市场规范与管理、产品质量及认证为重点的绿色食品产业发展动力系统，以提升绿色食品产业竞争力；宋德军（2008）构建了以产业政策调整来促进产业结构优化的机理模型，提出了创新宏观管理以促进产业结构优化升级的对策；王德章（2013）从市场需求视角出发，构建了影响绿色食品产业竞争力变化与调整发展的战略分析框架，在此基础上基于市场需求研究指出了提升中国绿色食品产业区域竞争力水平的发展策略。周广亮等（2020）通过构建绿色食品产业与经济发展的评价指标体系，实证分析 2006~2017 年全国绿色食品产业与经济发展之间的耦合协调性。研究发现，绿色食品产业与经济发展各自的综合发展指数总体呈稳步上升趋势且绿色食品产业与经济发展一直处于高度耦合状态，提高二者发展水平对优化两系统耦合协调关系效果显著，且经济发展的影响效果更为明显。由此得到以经济发展为引领带动绿色食品产业发展及以绿色食品产业为着力点助推经济高质量发展等启示。李晗、陆迁（2020）基于河北廊坊、山东寿光两地典型蔬菜种植区的微观数据，构建技术效率微观分析框架，评价产品质量认证对技术效率提升的具体作用路径。研究表明有机农产品认证与绿色食品认证对农户技术效率具有显著的提升作用，而无公害农产品认证没有显著提升农户的技术效率。有机农产品认证和绿色食品认证对技术效率的提升作用按贡献率大小依次来源于溢价激励的提升、成本压力的作用、组织支持的增强。

在产业竞争力方面，已有研究主要集中于运用定性研究法来研究产业竞争力的现状和成因，如方敏（2003）指出要通过优化农产品供应链和降低成本提升绿色食品产业竞争优势；罗峦、曹炜（2006）、韩杨（2010）均运用波特钻石理论分析了绿色食品产业发展的影响因素；李平等（2008）指出要提高集绿色产业集群的竞争力，完善投、融资机制，以绿色营销创新促进产业集群健康发展。也有部分学者进行了实证分析，如王德章（2009）构建了绿色食品业竞争优势综合评价模型，通过模糊评价对黑龙江省绿色食品产业的竞争优势进行了检验分析，并将影响集群竞争优势的因素进行解析、深化和升级；银红娟（2008）结合波特的钻石模型分析绿色食品的生产供给过程，提炼出影响绿色食品生产供给的主要因素，对中国绿色食品产业的竞争力进行了实证分析；宋德军（2011）建立了以截面数据为基础的因子分析评价模型，并对中国绿色食品产业发展能力进行了综合评价。

产业结构优化方面，刘连馥（1998）指出绿色食品产业的发展有利于农业产业结构优化升级。王德章等（2009）提出绿色食品产业应由多投入、多消耗的粗放型发展方式转向更多依靠信息化、自主创新能力提高和政策创新实现产业健康持续发展。黄漫宇等（2014）对全国 30 个省、自治区、直辖市绿色食品产业发展程度做出评价，并对其地区差异以及绿色食品产业发展各影响因素对产业发展水平的影响程度进行分析，研究表明绿色食品产业发展水平存在明显的地区差异，主要表现在市场需求，资源条件，企业战略、结构与竞争对手，相关产业与支撑产业，政策支持这五个方面，从而为全面了解中国各地区绿色食品产业的发展水平并制定区域性的绿色食品产业政策提供了科学依据。

绿色食品产业研究视角及主要研究者如表 2 - 3 所示。

表 2 - 3 绿色食品产业研究视角

研究视角	研究者	研究时间
市场	雷诺兹（Raynolds）	2004
	克拉洛（Claro）	2004
	詹纳卡斯（Giannakas）	2005
	芬奇（Finch）	2005
	斯塔尔（Stagl）	2009
	杜鹏	2012
	顾帅坤等	2020
	李佳俐等	2021
政策	卡里奎里（Carriquiry）	2007
	宋德军	2008
	王德章	2013
	李晗、陆迁	2020
	周广亮、吴明	2020

研究视角	研究者	研究时间
产业竞争力	方敏	2003
	罗峦	2006
	王德章	2009
	韩杨	2010
产业结构优化	刘连馥	1998
	王德章	2009
	黄漫宇、彭虎锋	2014

资料来源：笔者根据相关文献整理。

2.4　本章小结

通过对现有文献的系统分析和归纳总结，可以发现，近年来，绿色食品区域品牌生态系统的构建逐渐成为区域品牌领域的研究焦点，并呈现出交叉化和多元化的研究特点。本章从区域品牌、品牌生态系统、绿色食品产业这三方面对现有研究文献进行了梳理和归纳，为后续研究奠定基础，同时发现有以下四个方面的研究内容存在不足：

第一，缺乏运用"区域品牌生态系统"理论视角对绿色食品产业开展针对性研究。中国绿色食品产业呈现出较为鲜明的区域特征，区域品牌生态系统内部存在众多个性化要素。不同产品类型及行业所建构的品牌生态系统在构成要素、作用机制和演化路径方面具有明显差异，忽略这些差异将造成系统建构的针对性下降，同时削减了研究效度（熊爱华、邢夏子，2017）。前述研究多为区域品牌、品牌生态学、绿色食品这三者中的两者交叉，此外，部分学者将生态系统理论引入绿色食品领域进行研究，但是主要用于分析某一个具体的农产品品牌或绿色食品品牌，并未对绿色食品区域品牌生态系统整体加以研究，诸如关于绿色食品产业区域发展差异与战略（宋德军，2011）、绿色食品产业区域竞争力分析（王德章等，2006；王宁等，2014；王德章，2013）、农产品区域品牌建设模式及影响因素研究（马清学，2010；沈鹏熠，2011）、农产品品牌生态系统分析（谢向英等，2012；翁胜斌等，2016）等方面的研究。因此，全面、系统、有针对性地构建中国绿色食品区域品牌生态系统模型，探究其驱动机制和成长演化路径成为当前的研究重点。

第二，已有研究过多关注了地方政府因素，忽视了企业动态能力利用区域资源禀赋的重要驱动作用。如前所述，多数现有文献关注地方政府对区域品牌生态系统作用的直接效果，认为地方政府在区域品牌生态系统的构建、维护和发展过程中扮演了主体或是主导角色。林毅夫（1999）新结构经济学认为，在经济发展过程中，资源和制度应当共同发挥作用。资源因素是推动区域品牌生态系统发展的内在动力，而制度因素发挥了边界作用（熊爱华、邢夏子，2017）。作为生态系统主体的企业，其对捕捉、利用区域资源的动态能力才是最根本的驱动机制。因此，对于企业动态能力的分析对于探索绿色食品区域品牌生态系统的驱动机制具有关键作用。

第三，现有国内外文献大多采用定性分析以及案例分析的研究方法进行描述和机理演绎，缺乏定量研究。限于数据的可获得性、基础理论以及研究方法的限制，已有研究多限于定性研究，而绿色食品区域品牌生态系统模型的构建应该着眼于区域品牌资产的构成要素以及各维度之间的相互作用。因此，实证分析系统内部各要素的相互作用，对绿色食品区域品牌生态系统运转的驱动作用加以实证检验，在未来研究方向上具有重要意义。

第四，生态系统构建的要素筛选效率不足。伴随网络经济的高速发展和竞争全球化的时代背景下，创新网络、金融机构、研发机构和竞争性集群等因素在品牌生态系统中发挥着愈加重要的作用，对系统的建构主体和整个品牌生态系统的成长演进产生显著影响，忽略这些新进要素，仍旧着眼于传统竞争环境将不能全面地对品牌生态系统的成长发展进行理解和阐释（熊爱华、邢夏子，2017）。因此，在适应经济社会发展新形势下，有效筛选系统要素以构建绿色食品区域品牌生态系统具有重要的时代含义和现实意义。

基于此，本书拟在对区域品牌理论和品牌生态系统二者加以综合分析研究的基础上，立足于中国绿色食品产业的发展实际，深刻剖析绿色食品区域品牌生态系统的动态演化。本书研究主题的国内外研究现状及研究切入点如图2－2所示。

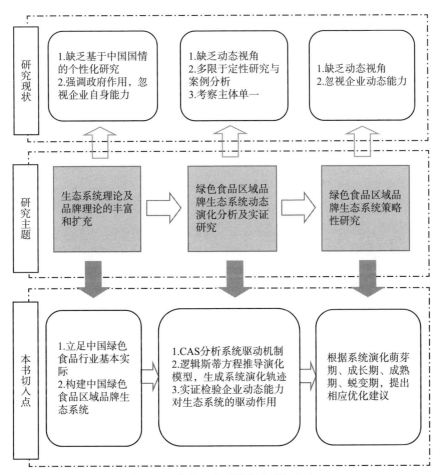

图 2－2 　主体研究现状及本书切入点

第 3 章　绿色食品区域品牌生态系统理论分析与模型建构

　　通过对已有文献的梳理归纳和比较分析，为弥补部分研究不足，本章在上一章文献综述的基础上，综合前文理论研究基础，理顺系统要素内部逻辑，运用层级建构方法，构建了绿色食品区域品牌生态系统（Green Food Brand Ecosystem，GFBE）模型，该模型包括建构主体、品牌合作主体和外部环境三个基础体系，进一步通过对三大基础体系的构成要素进行二级筛选确定了 13 个具体的系统要素。其中，区域品牌建构主体包括区域资源禀赋、供应商、企业、产业集群、地方政府 5 个要素，是培育和发展绿色食品区域品牌生态系统的主导力量，直接决定了绿色食品的产品质量和区域品牌价值，能够显著影响区域品牌的边界效应及市场空间。绿色食品区域品牌合作主体包涵行业协会、创新网络、金融机构、外包机构 4 个要素，是企业持续创新能力和区域品牌发展张力的重要动力源泉，能够对区域品牌建构主体的生产、销售、融资等活动流程加以协同和辅助。外部环境体系是区域品牌生态系统得以生存和发展的环境保障，通过信息、能量的流动和交换，能够对建构主体和合作主体的行为产生影响，涵盖消费者、竞争性集群、社区与居民、生态环境 4 个系统要素。

　　由于绿色食品区域品牌生态系统建构是基于复杂适应性（CAS）理论，因此在本章第一节中，先对将要涉及的复杂适应性理论中关键概念、特征及常用模型加以介绍，并对该理论进行简要阐释。

3.1　复杂适应理论

3.1.1　复杂适应系统理论的兴起

17 世纪以来，还原论（Reductionism）就一直在科学中占据主导地位，近代系统科学的提出和发展是在发现和解决还原论理论的局限性问题基础上产生的。还原论的最早倡议者之一笛卡尔这样描述："将面临的所有问题尽可能细分，细至能用最佳方式将其解决为止"，并且"以特定顺序引导我的思维，从最简单和最容易理解的对象开始，一步步逐渐上升至最复杂的知识"（Descartes，2008）。其主要思想是认为整体是部分的简单加总，等于局部相加之和。还原论的普遍使用，大大发展了我们对世界认知的广度和深度，形成近代科学中抽象化、线性化等基本研究内容及研究方向。还原论者看到了事物不同层次间的联系，试图从低级水平入手，探索高级水平的规律，这种努力是可贵的。然而，现实社会存在多样性的特征，这种多元化和差异性导致了不确定性，以致从部分到整体的过渡过程中，诸多新的属性及现象不能被有效地解释。如果不考虑研究对象的特点，简单地用低级运动形式规律代替高级运动形式规律，那就要犯机械论的错误。因此，还原论在解释世界的整体规模加大、进化特征明显、关系结构复杂、层次参数众多的问题就变得无能为力了。

面对还原论无法解决的复杂问题，系统理论应运而生并逐渐兴起。该理论以相对论和量子力学的出现为萌芽，以贝塔朗菲的一般系统论、维纳的控制论和香农的信息论"老三论"为新阶段特征的系统科学，为研究现代科学提供了新的思路和方法，从而也指明了还原论长期占据主要思想以来所忽略的系统性的重要意义（肖潇，2014）。系统论的主要任务就是以系统为对象，从整体出发来研究系统整体和组成系统整体各要素的相互关系，从本质上说明其结构、功能、行为和动态，以把握系统整体，达到最优的目标。系统科学的核心思想是系统的整体观念，强调系统的五个特征：一是整体性，即系统整体性能大于各元素简单加总；二是关联性，即系统中的个体（子系统）不是简单孤立，而是相

47

互关联、互相影响的；三是层次性，即系统内的各元素由于彼此之间的关联及功能特性可以进行一定的聚合与分层；四是统一性，即系统内个体间具有相关关系，对于系统的功能与交互需要强调功能之间的一致性和协同性，以保证系统向收敛的方向进行演化；五是开放性，即系统只有通过与外部信息、物质等交流合作才能提升自身的决策能力，促进系统间的资源有效配置。

20 世纪七八十年代，在"老三论"发展的若干年后，学术界产生了耗散结构论、协同学和突变论的系统科学"新三论"。之后，复杂性科学成为系统理论中的前沿热点。1984 年，在美国新墨西哥州的首府圣塔菲市（Santa fe）成立了面向复杂性科学的圣塔菲研究所（SFI），并举办第一次研讨会，参加者不但有以诺贝尔经济学奖得主阿罗（Kenneth Arrow）为首的许多经济学家，而且有许多物理学家，包括诺贝尔物理学奖得主盖尔曼（Murray Gell – Mann）和安德森（Philip W. Anderson）。复杂适应系统理论认为系统演化的动力本质上源自系统内部，微观主体的相互作用生成宏观的复杂性现象，其研究思路着眼于系统内在要素的相互作用，所以它采取"自下而上"的研究路线；其研究深度不限于对客观事物的描述，而是更着重于揭示客观事物构成的原因及其演化的历程。系统的复杂性是由系统内部数量众多的具有适应性的个体产生，正是这种适应性造就了整体的复杂性。复杂适应理论（Complex Adaptive Systems，CAS），有的学者称其为复杂性科学，是一门相对独立的前沿性科学，也代表了系统科学发展继"老三论""新三论"之后进入了新阶段。著名的英国物理学家霍金（Hawking）称"21 世纪将是复杂性科学的世纪"。

1994 年，约翰·霍兰（Jhon Holland）在圣塔菲研究所成立十周年时提出复杂适应系统的概念，他以"复杂创造简单"为题在多拉姆系列讲座的报告会上做了演讲，提出了关于复杂适应系统较为完整的理论。他把系统中的成员看作是具有自身目的与主动性的、积极的主体，称为具有适应性的主体（adaptive agent），所谓适应性是指主体能够与环境和其他主体进行交互作用。主体在这种持续不断的交互作用的过程中，不断地"学习"或"积累经验"，并且根据学到的经验改变自身的结构和行为方式。整个宏观系统的演变或进化，包括新层次的产生，分化和多样性的出现，新的、聚合而成的、更大的主体的出现等，都是在这个基础上逐步派生出来的。"复杂性科学"的概念由比利时著名科学家普利高津（Prigogine，1979）首次提出，实质上是将"复杂性科学"视为经典科学的对立物和超越者。复杂适应性理论发展至今，其主要思想可概括为：个体的适应性造就系统的复杂性，即具有自适应能力的个体与其他主体和环境的交互作用，在改造它们自身的同时，也改变着环境。具体而言，适应性主体具有主动性，在与其他主体及环境的交流中通过学习并积累经验，寻找主体间、主体与环境间能够相互适应的行为准则。低层次个体通过交互可以引起上层次或整体层次涌现出新的结构和复杂性行为。学术界对复杂适应系统的定义也是"复杂"的，目前采用较多的一种说法为：复杂适应系统是由大量的按一定规则相互作用具有自主判断和行为能力的适应性主体，在系统的演化、发展过程中通过学习改进自己的行为，与其他主体和环境相互适应、相互协调的复杂动态系统。复杂适应系统建模方法的核心是通过在局部细节模型与全局模型间的循环反馈和校正，来研究局部细节变化如何突现出整体的全局行为，其模型组成一般是基于大量参数的适应性主体，其主要手段和思路是正反馈和适应，其认为环境是演化的，主体应主动从环境中学习。复杂适应系统理论把系统的个体成员看作是具有自身目的与主动性的、积极的主体。更重要的是正因这种主动性以及它与环境反复的、相互的作用，才构成系统发展和进化的基本动因。

系统理论发展至今，历经了三代系统观，是几代科学家和学者不断深入研究的成果，三代系统观及其特点如表 3-1 所示。

表 3-1　　　　　　　　三代系统观的比较

系统观	主要观点及代表人物	优点及局限
第一代"老三论"（SCI 论）20 世纪 30 年代	（1）贝塔朗菲的一般系统论：强调系统的整体性，提出整体大于各部分之和 （2）维纳的控制论：刻画出了输入—输出反馈控制的数学模型 （3）香农的信息论：以概率论、随机过程为基本工具研究广义通信系统的整个过程，并以编、译码器为重点，研究最优系统的性能及如何达到该性能	整体观为研究现代科学提供了新思路，被广泛应用于自动控制、工程管理等领域；但不适应"活体"组成的生态、经济社会、生物等大系统

49

系统观	主要观点及代表人物	优点及局限
第二代"新三论"（DSC 论）20 世纪 70 年代	（1）普利高津的耗散结构论：一个远离平衡态的非线性的开放系统通过不断地与外界交换物质和能量，在系统内部某个参量的变化达到一定的阈值时，通过涨落，系统可能发生突变——即非平衡相变，由原来的混沌无序状态转变为一种在时间上、空间上或功能上的有序状态 （2）哈肯的协同论：不仅处于非平衡态的开放系统，而且处于平衡态的开放系统，在一定的条件下，都可呈现出宏观的有序结构，着重探讨各种系统从无序变为有序时的相似性 （3）托姆的突变论：研究自然界和人类社会中连续渐变如何引起突变或飞跃，并力求以统一的数学模型来描述，预测并控制这些突变或飞跃	进一步拓展了系统和控制的内涵，引入随机性，讨论了涨落等新概念；仅强调了个体的独立运动，未看到个体的自学习、自适应性，不会根据环境改进自身行为
第三代复杂适系统理论（CAS）20 世纪 90 年代	1994 年霍兰为代表的圣塔菲研究所正式提出复杂适应系统理论，强调各领域的复杂性来源自组织、突变和适应的过程。国内钱学森等学者提出了开放复杂巨系统的概念。CAS 是由大量的按一定规则相互作用具有自主判断和行为能力的适应性主体，在系统的演化、发展过程中通过学习改进自身的行为，与其他主体和环境相互适应、相互协调的复杂动态系统	着眼于系统个体、个体之间以及环境的交互作用，强调个体的适应性，可以通过互动和学习有目的地改变自己的行为，达到适应环境的合理状态

3.1.2 复杂适应系统的特征

复杂适应系统本身具有的复杂适应性使其具有较强的生存、发展和创新能力，这种复杂适应性并不是一种简单或直接的适应性，而是具有选择和改变图式的适应性学习特征和机制（颜泽贤，2006）。霍兰（Holland，2011）将"适应性主体"作为复杂适应系统的核心概念，同时指出了复杂适应系统模型所具备的七个基本特性，即前四个基本特性和后三个机制：

1. 聚集（aggregation）

聚集并非简单的合并，而是可以把相似的事物聚集成类，指主体间基于非线性的相互作用耦合形成较大、较高层次的主体，涌现出单一主体不具备的特质，即整体大于部分组成之和，这样的聚集体在系统中可以如单一体行动，环境适应能力大幅度提高，涌现出协调性、适应性和持存性。聚集有两个含义，一方面起到了"化繁为简"的效果，简化了复杂系统；另一方面，主体经过重复集聚，便形成"介主体"（meta-agents），再集聚形成"介介主体"（meta-meta-agents），并最终形成具有典型层级结构的复杂适应系统。例如，绿色食品区域品牌生态系统中的多个单体企业可以聚集在一起形成区域品牌产业集群，以增强对于市场风险的防御能力，表现出更强的市场竞争力。

2. 非线性（non-linearity）

非线性是指主体之间及与环境反复的交互作用并非简单的线性关系，而是复杂的、被动的因果链关系，系统内各种正、负反馈作用相互包含、交互影响。非线性的产生归之于内因，归之于个体的主动性和适应能力。非线性发展解释了复杂适应系统的"涌现"性。基于主体的主动性和适应能力，非线性成为系统复杂性的来源。特别在主体与系统或环境反复的交互作用中，这一点更为明显。近代科学之所以在许多方面遇到困难，重要原因之一是它把自己的眼界局限于线性关系的狭窄范围内，从而无法描述和理解丰富多彩的变化和发展。复杂适应系统理论认为个体之间相互影响不是简单的、被动的、单向的因果关系，而是主动的适应关系。以往的历史会留下痕迹，以往的经验会影响将来的行为。

3. 流（flow）

个体与环境之间存在着物质流、能量流和信息流。流是由主体为节点、非线性相互作用为连接体构成的主体间、主体与环境间的物质、能量与信息的流动。CAS 在"平衡—不平衡—平衡"的循环动态发展过程中，各种要素流得到放大和循环利用，共同推动系统不断演化和发展，是系统运行的基本条件。流是在个体与环境的不断交互过程中产生的，起初的作用是为了个体之间的交互，随着它的不断发展壮大，逐步成为系统结构与功能的一部分，进而深刻地影响系统的演化行为。CAS 理论认为流的传输效率和渠道畅通性会影响系统的信息传递及演进。例如人类大脑，在大脑中简单个体是神经元，除了神经元，大脑中还有许多不同的细胞，神经通过树突接收到信号被激活，再通过轴突传出电信号，然后释放出神经递质转换成化学信号，化学信号又会作用于其他神经元的树突对其进行触发，进而决定感知、思维、情感、意识等重要的宏观大脑活动（梅拉妮，2018）。

4. 多样性（diversity）

作为 CAS 中主体不断适应的结果，系统中的主体由于种种原因会向不同的方向发展，产生类型的多样性，这种动态模式实质上是系统的进一步分工。分工的进一步细化又为主体的生态位和主体间的相互作用提供了更大的可能，从宏观层面上解释了自组织现象的出现。复杂适应系统的多样性是一种动态模式，其多样性是复杂适应系统不断适应的结果。每一次新的适应都为进一步相互作用和新的生态位开辟了可能性。如果与前面讲到的聚集结合起来看，这就是系统从宏观尺度上看到的结构的涌现，即所谓自组织现象的出现。

5. 标识（tagging）

标识犹如一面旗帜，系统中的个体通过特点标识在信息交流中主动识别方向，选择性相互作用，形成主体聚集体。标识提供了主体间相互筛选、在区分合作者与竞争者的基础上是否选择合作的基础，是一种贯穿系统始终的机制。通过特点标识形成的聚集体往往具有一定的战略联盟性质，表现出较好的协调性。标识是为了聚集和边界生成而普遍存在的一个机制，能够促进选择性相互作用，为了相互识别和选择，主体的标识在主体与环境的相互作用中是非常重要的。设置良好的、基于标识的相互作用，为筛选、特化和合作提供了合理的基础，这就使介主体和组织结构得以涌现。标识是隐含在复杂适应系统中具有共性的层次组织结构背后的机制。例如在中国这个多民族融合的国家中，各少数民族因其语言、生活习惯等聚居生活，民族就是标识。

6. 内部模型（internal model）

内部模型是 CAS 的一种重要的学习机制。面对复杂多变的环境，适应性主体必须具备主动性，即从过去的经验中吸取经验，内化为自身实现某种功能的"内部模型"。当主体受到外界刺激时，能够预测未来的后果是什么，选择相应的"内部模型"适应外界大量的信息输入，进而适应环境。

7. 积木块（building blocks）

积木是 CAS 的特色机制。在分析 CAS 的层次时，可将 CAS 逐层分解成不同的积木块，将下一层次的内部模型封装到一个积木块中，暂时忽略或搁置其内部的种种规律，集中分析这种对上一层次起决定性作用的积木块与其他积木块的相互作用和相互影响。当然积木块的分解并非是随意的，而是经大量经验和事实验证的可重复使用的元素。概括地说，它们提供了这样一条思路：把下一层次的内容和规律作为内部模型封装起来，作为一个整体参与上一层次的相互作用，暂时忽略或搁置其内部细节，而把注意力集中于这个积木和其他积木之间的相互作用和相互影响，因为在上一层次中，这种相互作用和相互影响是关键性的、起决定性作用的主导因素。这种思想与计算机领域中的模块化技术以及近年来作为软件设计、开发主流技术的面向对象的方法是完全一致的。

从以上表述可以看出，CAS 中的主体是多层次的，具有自适应能力，能够进行自主判断和自主选择的个体，在与外界相互作用的过程中，通过适应性实现自身的发展和演进。

在全新的品牌管理环境下，绿色食品区域品牌发展需要系统内的企业、产业集群、政府、创新网络、中介机构、消费者等众多要素主体和重要利益相关者共同推动，并要与所处生态、经济、社会、文化等环境相适应（熊爱华、邢夏子，2017）。根据 CAS 理论可以看出，绿色食品区域品牌生态系统是一个典型的复杂适应系统，需要把该系统及其非生物环境看作相互影响、彼此依存的统一整体进行研究。这种远离平衡状态的开放系统，能够通过不断形成新性质或是新功能来适应外界的改变或挑战（Bcskin，2016）。

3.1.3　复杂适应系统的常用建模方法

复杂适应系统所具有的特点决定了很难完全用单一的数学动力学模型来描述各类复杂系统，或是数学动力学模型只能在系统建模中扮演部分功能而不能实现全部（肖潇，2014），因此，逐渐出现了新的建模方

法加以描述。如图 3 - 1 所示，目前常用的复杂适应系统建模方法有 6
种，包括遗传算法、神经网络建模、元胞自动机、微观仿真模型、离散
事件模型和系统动力学仿真。由于本书运用了系统动力学对绿色食品区
域品牌生态系统进行分析，故仅对系统动力学进行较为详细介绍，另外
五种方法只做简单介绍。

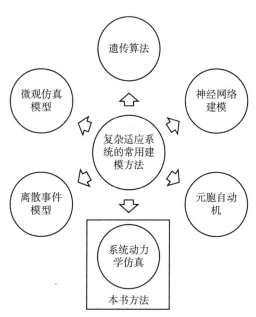

图 3 - 1　常用的复杂适应系统建模方法

1. 遗传算法

遗传算法（genetic algorithm）又叫基因进化算法，或进化算法，是
一类借鉴生物界的进化规律演化而来的随机化搜索方法，其主要特点是
直接对结构对象进行操作，具有内在的隐并行性和更好的全局寻优能
力，能自动获取和指导优化的搜索空间，自适应地调整搜索方向，不需
要确定的规则，已广泛应用于自动控制、生产规划、图像处理、机器人
等研究领域。遗传算法的演化思想与复杂系统的动态演化较为相似，因
此可将其应用于复杂系统的模拟当中。

2. 神经网络建模

神经网络是以现代神经科学为基础的一种模拟人脑工作原理，由大量的、简单的处理单元广泛地相连接而形成的复杂网络系统，其大规模并行、分布式存储和处理等特点特别适合处理需要同时考虑许多因素和条件的、不精确和模糊的信息处理问题。

3. 元胞自动机

元胞自动机（cellular automation），或称为细胞自动机、点格自动机，是一种由正方形、三角形或者立方体等基本几何元素的元胞组成的在空间和时间上都离散的演化动力系统，具有模拟复杂系统时空演化过程的能力，被应用于社会、经济、军事等各个研究领域，也有相关的沙堆模型、投票模型等扩展模型。

4. 微观仿真模型

微观仿真模型从微观层次对系统进行仿真，研究系统的微观个体与宏观变量（如政策变化等）之间的相互作用，在确定了二者之间的联系和作用后可以根据其历史情况类推广到预测环节。

5. 离散事件模型

离散事件系统指的是一组实体为了达到某些目的，以某种规则相互作用、关联而集合在一起。与连续事件模型不同的是，离散事件系统所包含的事件在时间上和空间上都是离散的。离散事件模型难用某种规范的形式，一般采用流程图或者网络图的形式来定义实体在系统中的活动。

6. 系统动力学仿真

系统动力学（system dynamics，SD），是一门分析并研究信息反馈系统的学科，也是一门认识系统问题和解决系统问题交叉、综合性的新学科。该学科是在系统论基础上发展起来的，以计算机仿真技术为辅助手段的研究复杂社会经济系统的定量分析方法。1956 年，由美国麻省理工学院福瑞斯特（J. W. Forrester）教授创始。20 世纪 50 年代后期，系统动力学逐渐发展成为一门新的领域。目前，系统动力学的应用领域已经非常广泛，社会、人口、经济、科技、教育、医学、环境等各个领域都在进行研究并形成了许多研究成果。

系统动力学以整个复杂系统作为研究对象，用整体性思维进行分析、推理和综合，通过"定性—定量—定性"这种螺旋上升逐渐深化推进的方法，去认识和解决系统问题。系统动力学把系统看成一个具有多重信息因果反馈机制，因此系统动力学在经过剖析系统，获得深刻的、丰富的信息之后建立起来系统的因果关系反馈图，再将其转变为系统流图，建立动态的系统动力学模型，最后利用 DYNAMO 仿真语言和 Vensim 软件在计算机上对系统动力学模型进行模拟来完成对真实系统结构进行仿真，对各种影响因素可能引起的系统变化进行实验，从而能够优化系统结构，在整体的角度寻求改善系统行为的机会和途径。在系统结构优化的过程中，包括参数优化、结构优化和边界优化：参数优化是通过改变其中几个比较敏感的参数来改变系统结构来寻找最优的系统行为；结构优化是通过增加或减少模型中的变量来改变系统结构来获得最优的系统行为；边界优化是当系统边界或边界条件发生变化时引起的系统结构变化来获得较优的系统行为。

3.2 中国绿色食品区域品牌生态系统现状分析

改革开放以来，我国农业飞速发展，农产品种类极大丰富。但是伴随着农产品的丰富产出，出现了阶段性、区域性、结构性过剩难题，各地区的农产品滞销"难卖"现象经常上演，"丰收的烦恼""谷贱伤农"、生态环境污染和食品安全问题严重威胁人民的高质量生活水平。近年来，绿色发展理念逐步深入人心，农业绿色发展加快推进，绿色优质农产品供给能力不断提升。无污染、安全、健康的绿色食品，能够激发消费者的购买需求。绿色食品这个被消费者认可的品牌无疑成为打开市场提升产品附加值的"资格证书"，无论是发达地区，还是偏远地区，打好绿色食品品牌会助推农品增收致富，形成品牌效应。绿色食品品牌的区域化发展，已成为目前中国绿色食品发展的重要特征。

党的十九届五中全会明确提出，推动绿色发展，促进人与自然和谐共生。绿色是农业的本色，农业是自然再生产与经济再生产相互交织的过程，是生态文明建设的重要组成部分。准确把握生态文明建设的战略布局，科学把握农业发展与生态文明建设的关系，就是要增加优质、安全、特色农产品供给，促进农产品供给由主要满足"量"的需求向更加注重"质"的需求转变。绿色食品区域品牌的建立和发展，无疑是优化农业生产布局，逐步建立起农业生产力与资源环境承载力相匹配的生态农业新格局的重要路径。

2021 年中央一号文件强调"要深入推进农业供给侧结构性改革，推动品种培优、品质提升、品牌打造和标准化生产"。在"双循环"新发展格局下，推进农业绿色发展是农业发展观的一场深刻革命，深入实施品牌强农战略，对全面推进乡村振兴、加快农业现代化具有重要意义。在当前发展品牌农业的大背景和大趋势下，绿色食品产业以发挥品牌引领作用为切入点，大力实施"品牌强农"战略，充分发挥政府主导、企业参与、市场决定和媒体宣传的作用，培育了一批特色鲜明、质量过硬、信誉可靠的绿色食品区域品牌，促进了绿色食品质量、效益及竞争力的全面提升。本小节分析了绿色食品区域品牌发展现状，提出目前绿色食品区域品牌建设过程中存在的问题，从而为后续研究提供事实基础。

3.2.1　中国绿色食品概述

1. 定义、标识及分类

绿色食品，是指产自优良生态环境、按照绿色食品标准生产、实行全程质量控制并获得绿色食品标志使用权的安全、优质食用农产品及相关产品。

绿色食品标志用特定图形来表示，绿色食品标志图形由三部分构成：上方的太阳、下方的叶片和中间的蓓蕾，象征自然生态。标志图形为正圆形，意为保护、安全。颜色为绿色，象征着生命、农业、环保。整个图形描绘了一幅明媚阳光照耀下的和谐生机，寓意绿色食品是出自纯净、良好生态环境的安全、无污染食品，能给人们带来无限的生命力。绿色食品标志还提醒人们要保护环境和防止污染，通过协调人与环境的关系，营造自然界新的和谐。绿色食品标志作为特定的产品质量证明商标，已由中国绿色食品发展中心在国家工商行政管理局注册，使绿色食品标志商标专用权受《中华人民共和国商品法》保护，这样既有利于约束和规范企业的经济行为，又有利于保护广大消费者的利益。获得绿色食品标志使用权的产品在使用时，须严格按照《绿色食品标志设计标准手册》的规范要求正确设计，并在中国绿色食品发展中心认定的单位印制。使用绿色食品标志的单位和个人须严格履行"绿色食品标志使用协议"。绿色食品实施商标使用许可制度，使用有效期为三年。目前，绿色食品标志商标已在国家知识产权局商标局注册的有 10 种形式，如图 3 - 2 所示。

图 3 - 2　10 个绿色食品标识商标

资料来源：标识管理处：《标志商标管理》，中国绿色食品发展中心，2020 年 10 月 20 日，http：//www. greenfood. agri. cn/ywzn/lssp/bzxkjj/202010/t20201020_7541644. htm。

2. 产品要求

申请使用绿色食品标志的产品应符合以下条件：

（1）符合《中华人民共和国食品安全法》和《中华人民共和国农产品质量安全法》等法律法规规定；

（2）在国家知识产权局商标局核定的绿色食品标志商标涵盖商品范围内；

（3）产品或产品原料产地环境符合绿色食品产地环境质量标准；

（4）农药、肥料、饲料、兽药等投入品使用符合绿色食品投入品使用准则；

（5）产品质量符合绿色食品产品质量标准；

（6）包装贮运符合绿色食品包装贮运标准。

3. 发展历程

1990 年 5 月 15 日，我国正式宣布开始发展绿色食品。至今已走过了 31 个年头。中国绿色食品发展进程大致经历了三个阶段：

第一阶段，基础建设阶段（1990～1993 年）。1990 年，绿色食品工程在农垦系统正式实施，3 年后完成了一系列基础建设工作，主要包括：在农业农村部设立绿色食品专门机构，并在全国省级农垦管理部门成立了相应的机构；制订并颁布了《绿色食品标志管理办法》等有关管理规定；对绿色食品标志进行商标注册；制订了一系列技术标准；以农垦系统产品质量监测机构为依托；建立起绿色食品产品质量监测系统；加入了"国际有机农业运动联盟"组织。部分农场积极进行绿色食品开发，取得了部分进展。绿色食品工程实施当年，全国就有 127 个产品获得绿色食品标志商标使用权。1993 年全国绿色食品发展出现第一个高峰，当年新增产品数量达到 217 个。

第二阶段，向全社会推进的加速发展阶段（1994～1996 年）。这一阶段绿色食品发展呈现出五个特点：产品数量连续两年高增长；农业种植规模迅速扩大；产量增长超过产品个数增长；产品结构趋向居民日常消费结构；县域开发逐步展开。

第三阶段，向社会化、市场化、国际化全面推进阶段（1997 年至今）。绿色食品社会化进程加快主要表现在：中国许多地方的政府和部门进一步重视绿色食品的发展；广大消费者对绿色食品认知程度越来越高；新闻媒体主动宣传、报道绿色食品；理论界和学术界也日益重视对绿色食品的研究探讨。

绿色食品经过 31 年的发展，取得了举世瞩目的成绩。一是总量规模不断扩大。截至 2020 年 9 月，绿色食品企业总数达到 18474 家，产品总数达到 41681 个，实物总量、生产面积不断扩大，建成全国绿色食品原料标准化生产基地 1.7 亿亩，产品总量超过 2 亿吨，不断满足人民群众优质化、绿色化、特色化、品牌化的消费需求。① 二是质量水平稳定可靠。始终坚持绿色食品的精品定位，遵循"提质量、强品牌、增效益"的工作方针，严格落实"稍有不合，坚决不批，发现问题、坚决出局"的要求，绿色食品产品质量监测合格率连续多年保持在 98% 以上，没有发生大的质量安全问题。三是品牌效益日益明显。经调查，消费者对绿色食品的综合认知度超过 80%，绿色食品平均价格增幅在

---

① 第二十一届中国绿色食品博览会官方数据。

20%以上。绿色食品国内年销售额超过5000亿元,年均出口额超过20亿美元。据专家测算,发展绿色食品年均折合减少尿素施用约268万吨,减少二氧化碳排放约3400万吨。[①]总体来看,发展绿色食品已成为我国农产品质量安全管理的重要内容,为推动农业标准化生产、提升农产品质量安全水平、保障绿色优质农产品供给,保护农业生态环境、促进农业绿色发展,促进农业增效、农民增收和精准扶贫发挥了示范带动作用。

3.2.2 绿色食品区域品牌发展现状

自20世纪90年代初绿色食品品牌形成以来,在31年的时间里,绿色食品创立并逐步完善了"以技术标准为基础、质量审查为形式、标识管理为手段"的质量保障体系,形成了涵盖产地环境、生产过程、产品质量和包装贮运全程控制的标准体系,质量安全标准达到国际先进水平,形成了完整的标志许可审查程序和监督管理制度安排,并已步入产业化发展道路,广泛形成了地标性品牌,呈现出区域品牌发展态势。绿色食品区域品牌的发展不仅体现了绿色食品产品的内在价值,更是社会对以绿色食品为代表的优质农产品公共品牌的认可和信赖。

1. 绿色食品区域品牌价值凸显

随着社会的发展和人们生活水平的不断提升,消费者更加注重健康和营养,绿色食品已得到越来越多公众的普遍认可,绿色食品区域品牌价值日益凸显。根据华商传媒研究所的调查数据,88.77%的受访人群购买过绿色食品,没有购买过或表示不清楚的受访人群仅占12.23%。作为绿色食品区域品牌的使用者和直接受益者,绿色食品企业从绿色食品区域品牌发展中获利颇丰。大部分企业在获得绿色食品标志使用权后,不仅提升了其产品知名度,而且增加了产品安全优质的竞争优势,带来了不可估量的效益,在推动企业做大做强的同时,有力地促进了当地农业农村经济的发展和农民增收。在优化农业产业结构、转变农业发展方式的大环境下,依托品牌的影响力和竞争力,众多绿色食品企业实

---

① 《绿色食品市场占有率2020绿色食品行业前景、现状分析》,中研网,2020年8月5日,https://www.chinairn.com/hyzx/20200805/155148781.shtml。

现了增收，并形成了"以品牌标志为核心、龙头企业为主体、基地建设为依托、农户参与为基础"的产业发展模式，成功地走出了一条以品牌化带动农业标准化、促进农业产业转型升级的新路子，以地方特色为依托形成绿色食品区域品牌，助力了脱贫攻坚。

"十三五"时期，绿色有机地标农产品全面加快发展速度、总量规模迅速扩大，全面强化标准化生产、产品质量稳定提高，全面发力品牌培育、品牌影响力明显提升，全面融入和服务三农大局、产业效应日益凸显。特色产品品质指标体系初步建立，产品分等分级有效推动；标准体系进一步完善、绿色生产水平显著提升，标杆"领跑"作用凸显；产业结构不断优化，产业发展质量水平明显提高；品牌的知晓率、公信力和美誉度进一步提升，消费引领作用扩大；品牌效应显著，服务三农大局的功能作用进一步增强。

2. 绿色食品区域品牌数量逐年增加

2009～2019年，我国绿色食品当年获证单位数与当年获证产品数的统计情况如图3-3所示，可以看出，近年来，绿色食品产业发展呈现快速增长态势，稳中向好。2019年我国绿色食品品牌获证单位6949个，产品14699个，分别比2018年增长16.42%和10.39%。2009～2019年全国有效使用绿色食品标志的绿色食品企业总数及产品总数统计情况如图3-4所示，截至2019年底，全国有效使用绿色食品标志的绿色食品

图3-3 2009～2019年绿色食品获证单位数与产品数

企业总数 15984 个,产品总数 36345 个,首次突破 3.5 万个,较 2018 年分别增长 21.1% 和 17.5%。2009~2019 年全国绿色食品产品销售额统计情况如图 3-5 所示,可以看出,2019 年绿色食品国内年销售额已达 4656.6 亿元,比 2018 年增长 2.19%。另外,据统计,2019 年我国绿色食品出口额已达 41.31 亿美元,比 2018 年同期的 32.1 亿美元增长了 28.69%。[1]

图 3-4 2009~2019 年有效使用绿色食品标志的企业数和产品数

图 3-5 2009~2019 年绿色食品产品销售额

---

① 张月:《绿色食品品牌发展探讨》,载于《农产品质量与安全》2020 年第 4 期。

3. 绿色食品区域品牌"学习效应"加快

绿色食品区域品牌建设的"学习效应"是指一个区域内的某种绿色食品区域品牌建设会引发其他绿色食品的区域品牌建设，通过借鉴管理经验、学习榜样力量、共享扶持政策等方式发挥成功品牌建设的示范作用，从而在一个区域内产生绿色食品区域品牌建设的集群。换句话说，如果一个地区成功地进行了某个绿色食品区域品牌建设，存在较大可能再次去创新或重塑其他的绿色食品区域品牌。山东寿光就是这种"学习效应"的最佳案例。寿光是中国蔬菜之乡，蔬菜产业是寿光的支柱产业，自 1989 年开始发展蔬菜大棚，全市共有日光温室 14.6 万个、拱棚 2.7 万个，成为全国重要的蔬菜集散中心、价格形成中心、信息交流中心和物流配送中心。蔬菜已经成为寿光的"金字招牌"和"城市名片"，"寿光蔬菜"商标的成功注册对实现品牌蔬菜优质优价、推动寿光区域内绿色食品品牌提升具有深远意义。在"寿光蔬菜"品牌的带领下，寿光拥有"七彩庄园""乐义"两个中国驰名商标，认证"三品"农产品 284 个，国家地理标志产品 16 个，桂河芹菜、侯镇葡萄、古城番茄等 10 个产品纳入全国名特优新农产品名录，寿光蔬菜高科技示范园成为国家 4A 级旅游景区，带动了当地旅游业和文化产业的发展。在这种"学习效应"的示范下，寿光市绿色食品区域品牌的价值稳步提升，整体品牌竞争力大幅提高。寿光市所具有的这种绿色食品区域品牌建设的"学习效应"，会对其他地级市绿色食品区域品牌的创建与发展起到积极的引领和示范作用，进而促使我国整体绿色食品区域品牌的发展迈上新的台阶。

4. 绿色食品区域品牌交流平台多样化

绿色食品区域品牌交流是扩大品牌知名度和影响力的主要途径。近年来随着经济交流的日益繁荣，绿色食品区域品牌的交流平台也日趋多样化，以政府为主导的绿色食品平台展现出了一定规模的平台效应。在政府主持下，这些平台交流既包括"走出去"，即参与其他区域所组织的博览会、绿色食品交易会等；也包括"请进来"，邀请其他区域乃至世界各地的绿色食品区域品牌进行展示交流。例如中国农牧品牌泰山峰会、大湾区国际高端食品饮料博览会、国际现代农业博览会等各种关于绿色食品主题的交流会频繁召开，在当前"扩内需、促循环、保增长、谋发展"的时代背景下，为了提高食品高质量发展，省市县争相开展。绿色食品区域品牌的发展目前仍以政府主导为主，在相关政府部门的穿针引线下，众多媒体和其他区域企业的参与使本地特色绿色食品平台成为最好的宣传载体，同时搭建区域品牌营销的舞台，从而扩大了绿色食品区域品牌的知名度和影响力。

5. 政府起着积极主导作用

自绿色食品诞生以来，政府在绿色食品事业发展中扮演着关键角色，起着主导作用。制定了《农产品质量安全法》《绿色食品标志管理办法》等一系列政策法规；确立了"从土地到餐桌"全程质量控制的技术路线，从保护和改善生态环境入手，在种植、养殖、加工过程中执行规定的技术标准和操作规程，限制或禁止使用有毒有害、高残留农业投入品，从而保证了最终产品的安全；建立了一套具有国际先进水平的技术标准体系，包括产地环境质量技术条件、生产过程投入品使用准则、产品质量标准以及包装标识标准；创建了农产品质量安全认证制度，绿色食品率先将质量认证作为一项重要的技术手段，运用于农产品质量安全管理工作中，构建了一套较为完善、规范的认证管理制度；创新了符合国情和事业特点的工作运行机制。绿色食品事业依托我国农业系统，创造性地采取委托管理方式，建立起了一个由中国绿色食品发展中心和各级绿色食品管理机构为主体、环境监测和产品检测机构为支撑、以社会专家为补充的工作体系，形成了共同推动事业发展、工作各有侧重的体制安排和运行机制。目前，中国绿色食品发展中心委托的地方绿色食品管理机构有 42 个，其中省级 35 个，地市 7 个；各省委托的地市管理机构 180 个、县级管理机构 840 个。全国各级管理机构现有人员约 2400 人。全国共有绿色食品环境定点监测机构 71 家，产品定点检测机构 38 家。绿色食品专家队伍由覆盖全国各地、分布 70 多个专业的 439 名专家组成[①]。

---

① 资料来源：中国绿色食品发展中心，http：//www.greenfood.agri.cn/。

3.2.3　绿色食品区域品牌生态系统发展存在的问题

从萌芽到发展，绿色食品区域品牌形成了一定的规模，各参与者付出了诸多努力，取得了瞩目的成绩，但在绿色食品区域品牌生态系统的发展演进中仍存在一些问题。

1. 绿色食品区域品牌培育意识薄弱

绿色食品区域的特色性定位，满足了众多食品生产企业追求"差异化""优质化"和"高端化"需求，得到了社会的广泛认可，获得了前所未有的发展潜力和绿色溢价。但随着绿色食品区域市场的不断壮大，部分企业重认证、轻培育，重资产、轻投入的倾向逐渐显现，对绿色食品区域品牌培育的投入少之甚少。部分企业在品牌培育方面缺乏文化内涵，品牌建设大多只停留在标识层次，没有进行深度开发，无法形成固定的消费群体、培养消费者忠诚度，有的甚至有牌无品，品牌建设达不到应有的效果，对绿色食品区域品牌发展带动不大。一些企业在打造品牌过程中并没有用好绿色食品标志，而且各自为政、自行发展，无法发挥集群效应。例如作为"中国地理标志保护产品""中国名牌产品"区域性明星品牌的阿胶，仅有东阿阿胶和福牌阿胶两家知名龙头企业，特别是与"产地＋品牌"完全一致的东阿阿胶品牌，更是占据着绝对主导地位，拥有消费者的品牌联想度和大部分的市场份额。一方面，东阿镇的鲁润阿胶、国胶堂阿胶等其他阿胶企业在品牌知名度、市场占有率等方面远远落后于上述两家企业，这些企业使用了"东阿镇阿胶"区域品牌，但是自身企业品牌的培育能力有限，市场效益大打折扣。另一方面，东阿阿胶公司因其垄断性的市场地位，在生产质量、品牌维护上产生松懈，在经历了"水煮驴皮"事件后，东阿阿胶公司 2019 年上半年业绩降幅超过 70%，7 月 15 日，东阿阿胶开盘即上演一字跌停，7 月 16 日，公司股价再度大跌 5.59%，两个交易日里，公司市值蒸发 38.66 亿元。

2. 生态系统内多方协同效应不足

绿色食品区域品牌具有典型的"公共物品"属性，对区域内所有品牌使用者而言存在着较大利益关系，也存在着巨大风险。因此，绿色食品区域品牌的发展及其竞争力提高需要生态系统内所有参与要素主体共同努力和协同，以避免各方利益相关者在利润驱使下给绿色食品区域品牌带来非理性的经济后果。

首先，多数绿色食品企业及产业集群水平较低。某个绿色食品区域品牌内往往存在一个或几个龙头企业，但是其他同类企业与龙头企业存在较大差距，整体的产业集群水平有限；与其他行业相比，我国绿色食品行业的规模程度较低，产业规模偏小；绿色食品生产基地建设严重滞后，在数量、品种、质量安全等方面均无法与知名品牌建设的需要相衔接。其次，绿色食品行业协会的参与深度不够且其职能发挥的作用十分有限。大多数行业协会缺乏有实践经验、合作理念和市场知识的牵头人，缺乏高素质的组织管理人才进行运作和管理，导致管理方式相对滞后，难以在绿色食品区域品牌的管理和保护中履行自身职能、满足绿色食品区域品牌发展。由于在现实发展中还没有专门针对行业协会的资金补贴，而从银行贷款过程中行业协会又不存在抵押物，使得行业协会在绿色食品区域品牌的保护中缺乏"话语权"。再次，金融支持不足，缺乏有效的资金及政策优惠支持。投入机制不完善，与金融机构合作生疏，投融资渠道不畅通，资金短缺的矛盾一直是困扰绿色食品企业发展的"困境"，特别是中小型绿色食品企业融资难、融资贵、担保难的问题依旧存在。最后，创新网络作用发挥不足。打造强势品牌，除了品牌的自我身份识别之外，关键依靠产品的创新，持续创新是品牌获得长期生存和发展、培育竞争优势的主要方式。而目前绿色食品区域品牌系统内的创新网络如产学研合作欠缺，无法保障企业的技术创新、管理创新和制度创新，没有创新活力就无法提供绿色食品区域品牌的持久发展动力。

3. 企业自身动态能力的驱动作用发挥不足

绿色食品区域品牌生态系统发展演化至今，政府一直扮演着主导作用，发挥关键作用，而企业自身动态能力的驱动作用发挥有限。政府通过提供政策支持与监管，积极组织区域品牌评选、申报、拓展营销渠道、搭建交流平台等，扩大绿色食品区域品牌的知名度和影响力，推动区域品牌发展。首先，作为生态系统主体的企业，在捕捉、利用、配置和开发区域资源等方面表现不足。究其原因，一是身份限制导致区域内整合资源的力度不足；二是由于"免费搭车"现象，缺乏动力培育区域品牌，更多的是利用区域品牌打造个体企业，使得绿色食品标志的用标率较低。其次，存在假冒伪劣现象。绿色食品溢价较高，利润可观，而且消费者对绿色食品的分辨能力不足，区域内部分厂家生产假冒产品获取超额利润，通过外形设计模仿等方式欺瞒消费者，但其生产不规范、农药残留量过高、品质差等问题明显，给真正的绿色食品生产企业带来群体性信任危机。这部分不法企业的假冒伪劣行为严重扰乱正常的市场秩序，破坏了区域品牌形象，丧失了消费者的信任，会给整个区域品牌生态系统带来毁灭性打击。

3.3　绿色食品区域品牌生态系统基础体系分析

3.3.1　绿色食品区域品牌生态系统基础体系构建

根据复杂适应理论及其特性，本书将绿色食品区域品牌生态系统基础体系划分为三个部分：区域品牌建构主体、区域品牌合作主体和区域品牌外部环境。其中，绿色食品区域品牌建构主体是品牌设计、生成与培育的主导力量，直接决定绿色产品质量和区域品牌价值，能够显著影响区域品牌的边界效应及市场空间；绿色食品区域品牌合作主体是企业持续创新能力和区域品牌发展张力的重要动力源泉，能够对区域品牌建构主体的生产、销售、融资等活动流程进行协同和辅助，直接影响区域品牌的整体竞争力以及品牌集群的协同效应；绿色食品区域品牌外部环境体系是区域品牌赖以生存和发展的能量流动源泉和环境保障。

然后，对三大基础体系的构成要素进行二级筛选，确定 13 个系统要素，其中绿色食品区域品牌建构主体包括资源禀赋、供应商、企业、产业集群和地方政府 5 个要素，绿色食品区域品牌合作主体涵盖行业协会、金融机构、创新网络、外包机构 4 个要素，绿色食品区域品牌外部环境的构成要素为消费者、竞争性集群、社区与居民和生态环境 4 个要素。

绿色食品区域品牌生态系统模型建构要素具体如表 3-2 所示。

表 3 - 2　　　　　　　　　　绿色食品区域品牌生态系统建构要素

基础体系	要素	特质	行为
绿色食品区域品牌建构主体	资源禀赋	保障区域特色产品的生产	企业生产力开发对象
	供应商	处于产业链上游的资源提供者	为制造型企业提供原材料及辅助性材料
	企业	区域品牌建构主力	产品生产、品牌培育与营销
	产业集群	高度协同的同类企业集合	通过技术协同创新和管理协同创新，推动区域品牌发展
	地方政府	监管者、制度设计者，获取税收收益	常态化监管、实施政策补贴，规范市场秩序，收取企业税金
绿色食品区域品牌合作主体	行业协会	同业企业约束与激励主体，行业标准制定者或参与者	企业行为规制，市场维护与拓展
	金融机构	资金融通对象	为企业提供融资支持
	创新网络	产学研合作关系	为企业提供技术支持
	外包机构	专业性接包主体	为企业提供营销、产品推介等服务支持
绿色食品区域品牌外部环境体系	消费者	产品使用者、消耗者	保障市场份额，形成市场张力
	竞争性集群	其他地域中的同业竞争者集合	形成竞争压力
	社区与居民	监督主体、企业社会责任对象和潜在消费市场	形成舆论监督压力和营销空间
	生态环境	外部性约束对象	形成生态环境保护压力

　　绿色食品区域品牌建构主体是品牌设计、生成与培育的主导力量，不仅决定了单体企业产品的质量和品牌价值，更能够对区域品牌的整体竞争力和市场效应产生直接影响。资源禀赋、供应商、企业、产业集群和地方政府之间能够形成相对闭合的资源、信息反馈回路，进而构成绿色食品区域品牌生态系统的基础体系之一。张力小、梁竞（2010）提出，作为区域经济学中的重要概念，"资源禀赋"是对一个国家或地区自然资源素质状况所做出的综合评价。绿色是农业的本色，农业是自然再生产与经济再生产相互交织的过程，是生态文明建设的重要组成部分。准确把握生态文明建设的战略布局，科学掌握绿色食品区域品牌发

展与生态文明建设的关系，就是要增加优质、安全、特色农产品供给，促进绿色食品供给由主要满足"量"的需求向更加注重"质"的需求转变，逐步建立起绿色食品生产力与资源环境承载力相匹配的绿色食品区域品牌生态新格局，以实现绿色食品区域品牌生态系统高质量发展。李光斗（2004）指出为获得持续的生存和发展，企业应将现有的核心竞争优势转化成为品牌竞争优势。在区域品牌建构主体中，由企业对区域资源进行扫描、搜集、吸收和转化，通过高效的资源配置效率，将资源转化为相应产品。围绕不同产品类型，区域品牌所凝聚形成的独特资源彼此之间也呈现出差异化特征。在企业将资源转化为产品的过程中，地区禀赋资源作为企业生产力开发对象，供应商为企业运作提供必要的原材料及其他资源供给。具有产品趋同化特性的企业能够形成区域品牌内的企业集群。集群的出现有利于推动区域品牌的形成和持续发展，能够为群内集聚企业带来外部规模经济，是区域品牌市场份额拓展的主体力量。产业集群内聚是区域品牌发展的一大动力。波特（Porter，1998）系统地提出了新竞争经济学的产业集群理论，研究指出，作为区域经济的一个显著特征——产业集群能够提高企业的生产率，帮助企业降低交易成本，同时增强获得外部经济、创新、竞争优势等方面的竞争力，进而提升区域优势效应和区域品牌化绩效。此外，与其他类型产品不同，绿色食品产品的质量关系到居民健康和社会稳定，因此政府对绿色食品品牌构建过程具有重要的约束、监督和支持作用，扮演着重要角色。

　　品牌合作主体是区域品牌生成和拓展的重要辅助力量，构成了绿色食品区域品牌生态系统的第二大基础体系，对区域品牌的整体竞争力以及品牌集群的协同效应起着重要影响作用，同时也是区域品牌发展张力、产品创新能力的重要动力源泉。本书研究认为，绿色食品区域品牌合作主体包括行业协会、金融机构、创新网络和中介机构这四个要素。其中，行业协会为区域内食品企业行为规范制定者，能够有效约束、统一各单体企业的生产、营销等运作行为，同时具备制定食品产品标准的相关职能。金融机构能够为区域内企业成长和发展提供融资支持和财务咨询，一方面保证了企业资金的有效融通，提升组织成长能力，另一方面能够为企业对资金资源的配置提供良好的咨询建议。巴拉德瓦伊等（Bharadwaj et al.，2015）指出成功的整合营销传播能够提高品牌资产。卡弗雷尔（Kapferer，2012）认为从企业的视角来看，品牌是一种条件性资产，也即是说，品牌以产品的存在为前提，若离开了产品，品牌的价值无法实现。基于此，何佳讯等（2015）提出品牌可以理解为产品及其之外的附加值，而打造强势品牌除了品牌的自我身份识别之外，关键依靠产品的创新，持续创新是企业获得长期生存与发展，发挥企业品牌竞争优势的关键。创新网络方面，产学研合作体系保障了企业的技术创新、管理创新和制度创新能力，是企业核心竞争能力的重要支撑，也是培育区域品牌竞争优势的主要方式。中介机构可以为企业提供专业性的增值服务，在中介机构的作用下，企业能够有效地将核心业务和非核心业务进行有效剥离，将非核心业务进行专业外包，将有限的资源配置到核心业务中，以提升核心竞争优势，增强企业核心竞争力。

在绿色食品区域品牌的外部利益相关者当中，消费者既是企业市场份额和成长性的重要来源，同时也是外部舆论监督的组成部分，直接影响品牌美誉度、信任度和知名度。卡瓦拉齐斯和阿什沃思（Kavaratzis & Ashworth，2006）认为品牌美誉度是品牌获得社会公众支持和赞誉的程度，是企业的无形资产，体现了市场中消费者对品牌的倾向性和信任程度，是现代企业形象塑造的重要内容，附着了消费者的认知和情感，是消费者评价产品和服务质量的重要依据。消费者的购买行为和营销效应一方面可以帮助企业实现资金回流，为企业运作和发展提供资金基础。另一方面在居民生活水平不断提升的背景下，消费者对食品品牌在健康、营养、安全等方面提出了更多诉求，消费者行为对食品品质的敏感性上升。基于此，消费者的口碑营销、社会网络营销效应已成为拓展企业市场份额的核心动因。霍华德（Howard，1969）等指出，信任度是购买意向的决定因素之一；贝内特和哈雷尔（Bennett & Harrell，1975）研究表明信任度与购买意向呈正相关。蔡（Cai，2002）等认为品牌信任度能够影响消费者的选择，消费者通过"品牌知识—品牌信任—品牌忠诚"这一认知路径进行决策。品牌知名度是指潜在购买者认识到或记起某一品牌是某类产品的能力，包括品牌辨识和品牌回忆的呈现。知名度在消费者购物时占有较为优势的地位，无论在任何情况下都会影响到消费者选择的结果。另外，熊爱华、邢夏子（2017）研究发现，当消费者在不具备辨别品牌差异的能力，却又必须从事购买的时候，品牌知名度常常是决定购买的关键动力。在同类产品的竞争格局中，其他地域产生的集群品牌和区域品牌能够对本集群形成鲜明的竞争压力，企业和集群整体应根据竞争性集群所采取的竞争策略进行动态回应，在保障市场成长性的同时，发挥竞争性营销产生的协同效应，共同提升该领域的市场份额。此外，社区居民以及生态环境均是绿色食品区域品牌生态系统的主要组成部分，二者能够对企业和集群的运营与成长提供社会监督和资源约束作用，是区域品牌发展的核心利益相关者。

3.3.2　绿色食品区域品牌生态系统基础体系的 CAS 特征

绿色食品区域品牌生态系统是由众多的按照一定规则相互作用具有自主判断和行为能力的适应性主体构成，各系统主体交互作用、互相适应以协调演进的动态系统，通过分析其复杂适应性特征，能够为进一步揭示其系统运行规律提供基础。绿色食品区域品牌生态系统的复杂适应性特征主要体现在以下几个方面：

1. 聚集性

绿色食品区域品牌生态系统是通过 13 个系统要素的多主体协同作用形成聚合效应，从而进行演化发展的。绿色食品企业是该生态系统的核心，是获取区域资源，进行产品生产、品牌培育与营销的主体。为了应对环境和市场的变化，高度协同的同类企业形成产业集群，选取优质的供应商、金融机构及创新网络、外包机构等，同时还与有着相同目标的地方政府、社区与居民、消费者等因资源和需求的互补进而凝聚成较高层级的聚集体，多种要素相互依存、共同影响该区域内的绿色食品区域品牌。这样的聚集体绝不是系统内各主体的简单相加，而是在交互作用过程中依靠自学习性和自适应性组合而成，呈现出比简单个体相加时更好的效果。

2. 非线性

绿色食品区域品牌生态系统内的主体之间是主动适应的非线性关系。系统内各主体不是单纯叠加，此非线性的系统整体不等于各部分之和，融合了每个要素的协同程度、信任程度等，是一种多层次的复杂线性关系。产业集群内各企业间存在着成本分担、利益共享，领军单体企业的成功可以带动整体区域品牌的发展，而某个突发事件则同样可能给整个区域品牌生态系统带来毁灭性的打击。地方政府和行业协会的政策导向、监管等行为，对绿色食品区域品牌构建所起到不同的约束、监督及支持作用，会不同程度和不同方向上影响绿色食品的质量及居民健康和社会稳定。

3. 流动性

绿色食品区域品牌生态系统内各要素主体、主体之间以及与环境之间广泛存在着物质流、信息流和能量流。区域资源、供应商、金融机构、创新网络、外包机构与企业之间存在自然资源、原料、资金、技术知识、专业服务等多方面的交互，企业与竞争性集群、消费者、社区居民之间存在着战略决策调整、产品销售、市场反馈等信息和能量的流动。在相互协同的过程中，各种信息、物质和能量流动渠道的畅通性和运行速度直接决定着该生态系统的协同程度和演进方向。各要素主体之间的相互作用及能量流动是整个生态系统演变和进化的主要动力。

4. 多样性

绿色食品区域品牌生态系统的主体、环境、运行规则具有多样性。首先，绿色食品区域品牌生态系统主体多样性，大致包括区域品牌建构主体、区域品牌合作主体和区域品牌外部环境三大基础体系及13个构成要素。系统要素主体多样，众多要素主体和重要利益相关者共同作用，推动生态系统的发展。其次，系统内区域生态、经济、社会、文化等环境具有多样性。区域内资源禀赋差异较大，市场经济环境和社会环境复杂多变，社会文化、企业文化都具有一定差别。最后，运行规则的多样性，由于要素主体多样性，根据各主体实际的协同情况，由变化的规则来选择适应性的主体。如地方政府和行业协会对企业和产业集群的监管与支持，金融机构与企业的金融支持，供应商与企业的原材料供求关系，消费群体和潜在消费群体对企业行为的影响等，各主体间存在不同的运行规则，而且运行规则在要素的交互作用中也会发生变化。

3.4 绿色食品区域品牌生态系统模型建构

3.4.1 绿色食品区域品牌生态系统建构主体

在绿色食品区域品牌生态系统建构主体层面，资源禀赋、供应商、企业、集群和地方政府之间能够形成相对闭合的资源、信息反馈回路，进而构成绿色食品区域品牌生态系统的基础体系之一。

首先，绿色是农业的本色，农业是自然再生产与经济再生产相互交织的过程，是生态文明建设的重要组成部分。准确把握生态文明建设的战略布局，科学掌握绿色食品区域品牌生态系统发展与生态文明建设的关系，就是要增加优质、安全、特色农产品供给，促进绿色食品供给由主要满足"量"的需求向更加注重"质"的需求转变。要优化绿色食品产业生产布局，逐步建立起绿色食品产业生产力与资源环境承载力相匹配的生态农业新格局，以实现绿色食品区域品牌高质量发展。地区资源禀赋和供应商保障了企业主打产品的原材料和其他资源的供应。在企业互动频率愈发提高的现代社会，仅仅依靠企业自身的资源捕获和配置能力难以支撑组织的持续成长，并且绝大多数企业存在能力不足和资源匮乏问题。因此企业之间开始形成协同合作网络，共同整合组织外部资源，即区域资源（熊爱华、邢夏子，2017）。通过利用更现代化的资源扫描与收集工具，企业能够高效的将区域资源进行开发和配置，最终形成食品产品。奥利弗（Oliver，1997）指出持续的竞争优势源于制度合法的资源理性选择。可见，发挥具有资源开发利用比较优势的供应商的作用，有利于强化企业的持续竞争力。作为产业链上游的资源提供者，供应商一方面能够替代企业对自然资源的开发，利用更加专业化的生产力和较低的运营成本获取自然资源，并将其初级加工之后输送给企业。另一方面可以向企业供应其生产运作所必需的辅助资源和生产资料，以保证企业正常运作。因供应商开发或加工初级生产资料或自然资源具备的专业性，企业需要对其进行价格支付，以满足供应商的利益诉求。

绿色食品企业是绿色食品区域品牌生态系统建构的核心，主要承担产品设计与创新、资源配置、产品生产、品牌培育和营销等运营职能，同时也是该生态系统建构主体各参与者和行动者能量流动的集聚中心。在同一区域内，处于同一行业领域的企业集群是区域品牌生存和发展的基本单元。施密茨和纳德维（Schmitz & Nadvi，1999）研究表明，因为地理上的临近和业务上的频繁交往，集群内企业极易形成有利于整个集群发展的集体行动。隆和张（Long & Zhang，2012）等研究均指出，通过分工的方式，产业集群降低了技术壁垒、资本进入壁垒等，同时降低单体企业参与市场交易的分散性和不稳定性，为农村地区的广大潜在企业家提供了进入市场的机会。此外，阮建青等（2011，2014）研究表明，产业集群内的分工为企业家创造了成长通道。绿色食品区域品牌生态系统的发展，重点依赖于区域内集群企业的协同效应，相互协同、有序演进是企业集群的鲜明特征。王旭、张晓峰（2015）认为该协同效应主要体现在创新协同和管理协同双重层面。创新协同层面，由于集群内企业的产品之间具有较强相似性，企业之间的知识交换和相互学习便成为推动企业技术创新的重要途径。此外，单体企业的技术创新是丰富区域产品序列的主要方式，企业在立足于协同创新的同时，还能够通过自主创新，保证区域产品求同存异，丰富利润增长点，拓展市场空间。在管理创新层面，受到产品相似性的影响，产品受众与市场特征同样能够表现出一致性。为降低集群整体营销费用和运营成本，提高集群视角下的资源配置效率，集群内企业之间会在产品营销与推广、品牌推介等层面建立协同创新机制，一方面能够降低集群内部企业之间的交易成本，另一方面能够加速组织之间的能量流动，提高企业集群的市场活性，有利于企业拓展其市场边界。基于企业行为理论视角，集群期望能够为群内单体企业提供绩效评估、技术创新、产品质量等方面的基准和参考，从而对企业的创新决策产生影响；基于组织生态学视角，集群企业对外部环境的认知受到集群生态系统的动态演进的影响，从而作用于企业的创新决策（苏依依等，2008）。

绿色食品区域品牌生态系统与其他行业生态系统的显著差别之一，在于地方政府在集群内所扮演的角色具有特殊性。因区域品牌的公共性特征，"免费搭车"和"柠檬市场"的问题屡有发生。林毅夫（2012）的新结构经济学认为，在经济发展过程中，要素禀赋和制度等因素应当共同发挥作用，也即市场和政府应共同发挥作用。因此，资源要素禀赋是推动区域品牌发展的内在动力，但政府也应发挥作用，必须提供具有外部性的公共产品。在中国食品安全问题频发的背景下，地方政府开始由对食品的相机治理职能，转化为对食品企业运营的常态化监管，成为企业重要的监管主体之一。绿色食品区域品牌生态系统需要地方政府创造良好的制度环境和市场秩序，建立持续的政治规制性、道德规范性和文化认知性以支撑其发展。政府监管职能的实施有利于企业在产品设计和生产层面提升运营质量，同时能够与社会、公众等其他监督主体形成良好的互补效应，共同促进产品质量的提升和绿色食品品牌的整体培育。除常态化监管职能以外，地方政府还能够为食品生产、加工企业营造良好的制度环境，通过政策引导、政策补贴、规制市场等一系列政府职能的履行，企业的资金储备能够得到有效补充，经营行为能够得到有效保障。同时，区域品牌内，同行业企业之间的商品、资源和资金流动等内部市场以及区域品牌与外部市场之间的经济和交易行为能够得到良好的规制，进一步提升了绿色食品区域品牌的运作效率。绿色食品区域品牌生态系统的发展涉及众多利益相关者，因此需要政府对其进行管理和协调，约束企业及利益相关者的机会主义行为，共同支持区域目标，履行区域承诺，传达一致性信息，形成区域识别（Anderson，2007）。

3.4.2　绿色食品区域品牌生态系统合作主体

除建构主体以外，品牌合作主体构成了绿色食品区域品牌生态系统的第二大基础体系。该体系的主要职能在于通过行业协会的规制和约束、金融机构的金融支持、创新网络的技术支撑和中介机构的专业化辅助作用，对绿色食品区域品牌生态系统建构主体的生产运作流程进行协同和辅助，加速区域品牌的发展与成长，为拓展其市场边界提供帮助。

作为区域内企业成员的约束、激励主体和行业标准体系的制定者，行业协会有效约束、统一各单体企业的生产、营销等运作行为，协助产业集群维护和拓展相关产品及市场。由于行业协会既独立于政府部门，又与政府保持着密切联系，能够协助政府机构进行相关问题的决策，帮助政府制定与执行相关政策及法规；同时，行业协会是行业的代表，可以代表行业企业与政府进行有效沟通，及时反映行业动态和企业诉求，进而影响政府的政策，为企业争取更多的利益（胡正明等，2010）。行业协会是对区域内企业成员的约束和激励主体，同时也是产品标准、生产标准等一系列行业标准体系的参与者和制定者，并且能够配合政府的市场规章制度，对企业行为进行有效的规范性激励，协助企业集群维护和拓展相关产品和服务。由此可见，行业协会构成了除政府以外的企业重要外部激励约束主体，对企业的标准化行为具有较强的规制和引导作用。同时在多重情境下，行业协会还兼具区域品牌外部发言人、企业利益诉求者和市场联络员等重要职能。

经济全球化进程不仅加剧了单体企业的产品竞争，同时也推动了信息、物资、知识和人才的流动，进而极大地加剧了区域品牌之间的竞争态势。为推动区域品牌发展，建构主体需要在较大程度上借助金融机构、研发机构以及其他中介机构所提供的资金资源、专业化技术和知识，以提升自身的核心竞争力。金融机构方面，区域品牌较多成员企业为中小企业，由于风险控制能力、成长性和财务质量等诸多因素限制，企业往往容易面临融资约束问题，因此急需与银行、金融租赁公司、贷款公司等金融机构建立良好的金融关联关系，以获得充分的股权或债权融资，支撑产品研发、生产和销售等运营行为，进而提升企业和集群的竞争优势，拓展市场份额。在该过程中，金融机构将资金资源以出让使用权的方式进行风险或债权投资，在经过企业的资源配置行为后，形成价值增值，获取股利分红或债务利息，进而形成了双向的资金交换。

技术创新能力是企业获取持续成长性的关键，也是促进创新型国家建设的动力源泉（刘军等，2015）。在技术创新成为推动企业和区域品牌成长的核心动力这一前提条件下，通过创新来完善区域品牌的产品序列、丰富品牌多层次架构，同时提升资源配置效率，升级食品产品加工工艺和制造水平，体现出鲜明的地域特色和产品特色，已经成为诸多绿色食品企业的必经之路。在区域品牌之间竞争态势愈演愈烈的环境下，构建创新网络已经成为科研机构、高校、企业以及政府多方共赢的前提基础，在信息技术高速发展流动的大城市愈加重视创新网络的协同促进作用，它更成为信息化落后地域品牌发展的必要途径。由于部分食品加工企业，如地方特色食品企业具有地域分布较为偏僻，组织知识储备有限等特点，这在较大程度上限制了企业的自主研发和创新能力，需要通过借助外脑的形式，与政府、高校、科研机构建立良好的创新合作网络。当然，高校以及科研机构作为知识生产主体，能够结合企业生产运作经验，为企业产品创新提供智力、知识和技术支持，产品在市场上被交换并形成价值增值（Cai，2002）。增值部分能够在企业与高校主体之间进行分享。该过程中，地方政府一方面能够为合作主体创造制度和政策环境，另一方面可以在企业与高校之间建立中介关系，促进产学研的有效结合。

在资源禀赋和资源获取能力趋于一致的前提下，企业对资源的配置效率成为区域品牌核心竞争力培育和持续成长的关键。而资源配置效率的提升在于企业能够有效剥离非效率业务和资产，将主要资源向价值增值的主营业务上进行配置。该过程中，业务外包成为剥离非效率业务的主要方式。伴随着社会专业化分工的进一步细分，企业可以将营销、研发、生产等非关键业务外包给社会专业机构，利用外包机构的专业能力，提高资源配置效率，降低非专业化造成的资源浪费，为形成核心竞争优势奠定基础。

3.4.3　绿色食品区域品牌生态系统外部环境体系

绿色食品区域品牌生态系统的运行除了受到建构主体与合作主体的影响以外，还与品牌环境体系紧密相关、密不可分。本书将企业产品的消费者、竞争性集群、社区与居民以及生态环境纳入外部环境体系的分析范畴。

消费者层面，企业已有的消费群体和潜在消费群体构成了产品市场份额和市场拓展张力。施密德（Schmid，2006）和布赖拉（Bryla，2016）分别研究证明绿色食品市场的主要发展动因就是消费者，旺盛的市场需求是刺激绿色食品可持续消费的力量。一方面，消费者在享受到食品产品带来的相应效用时，其购买行为一方面能够成为企业回笼资金的重要渠道，进而为企业正常运转提供保障。另一方面，由于绿色食品区域品牌的特殊性，消费者之间的口碑营销成为企业市场拓展的重要动力。因此消费者的购买行为成功地与企业之间就资金、效用以及信息进行了等价交换，并产生了产品宣传与推广等衍生价值。

其他地域的同类产品品牌能够形成竞争性集群，参与到集群之间的市场竞争中，与本地域绿色食品区域品牌共同争夺更大市场范围内的产品份额。根据动态竞争理论，竞争性集群的竞争策略选择能够对本地区品牌的竞争策略以及发展战略产生影响，因此在区域品牌发展过程中，需要对竞争性集群的行为集合进行动态观察，包括新产品研发与上市、产品定价、市场拓展方向等。根据相应的信息反馈，对区域品牌的竞争策略和发展战略及时做出调整，以维护自身市场份额，进而为绿色食品区域品牌生态系统的运转和升级提供正常的能量流动。

对绿色食品企业而言，社区与居民扮演着多重角色，诸如社会舆论监督主体、企业社会责任对象和潜在消费者。作为舆论监督主体，社区与居民的主要监督对象为绿色食品加工制造企业的产品质量，当产品质量较高时，社区与居民一方面能够将角色转化为消费者，另一方面能够通过消费者营销渠道为企业市场拓展提供动力。而产品质量下降时，社区与居民的行为集合变得异常丰富，包括向政府与媒体进行信息传递，产生更为强大的社会舆论力量和政府规制力量，进而对企业的负面行为进行强力制约；抑制向消费者转变的倾向，拒绝成为相应绿色食品产品的消费者；对其他消费者进行信息传递，对市场份额的拓展和已有市场份额的形成产生抑制作用。

生态环境不仅是绿色食品区域品牌生态系统建构主体的资源供应者，同时也是资源制约者和企业行为约束者。对绿色食品加工制造行业而言，企业从生态环境中汲取的资源一般具有可再生性，生态环境对企业形成的资源约束主要体现在食品加工制造流程环节而非资源捕获环节。因此，企业需要在经营管理理念层面树立保护生态环境的意识，同时还应致力于改造升级加工工艺和制造工艺，降低产品生产过程中对生态环境造成的负外部性。此外，保护生态环境也成为企业社会责任范围之一，因此需要支付一定的费用和成本用以生态维护，进而保证绿色食品区域品牌生态系统的良性运转。

综上，本章建构的绿色食品区域品牌生态系统中，共包含品牌建构主体、品牌合作主体和外部环境3个基础体系，其中，品牌建构主体包括企业、集群、地方政府、区域资源和供应商5个要素，品牌合作主体包括创新合作网络、行业协会、金融机构和外包机构4个要素，品牌外部环境体系包括竞争性集群、消费者、社区与居民、生态环境4个要素。本书构建的绿色食品区域品牌生态系统模型如图3-6所示。

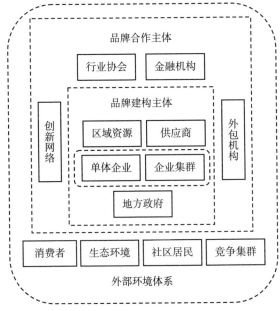

图 3 - 6　绿色食品区域品牌生态系统模型

3.5　本 章 小 结

本章在分析已有文献的基础上，引入复杂适应（CAS）理论，结合中国绿色食品区域品牌生态系统的发展现状及问题分析，运用层级建构方法，构建了中国绿色食品区域品牌生态系统（green food brand ecosystem，GFBE）模型，并对该系统各要素的作用及相互之间的关系进行剖析。

"复杂性科学"的概念由比利时著名科学家普利高津（Prigogine，1969）首次提出，实质上是将"复杂性科学"视为经典科学的对立物和超越者。1994 年，霍兰（Holland）在圣塔菲研究所成立十周年时，以"复杂创造简单"为题在多拉姆系列讲座的报告会上做了演讲，详细阐述了较为完整的复杂适应系统理论，同时指出了 CAS 系统模型具备非线性、多样性、聚集、流、内部模型、标识和积木块 7 个特性。

本书建构的绿色食品区域品牌生态系统包括三大基础体系：建构主体、合作主体和外部环境，共包含 13 个要素。绿色食品区域品牌生态系统的建构主体包括区域资源禀赋、供应商、企业、产业集群、地方政府 5 个要素，该要素之间能够形成相对闭合的资源和信息反馈回路，建构主体是培育和发展绿色食品区域品牌生态系统的主导力量，直接决定绿色产品质量和区域品牌价值，能够显著影响区域品牌的边界效应和市场空间。绿色食品区域品牌合作主体包含行业协会、创新网络、金融机构、外包机构 4 个要素，是企业持续创新能力和区域品牌发展张力的重要动力源泉，能够对区域品牌建构主体的生产流程进行协同和辅助。该体系的主要职能在于通过行业协会的规制和约束、金融机构的金融支持、创新网络的技术支撑和中介机构的专业化辅助作用，对绿色食品区域品牌生态系统建构主体的生产运作流程进行协同和辅助，加速区域品牌的发展与成长。区域品牌外部环境体系是区域品牌生态系统得以生存和发展的环境保障，通过信息、能量的流动和交换，能够对建构主体和合作主体的行为产生影响，涵盖消费者、竞争性集群、社区与居民、生态环境 4 个系统要素。以上三大基础体系共同构成了绿色食品区域品牌生态系统。

第4章　绿色食品区域品牌生态系统竞争力分析

　　近年来，全国众多区域绿色食品正在积极探索发展，逐渐步入各自的发展轨迹，依据各自的方向不断前进，占据一部分市场份额，赢得消费者青睐。然而，正处于激烈竞争中的绿色食品区域品牌，是否可以维持高质量发展势头？是否可以维持良好的品牌形象？是否可以进一步提升市场占有率？本章力图寻找到能够有效测度绿色食品区域品牌生态系统竞争力的评价方法，确定相应的评价指标和影响因素，进而提高绿色食品区域品牌生态系统竞争力。

　　第3章，通过引入复杂适应系统理论，运用层级建构方法，构建了中国绿色食品区域品牌生态系统模型。本章将在此基础上对绿色食品区域品牌生态系统进行竞争力评价分析，基于生态系统模型构成要素，构造绿色食品区域品牌生态系统竞争力评价指标体系，探索绿色食品区域品牌生态系统竞争力影响因素的权重，在此过程中运用了决策实验分析方法，挖掘与绿色食品区域品牌生态系统竞争力提高紧密相关的重要影响因素，进而为下文的驱动机制分析奠定基础。实质上，在现实决策中往往很难找到一组既相互独立又全面评价绿色食品区域品牌生态系统竞争力的指标体系，并且绿色食品区域品牌生态系统竞争力评价过程中存在大量的不确定因素。考虑到区间二型模糊集能够灵活与自由地刻画不确定性问题，基于 Shapley 值 Choquet 积分的区间二型模糊积分算子能够全面考虑指标之间的互补、冗余以及独立关系，给出一种绿色食品区域品牌生态系统竞争力评价方法，用以处理绿色食品区域品牌生态系统竞争力评价过程中不确定因素与异质关联关系，为各个区域了解自身绿色食品区域品牌生态系统竞争力提供有效的方法支持。

4.1 绿色食品区域品牌生态系统竞争力概述

4.1.1 绿色食品区域品牌生态系统竞争力研究现状

随着人们生活水平逐步提高，绿色食品作为安全优质农产品的代表，受到人们的广泛关注，品牌建设在绿色食品发展中具有重要作用。目前，全国许多区域均拥有较多的绿色食品加工企业，并且逐渐形成了较有市场影响力的绿色食品区域品牌，例如，山东省创建"东阿阿胶""烟台苹果""寿光蔬菜"，河北省创建"饶阳葡萄""漫河西瓜"，江苏省创建的"高邮鸭蛋""盱眙龙虾""东台西瓜"等。虽然绿色食品区域品牌生态系统的发展已经有所成效，但是仍然存在一些问题。首先，经济全球化使得绿色食品行业的竞争愈加激烈，具有先进创新技术与政府重点扶持企业品牌优势更加明显，在国际市场竞争中逐步占据领先地位。其次，某些国家和国地区通过设立市场准入制度与技术壁垒等方式，对绿色食品贸易设置障碍和门槛，不利于绿色食品区域品牌进入国际市场，阻碍了市场份额的提升。最后，很多绿色食品区域品牌生态环境竞争力较低，如技术创新力低、存在假冒伪劣现象，品牌整合力度不够，缺乏品牌金融支持和资金支持等问题。为解决这些问题，需要树立强化绿色食品区域品牌生态系统建设的意识，从而更好提升竞争力。改善绿色食品区域品牌生态系统竞争力的前提是了解自身竞争力的情况，这就需要构造有效的评价指标体系与评价模型来评估绿色食品区域品牌生态系统竞争力。

近年来，关于绿色食品区域品牌生态系统竞争力的公开文献非常鲜见，而与之相关的研究多集中在区域创新生态系统的竞争力评价、企业生态竞争力评价、企业绿色竞争力评价、品牌竞争力评价等方面。例如，孔伟等（2019）利用线性加权综合方法，构造了创新生态系统竞争力评价指标体系，对2016年中国区域创新生态系统竞争力进行评价。王文良（2013）从企业核心能力、经济、管理水平、生态环境等维度构造煤炭企业生态竞争力评价指标体系，并利用灰色系统理论、模糊综合评价模型以及分类树法评估煤炭企业生态竞争力。韩杰（2018）运用软集合理论的参数约减法确定了包含"生态支持能力""生态管理能力"等5个一级指标、18个二级指标的小微企业生态竞争力评价指标体系，接着选取25家原材料和制造业企业，实证讨论了贵州小微企业发展状况以及生态竞争力水平。袁瑜等（2007）构建了基于DEA的企业绿色竞争力评价模型，并以浙江省上市公司为案例进行了评价应用。刘慧（2021）借助模糊综合评价法评价山东省制造企业，获得山东省制造企业绿色竞争力排名。王兆峰（2009）从环境竞争力、产业管理水平以及旅游资源要素三个方面构造了包含10个二级指标、37个三级指标的区域旅游产业竞争力评价指标体系。沈忱等（2015）从外显竞争力与内隐竞争力两个方面构造了包含8个二级指标、31个三级指标的产业集群品牌竞争力评价指标体系。黄璐茜（2013）基于生态位理论从品牌生态位构建能力、品牌生态位动态适应能力以及品牌生态位维护与控制能力三个方面构造了品牌竞争力评价指标体系，接着运用专家评分法计算各个指标的权重，最后借助模糊层次分析法评价了安化黑茶品牌竞争力。

　　现有研究已将模糊多指标决策评价方法用于绿色竞争力、生态竞争力以及品牌竞争力评价过程中，为解决绿色食品区域品牌生态系统竞争力评价问题提供了有力指导。然而，这些研究由于存在以下问题而无法直接有效处理绿色食品区域品牌生态系统竞争力评价问题。首先，现有研究主要是利用传统一型模糊集来刻画评估数据。但是传统的一型模糊集的隶属度是精确值，在描述绿色食品区域品牌生态系统竞争力评估数据的不确定性方面具有一定局限性。其次，现有研究假设指标之间是相互独立的，而现实决策过程中很难构造一组既相互独立又全面的绿色食品区域品牌生态竞争力指标体系。最后，现有研究往往基于指标权重已知或者未知的假设，无法充分利用主客观信息评估绿色食品区域品牌生态系统竞争力指标权重。

　　区间二型模糊集由主、次隶属度函数组成，能够更加灵活与自由地处理不确定性信息。拜卡苏奥卢和戈尔克（Baykasoğlu and Gölcük，2017）构造的区间二型模糊决策实验分析方法是一种有效的系统化综合分析方法，可以得到每个元素的中心度和原因度，从而计算因素间的原因。汤国林（2020）提出的基于Shapley值Choquet积分的区间二型模糊积分算子，能够全面考虑准则间关联关系。基于以上分析，为了克服上述问题，本章构造了绿色食品区域品牌生态系统竞争力评估的三阶段方法，首先建立绿色食品区域品牌生态系统竞争力评价指标体系并进行了问卷设计与数据分析，接着运用拜卡苏奥卢和戈尔克（Baykasoğlu and Gölcük，2017）提出的决策实验分析方法计算指标间的因果关系，最后运用汤国林（2020）提出的基于 Shapley 值 Choquet 积分的区间二型模糊积分算子来评价绿色食品区域品牌生态系统竞争力水平。

4.1.2　绿色食品区域品牌生态系统竞争力评价问题描述

绿色食品区域品牌生态系统竞争力评价模型的数学语言表述如下：设 $M = \{1, 2, \cdots, m\}$，$N = \{1, 2, \cdots, n\}$，$N_j = \{1, 2, \cdots, n_j\}$，$O = \{1, 2, \cdots, o\}$，$i \in M$，$O_i = \{1, 2, \cdots, o_i\}$，$T = \{1, 2, \cdots, t\}$。记 $Z = \{z_1, z_2, \cdots, z_m\}$ 为 m 个待评价的区域，其中，z_i 为第 i 个区域，$i \in M$。针对绿色食品区域品牌生态系统竞争力评价问题背景，根据绿色竞争力评价、生态竞争力评价以及品牌竞争力评价等所涉及评价指标的含义，构造绿色食品区域品牌生态系统竞争力评价的维度和这些维度所涉及的评价指标，记 $C = \{c_1, c_2, \cdots, c_n\}$ 为 n 个评价维度，其中，c_j 为第 j 个评价维度，$j \in N$，且指标间存在关联关系。绿色食品区域品牌生态系统竞争力的维度 c_j 又可以细分为 n_j 个评价指标，记 c_{jr_j} 为绿色食品区域品牌生态系统竞争力维度 c_j 的第 r_j 个评价指标，$r_j \in N_j$，且这 n_j 个评价指标间也存在一定的关联关系。$D = \{D_1, D_2, \cdots, D_o\}$ 为 o 个参与绿色食品区域品牌生态系统竞争力评价调查的人员，其中，关于区域 z_i 的绿色食品区域品牌生态系统竞争力，有 o_i 个人员对其进行了评价，记 d_{ik_i} 为第 k_i 个参与区域 z_i 绿色食品区域品牌生态系统竞争力调查的人员，$k_i \in O_i$，且满足 $\sum_{i=1}^{m} o_i = o$。$E = \{e_1, e_2, \cdots, e_t\}$ 为 t 个参与绿色食品区域品牌生态系统竞争力评价指标关联关系调查的专家，其中，e_h 为第 h 个参与调查的专家，$h \in T$。$\omega_i = \{\omega_{i1}, \omega_{i2}, \cdots, \omega_{io_i}\}$ 为评价区域 z_i 的绿色食品区域品牌生态系统竞争力的 o_i 个人员的权重向量。$w = \{w_1, w_2, \cdots, w_t\}$ 为评价绿色食品区域品牌生态系统竞争力指标关联关系的专家的权重向量。$H\{c_p\}$ 是专家给出关于维度 c_p

的重要性的取值范围，$H\{c_p，c_q\}$ 是专家给出关于维度集 $\{c_p，c_q\}$ 的重要性的取值范围，$p，q \in N$。$H\{c_{jf_j}\}$ 是专家给出关于维度 c_j 的评价指标集 c_{jf_j} 的重要性的取值范围，$H\{c_{jf_j}，c_{jg_j}\}$ 是专家给出关于维度 c_j 的评价指标集 $\{c_{jf_j}，c_{jg_j}\}$ 的重要性的取值范围，$f_j，g_j \in N_j$。$B^h = [b^h_{pq}]_{n \times n}$ 为绿色食品区域品牌生态系统竞争力维度的关联初试判断矩阵，其中 b^h_{pq} 为专家 e_h 针对绿色食品区域品牌生态系统竞争力维度 c_p 对 c_q 的直接影响程度给出的评价信息，$h \in T，p \in N，q \in N$。$B^h_j = [b^h_{jf_jg_j}]_{n \times n}$ 为关于绿色食品区域品牌生态系统竞争力维度 c_j 的 n_j 个评价指标的关联初试判断矩阵，其中，$b^h_{jf_jg_j}$ 为专家 e_h 针对绿色食品区域品牌生态系统竞争力维度 c_j 的评价指标 c_{jf_j} 对 c_{jg_j} 的直接影响程度给出的评价信息，$f_j，g_j \in N_j$。$A'_{ij} = [A^{k_i}_{ijr_j}]_{o_i \times n_i}$ 为区域 z_i 的绿色食品区域品牌生态系统竞争力的维度 c_j 所涉及指标的评价矩阵，其中，$A^{k_i}_{ijr_j}$ 为顾客 d_{ik_i} 在维度 c_j 中的评价指标 c_{jr_j} 下针对预取 z_i 下给出的绿色食品区域品牌生态系统竞争力满意程度评价信息。在本章，上面提及的专家与调查人员给出的评价信息为三角区间二型模糊数，而权重信息为实数。基于所获取各种信息，采用有效方法来分析绿色食品区域品牌生态系统竞争力指标之间的影响关系与关联关系，进而选择合适的方法对绿色食品区域品牌生态系统竞争力进行评价与排序。

4.1.3　绿色食品区域品牌生态系统竞争力评价三阶段方法框架

为解决绿色食品区域品牌生态系统竞争力评价问题，提出了三阶段方法研究框架。该框架从针对的具体问题，到如何获取数据，再到利用合适的方法来解决该问题，都进行了较好地阐述。阶段 1 是问题构造阶段，包括确定目标、构造评价指标体系、设计调查问卷及数据收集等。阶段 2 是评价指标因果关系阶段，利用拜卡苏奥卢和戈尔克（Baykasoğlu and Gölcük，2017）构造的区间二型模糊决策实验分析来探索绿色食品区域品牌生态系统竞争力指标间的影响关系。阶段 3 是绿色食品区域品牌生态系统竞争力排序阶段，主要是利用汤国林（2020）提出的考虑准则间关联关系的区间二型模糊群决策方法评估绿色食品区域品牌生态系统竞争力水平。

4.2　绿色食品区域品牌生态系统竞争力评价指标体系的构建

4.2.1　绿色食品区域品牌生态系统竞争力评价指标体系构建原则

为了使构造的绿色食品区域品牌生态系统竞争力评价指标体系能够反映出绿色食品区域品牌生态系统竞争力的真实情况，本章在充分考虑绿色食品区域品牌生态系统的实际情况下，遵从以下基本原则建立绿色食品区域品牌生态系统评价指标体系。

典型性和进步性原则。搜寻最广范围内的综合指标，以确保快速、简单、准确地体现出绿色食品区域品牌生态系统竞争力的特定内容；绿色食品区域品牌生态系统竞争力的评估为一个复杂的系统，需要全面掌握管理、经济学、数理统计等方面的学科才能准确可靠地全面评价绿色食品区域品牌生态系统竞争力。

整体性和客观性原则。为了完成对绿色食品区域品牌生态系统竞争力的综合评价，需要考虑影响绿色食品区域品牌生态系统竞争力的相关因素。指标的整体性是为了全面客观地反映绿色食品区域品牌生态系统竞争力的真实情形。只有客观公正地选择评价指标，并分析收集到的数据才能使绿色食品区域品牌生态系统竞争力评价指标体系愈加权威和公认。

可比性和规范性原则。围绕绿色食品区域品牌生态系统竞争力评价为核心，需要横向对比不同区域评估结果，这就要求统一各指标规范，对于不同规范的指标，能够进行转换，确保具有可比性，计算指标口径一致，否则无法开展竞争力评价分析。

可操作性和可行性原则。在基于现实的基础上，精减指标数量，而在评估结果上可以合理地解释问题。指标要有可收集性，尽量实现与现有统计数据、资料相匹配；在参考已有指标和数据的基础上，增加科学要素，并能够得到统计信息的验证；说明不同指标所表示的不同含义，尽力避免指标间的错误；合理控制指标的数量，通过避免指标的重复赘余来增加评估体系实用性。

4.2.2 绿色食品区域品牌生态系统竞争力评价指标体系构建

本章依据绿色食品区域品牌生态系统竞争力指标选取原则，运用文献研究法与访谈法，结合第 3 章绿色食品区域品牌生态系统模型的三大基础体系和 13 个系统要素，构建出符合实际情形的评估指标体系，如图 4 - 1 所示。

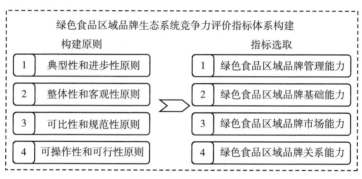

图 4 - 1 指标体系构建

为确定绿色食品区域品牌生态系统竞争力各维度的构成要素，本章第一步整理与分析相关文献，对绿色食品区域品牌生态系统竞争力相关文献进行了分析与归纳；第二步从已有文献中筛取相关绿色食品区域品牌生态系统竞争力各维度的构成要素，形成了预选要素集合；第三步运用专家调查法，对该领域的六位专家进行了访谈，对预选要素集合内的绿色食品区域品牌生态系统竞争力组成要素进行了筛选和修正；第四步依据访谈结果，最终确定了绿色食品区域品牌生态系统竞争力各维度的构成要素，如表 4 - 1 所示。

表 4－1　　　绿色食品区域品牌生态系统竞争力评价指标体系

项目	一级指标编号	一级指标	二级指标编号	二级指标
绿色食品区域品牌生态系统竞争力评价指标体系	c_1	绿色食品区域品牌管理能力	c_{11}	企业组织管理
			c_{12}	地方政府监管
			c_{13}	行业协会监管
	c_2	绿色食品区域品牌基础能力	c_{21}	区域资源禀赋
			c_{22}	产业集群
			c_{23}	产业化龙头企业
	c_3	绿色食品区域品牌市场能力	c_{31}	市场占有能力
			c_{32}	创利能力
			c_{33}	创新能力
			c_{34}	持久发展能力
	c_4	绿色食品区域品牌关系能力	c_{41}	与供应商的关系
			c_{42}	与消费者的关系
			c_{43}	与竞争性集群的关系

从表 4－1 可以看到，绿色食品区域品牌生态系统竞争力评价指标体系是由目标层、准则层以及子准则层三个层次组成，其中，目标层是对绿色食品区域品牌生态系统竞争力的最终评价结果，即整体竞争力的评判；准则层由绿色食品区域品牌管理能力、绿色食品区域品牌基础能力、绿色食品区域品牌市场能力、绿色食品区域品牌关系能力四个维度构成；子准则层由 13 个二级指标构成，管理能力包括企业组织管理、政府监管和行业协会监管，基础能力涵盖区域资源禀赋、产业集群和产业化龙头企业，市场能力包括市场占有能力、创利能力、创新能力和持久发展能力，关系能力涵盖与消费者的关系、与供应商的关系和与竞争性集群的关系，它们是准确测量绿色食品区域品牌生态系统竞争力水平的关键所在。

4.3　绿色食品区域品牌生态系统竞争力
问卷设计与数据分析

4.3.1　问卷设计和数据收集

绿色食品区域品牌生态系统竞争力评价过程包括两方面信息，一是指标间的关联评价信息，二是绿色食品区域品牌生态系统竞争力指标评价信息，故要设计绿色食品区域品牌生态系统竞争力指标关联评价调查问卷（Q_1，见附录 A）与绿色食品区域品牌生态系统竞争力指标评价调查问卷（Q_2，见附录 B）。

对于调查问卷 Q_1，所调查的对象是由研究绿色食品区域品牌生态系统竞争力方面的专家组成，问卷内容包括：

（1）问候语与填表说明，阐述本次问卷调查的目的和用途。

（2）一级指标之间关联程度，请专家基于绿色食品区域品牌生态系统竞争力的一级指标各指标含义的理解，从 7 粒度语言短语评价集合 {极端高、非常高、高、中、低、非常低、极端低} 中选择可以表述自己对各项指标之间影响程度认同的选项作答。

（3）每个维度下的二级指标之间关联程度，请专家基于绿色食品区域品牌生态系统竞争力的二级指标各指标的理解，从 7 粒度语言短语评价集合 {极端高、非常高、高、中、低、非常低、极端低} 中选择可以表述自己对每个维度下的各项二级指标之间影响程度认同的选项作答。

对于调查问卷 Q_2，所调查的对象是了解绿色食品区域品牌生态系统竞争力的人员，问卷内容包括：

（1）问候语与填表说明，阐述本次问卷调查的目的和用途。

（2）被调查者的个人信息，如年龄、性别、学历、工作年限、职位等。

（3）绿色食品区域品牌生态系统竞争力评价，请被调查者评价自己所处区域的绿色食品区域品牌生态系统竞争力水平。其内容为表格

4－1 所建立的 13 项绿色食品区域品牌生态系统竞争力评价指标。被调查者从 7 粒度语言短语评价集合 {非常好、好、比较好、中等好、比较不好、不好、非常不好} 中选择可以表述自己对每项指标相应陈述的认同程度的选项。

　　问卷 Q_1 与问卷 Q_2 调查起始于 2021 年 2 月 5 日，结束于 2021 年 3 月 15 日，其中，问卷 Q_1 调查方式是实地调研，问卷 Q_2 调查方式是电子邮件与实地调研。问卷 Q_1 发放 6 份，回收 6 份，有效问卷 6 份，问卷有效率为 100%。问卷 Q_2 发放 150 份，其中通过电子邮件回收到的问卷数为 86 份，占总的回收问卷比率 57%；通过纸面表格回收的问卷数为 64 份，占总的回收问卷比率为 43%。回收的问卷 Q_2 中包含部分无效问卷，剔除无效的问卷，最终确定的有效问卷 134 份，问卷有效率为 89%。

4.3.2　样本统计特征

　　不同绿色食品区域的问卷数以及被调查者的描述统计特征如表 4－2 所示。

表 4－2　　　　　　　　　　问卷调查统计情况

项目	属性	人数（人）	百分比（%）
区域	河南	25	18.66
	河北	17	12.69
	山西	16	11.94
	陕西	17	12.69
	江苏	20	14.93
	山东	25	18.66
	黑龙江	14	10.45
性别	男	89	66.42
	女	45	33.58
年龄	18～35 岁	63	47.01
	35～50 岁	49	36.57
	50 岁以上	22	16.42

项目	属性	人数（人）	百分比（%）
年龄	一般员工	59	44.03
	基层管理人员	48	35.82
	中层管理人员	15	11.19
	高层管理人员	12	8.96
学历	大专	15	11.19
	本科	72	53.73
	研究生及以上	47	35.07
工作年限	1~5 年	52	38.81
	6~10 年	72	53.73
	10 年以上	29	21.64

4.3.3 信度和效度分析

为确保问卷的有效性，本章运用 Smart PLS 和 SPSS 软件开展探索性因子分析与检验性因子分析，验证问卷的信度与效度。

先用 SPSS 对问卷开展 KMO 与 Bartlett 球形验证，结果如表 4-3 所示。因服务质量的 KMO > 0.5，p < 0.001，故可以做因子分析。

表 4-3　绿色食品区域品牌生态系统竞争力的 KMO 与 Bartlett 球形检验

KMO 样本测度	Bartlett 球形检验	
0.926	近似卡方值	1364.032
	自由度	78
	显著性概率	0.000

接着用 Smart PLS 分析样本的探索性因子，结果如表 4-4 所示。因所有测量项目的因子载荷大于 0.75，故量表具有较好的聚合效度。

表4-4　　　　绿色食品区域品牌生态系统竞争力的因子载荷矩阵

因子	测量项	因子载荷	因子	测量项	因子载荷
绿色食品区域品牌管理能力	c_{11}	0.934	绿色食品区域品牌基础能力	c_{21}	0.888
	c_{12}	0.931		c_{22}	0.925
	c_{13}	0.938		c_{23}	0.908
绿色食品区域品牌市场能力	c_{31}	0.787	绿色食品区域品牌关系能力	c_{41}	0.848
	c_{32}	0.776		c_{42}	0.863
	c_{33}	0.870		c_{43}	0.860
	c_{34}	0.874			

再判断量表的区分效度，结果如表4-5所示。因表中对角线数值大于该因子与其他因子的系数，故有较好的区分效度。

表4-5　　　　　　　　　　区分效度

项目	绿色食品区域品牌管理能力	绿色食品区域品牌基础能力	绿色食品区域品牌市场能力	绿色食品区域品牌关系能力
绿色食品区域品牌管理能力	0.934			
绿色食品区域品牌基础能力	0.679	0.907		
绿色食品区域品牌市场能力	0.762	0.769	0.828	
绿色食品区域品牌关系能力	0.704	0.744	0.775	0.857

最后用Cronbach's α、CR及AVE探索问卷信度，结果如表4-6所示。因α>0.8，CR>0.8，AVE>0.6，故有较好的信度。

表4-6　　　　　　　　　　信度分析

项目	Cronbach's α	CR	AVE
绿色食品区域品牌管理能力	0.927	0.954	0.873
绿色食品区域品牌基础能力	0.893	0.933	0.823
绿色食品区域品牌市场能力	0.847	0.897	0.685
绿色食品区域品牌关系能力	0.819	0.892	0.735

4.4　绿色食品区域品牌生态系统竞争力评价方法构造

　　绿色食品区域品牌生态系统竞争力评价方法主要由两部分组成，先利用拜卡苏奥卢和戈尔克（Baykasoğlu and Gölcük，2017）构造的区间二型模糊决策实验分析来探索绿色食品区域品牌生态系统竞争力指标间的影响关系，然后利用汤国林（2020）提出的考虑准则间关联关系的区间二型模糊群决策方法评估绿色食品区域品牌生态系统竞争力水平。

4.4.1　区间二型模糊决策实验分析方法步骤

　　区间二型模糊决策实验室法是一种复杂因素分析方法，可以用图表与表格描述评价指标之间的关系，被广泛用于刻画指标间影响强度，并分析不同情景下评价体系的关键因素。该方法的特点为最大限度地运用专家的经验与知识，有效地描述指标之间的不确定关系。传统的决策实验分析方法中要求决策专家直接指定指标之间影响关系的大小，这在一定程度上增加了专家评估的主观性与语言评价的模糊性，而区间二型模糊决策实验室法减弱主观性，将模糊数学中隶属度的概念引入其中，能够全面刻画决策信息的高度不确定性与模糊性。

　　步骤 1：把问卷 Q_1 获取的直接影响矩阵转换成区间二型模糊矩阵。

　　步骤 2：利用区间二型模糊加权评价算子，计算群体平均直接影响矩阵。

　　步骤 3：标准化群体的直接影响矩阵。

　　步骤 4：计算指标总的影响矩阵。

　　步骤 5：对矩阵中的元素按照行与列分别相加，得到指标的影响度与被影响度。进一步计算中心度与原因度。

　　步骤 6：计算绿色食品区域品牌生态系统竞争力一级指标的中心度与原因度的期望值，进而获得指标重要性比例。

4.4.2 考虑准则间关联关系的区间二型模糊群决策方法步骤

考虑准则间关联关系的区间二型模糊群决策方法是由离差最大化的线性规划模型与基于 Shapley 值 Choquet 积分的区间二型模糊积分算子组成。离差最大化模型的基本思想是：如果所有决策方案在指标属性下的属性值差距越小，则说明该指标权重对方案排序的作用越小，指标对应的权重应该较小；如果属性能使所有决策方案的属性值有较大的离差，则意味着该指标对方案排序将发挥重要作用，该指标权重应该较大。基于 Shapley 值 Choquet 积分的区间二型模糊积分算子能够把各个指标值进行集成，得到一个个综合值，反映了决策方案的优劣。该算子的主要优点是能够全面考虑指标之间的互补、冗余以及独立关系。

步骤 1：把问卷 Q_2 获取的绿色食品区域品牌生态系统竞争力评价矩阵转换成区间二型模糊信息形式的矩阵。

步骤 2：假设被调查者之间相互独立，并且他们间的权重相等。

步骤 3：利用区间二型模糊加权评价算子集成被调查者给出方案的评价信息，得到指标的群体综合评价矩阵。

步骤 4：利用基于离差最大化的线性规划模型，确定有形性各影响因素集的 2 – 可加模糊测度。

步骤 5：计算各影响因素集的广义 Shapley 值。

步骤 6：利用基于 Shapley 值 Choquet 积分的区间二型模糊积分算子对决策矩阵中各行的属性值进行集成，从而得到各个方案的综合属性值。

步骤 7：根据区间二型模糊的组合排序函数，计算绿色食品区域品牌生态系统竞争力综合评价值的组合排序。

步骤 8：根据区间二型模糊数的大小比较方法，对方案进行排序。

4.5 绿色食品区域品牌生态系统竞争力的评价

由于阶段 1 已在 4.2 节与 4.3 节完成，下面主要分析后面两个阶段。

4.5.1 绿色食品区域品牌生态系统竞争力评价指标影响分析

该节使用区间二型模糊决策实验分析探索绿色食品区域品牌生态系统竞争力评价指标间的影响关系。先给出计算绿色食品区域品牌生态系统竞争力维度的影响关系的步骤，然后计算每个维度所包括的指标间的影响关系。

步骤 1：依据表 4 - 7 将问卷 Q_1 得到的直接影响矩阵 $B^h = \left[b^h_{pq} \right]_{4\times4}$（$h = 1, 2, \cdots, 6$）转换为梯形区间二型模糊矩阵 $\tilde{B}^h = \left[\tilde{b}^h_{pq} \right]_{4\times4}$。这里仅以 B^1 为例。

表 4 - 7 测度指标间因果关系的语言标度

语言标度	梯形区间二型模糊数
极端低（EL）	$((0, 0.1, 0.1, 0.2; 1), (0.05, 0.1, 0.1, 0.15; 0.9))$
非常低（VL）	$((0.1, 0.2, 0.2, 0.35; 1), (0.15, 0.2, 0.2, 0.3; 0.9))$
低（L）	$((0.2, 0.35, 0.35, 0.5; 1), (0.25, 0.35, 0.35, 0.45; 0.9))$
中等（M）	$((0.35, 0.5, 0.5, 0.65; 1), (0.4, 0.5, 0.5, 0.6; 0.9))$
高（H）	$((0.5, 0.65, 0.65, 0.8; 1), (0.55, 0.65, 0.65, 0.75; 0.9))$
非常高（VH）	$((0.65, 0.8, 0.8, 0.9; 1), (0.7, 0.8, 0.8, 0.85; 0.9))$
极端高（EH）	$((0.8, 0.9, 0.9, 1; 1), (0.85, 0.9, 0.9, 0.95; 0.9))$

$$B^1 = \begin{bmatrix} - & L & M & EL \\ H & - & M & L \\ VL & VL & - & VL \\ EL & EL & EL & - \end{bmatrix}$$

$$\tilde{B}^1 = \begin{bmatrix} \begin{matrix}((0, 0, 0, 0; 1), \\ (0, 0, 0, 0; 0.9))\end{matrix} & \begin{matrix}((0.2, 0.35, 0.35, 0.5; 1), \\ (0.25, 0.35, 0.35, 0.45; 0.9))\end{matrix} & \begin{matrix}((0.35, 0.5, 0.5, 0.65; 1), \\ (0.4, 0.5, 0.5, 0.6; 0.9))\end{matrix} & \begin{matrix}((0, 0.1, 0.1, 0.2; 1), \\ (0.05, 0.1, 0.1, 0.15; 0.9))\end{matrix} \\ \begin{matrix}((0.5, 0.65, 0.65, 0.8; 1), \\ (0.5, 0.65, 0.65, 0.75; 0.9))\end{matrix} & \begin{matrix}((0, 0, 0, 0; 1), \\ (0, 0, 0, 0; 0.9))\end{matrix} & \begin{matrix}((0.35, 0.5, 0.5, 0.65; 1), \\ (0.4, 0.5, 0.5, 0.6; 0.9))\end{matrix} & \begin{matrix}((0.2, 0.35, 0.35, 0.5; 1), \\ (0.25, 0.35, 0.35, 0.45; 0.9))\end{matrix} \\ \begin{matrix}((0.1, 0.2, 0.2, 0.35; 1), \\ (0.15, 0.2, 0.2, 0.3; 0.9))\end{matrix} & \begin{matrix}((0.1, 0.2, 0.2, 0.35; 1), \\ (0.15, 0.2, 0.2, 0.3; 0.9))\end{matrix} & \begin{matrix}((0, 0, 0, 0; 1), \\ (0, 0, 0, 0; 0.9))\end{matrix} & \begin{matrix}((0.1, 0.2, 0.2, 0.35; 1), \\ (0.15, 0.2, 0.2, 0.3; 0.9))\end{matrix} \\ \begin{matrix}((0, 0.1, 0.1, 0.2; 1), \\ (0.05, 0.1, 0.1, 0.15; 0.9))\end{matrix} & \begin{matrix}((0, 0.1, 0.1, 0.2; 1), \\ (0.05, 0.1, 0.1, 0.15; 0.9))\end{matrix} & \begin{matrix}((0, 0.1, 0.1, 0.2; 1), \\ (0.05, 0.1, 0.1, 0.15; 0.9))\end{matrix} & \begin{matrix}((0, 0, 0, 0; 1), \\ (0, 0, 0, 0; 0.9))\end{matrix} \end{bmatrix}$$

步骤 2：借助区间二型模糊加权平均算子，求解群体平均直接影响矩阵 $B' = \left[b'_{ij} \right]_{6\times6}$，所得结果如表 4 - 8 所示。

表4-8　群体平均影响矩阵

项目	绿色食品区域品牌管理能力	绿色食品区域品牌基础能力	绿色食品区域市场能力	绿色食品区域品牌关系能力
绿色食品区域品牌管理能力	((0, 0, 0, 0; 1), (0, 0, 0, 0; 0.9))	((0.1417, 0.2667, 0.2667, 0.4; 1), (0.1917, 0.2667, 0.2667, 0.3500; 0.9))	((0.2833, 0.4250, 0.4250, 0.5750; 1), (0.3333, 0.4250, 0.4250, 0.5250; 0.9))	((0.3167, 0.4583, 0.4583, 0.5917; 1), (0.3667, 0.4583, 0.4583, 0.5417; 0.9))
绿色食品区域品牌基础能力	((0.275, 0.4083, 0.4083, 0.5500; 1), (0.3250, 0.4083, 0.4083, 0.5; 0.9))	((0, 0, 0, 0; 1), (0, 0, 0, 0; 0.9))	((0.3250, 0.4750, 0.4750, 0.6167; 1), (0.3750, 0.4750, 0.4750, 0.5667; 0.9))	((0.2833, 0.4250, 0.4250, 0.5750; 1), (0.3333, 0.4250, 0.4250, 0.5250; 0.9))
绿色食品区域市场能力	((0.1167, 0.2333, 0.2333, 0.3750; 1), (0.1667, 0.2333, 0.2333, 0.3250; 0.9))	((0.0667, 0.1667, 0.1667, 0.3; 1), (0.1167, 0.1667, 0.1667, 0.2500; 0.9))	((0, 0, 0, 0; 1), (0, 0, 0, 0; 0.9))	((0.1, 0.2083, 0.2083, 0.3500; 1), (0.15, 0.2083, 0.2083, 0.3; 0.9))
绿色食品区域品牌关系能力	((0, 0.0333, 0.0333, 0.0667; 1), (0.0167, 0.0333, 0.0333, 0.0500; 0.9))	((0.0167, 0.1, 0.1, 0.1917; 1), (0.0583, 0.1, 0.1, 0.1500; 0.9))	((0.0583, 0.1667, 0.1667, 0.2750; 1), (0.1083, 0.1667, 0.1667, 0.2250; 0.9))	((0, 0, 0, 0; 1), (0, 0, 0, 0; 0.9))

步骤3：规范化群体的直接影响矩阵 B'，结果如表4-9所示。

步骤4：求解绿色食品区域品牌生态系统竞争力指标总的影响矩阵 B''，结果如表4-10所示。

步骤5：对矩阵 B'' 中的元素依据行和列分别相加，获得指标的影响度 D_p 和被影响度 R_q。然后，获得中心度 $D_p \oplus R_p$ 和原因度 $D_p \ominus R_p$，结果是：

$D_1 \oplus R_1 = ((0.8097, 1.7825, 1.7825, 4.1010; 1), (1.1359, 1.7825, 1.7825, 2.9562; 0.9))$;

$D_2 \oplus R_2 = ((0.8170, 1.8402, 1.8402, 4.2851; 1), (1.1661, 1.8402, 1.8402, 3.0756; 0.9))$;

$D_3 \oplus R_3 = ((0.7046, 1.6943, 1.6943, 4.1027; 1), (1.0506, 1.6943, 1.6943, 2.9135; 0.9))$;

$D_4 \oplus R_4 = ((0.5665, 1.3984, 1.3984, 3.3941; 1), (0.8606, 1.3984, 1.3984, 2.3853; 0.9))$.

$D_1 \ominus R_1 = ((0.2404, 0.4209, 0.4209, 0.7955; 1), (0.2908, 0.4209, 0.4209, 0.6159; 0.9))$;

$D_2 \ominus R_2 = ((0.4659, 0.6981, 0.6981, 1.1719; 1), (0.5166, 0.6981, 0.6981, 0.9591; 0.9))$;

$D_3 \ominus R_3 = ((-0.2533, -0.3789, -0.3789, -0.5369; 1), (-0.2754, -0.3789, -0.3789, -0.4465; 0.9))$;

$D_4 \ominus R_4 = ((-0.453, -0.7401, -0.7401, -1.4306; 1), (-0.5319, -0.7401, -0.7401, -1.1286; 0.9))$.

步骤6：计算绿色食品区域品牌生态系统竞争力一级指标的中心度 $D_p \oplus R_p$ 和原因度 $D_p \ominus R_p$ 的期望值 $E(D_p \oplus R_p)$ 和 $E(D_p \ominus R_p)$（$p = 1, 2, \cdots, 6$），然后计算指标重要性比例 Pon_p，结果如表4-11所示。另外可以得到一级指标的因果关系图，具体如图4-2所示。

表4-9

规范化直接影响矩阵

项目	绿色食品区域品牌管理能力	绿色食品区域品牌基础能力	绿色食品区域品牌市场能力	绿色食品区域品牌关系能力
绿色食品区域品牌管理能力	((0, 0, 0, 1), (0, 0, 0, 0; 0.9))	((0.0813, 0.1531, 0.1531, 0.2297, 1), (0.1100, 0.1531, 0.1531, 0.2010; 0.9))	((0.1627, 0.2440, 0.2440, 0.3301, 1), (0.1914, 0.2440, 0.2440, 0.3014; 0.9))	((0.1818, 0.2632, 0.2632, 0.3397, 1), (0.2105, 0.2632, 0.2632, 0.3110; 0.9))
绿色食品区域品牌基础能力	((0.1579, 0.2344, 0.2344, 0.3158, 1), (0.1866, 0.2344, 0.2344, 0.2871; 0.9))	((0, 0, 0, 0; 1), (0, 0, 0, 0; 0.9))	((0.1866, 0.2727, 0.2727, 0.3541, 1), (0.2153, 0.2727, 0.2727, 0.3254; 0.9))	((0.1627, 0.2440, 0.2440, 0.3301, 1), (0.1914, 0.2440, 0.2440, 0.3014; 0.9))
绿色食品区域品牌市场能力	((0.0670, 0.1340, 0.1340, 0.2153, 1), (0.0957, 0.1340, 0.1340, 0.1866; 0.9))	((0.0383, 0.0957, 0.0957, 0.1722, 1), (0.0670, 0.0957, 0.0957, 0.1435; 0.9))	((0, 0, 0, 0; 1), (0, 0, 0, 0; 0.9))	((0.0574, 0.1196, 0.1196, 0.2010, 1), (0.0861, 0.1196, 0.1196, 0.1722; 0.9))
绿色食品区域品牌关系能力	((0, 0.0191, 0.0191, 0.0383, 1), (0.0096, 0.0191, 0.0191, 0.0287; 0.9))	((0.0096, 0.0574, 0.0574, 0.1100, 1), (0.0335, 0.0574, 0.0574, 0.0861; 0.9))	((0.0335, 0.0957, 0.0957, 0.1579, 1), (0.0622, 0.0957, 0.0957, 0.1292; 0.9))	((0, 0, 0, 0; 1), (0, 0, 0, 0; 0.9))

表 4 - 10 指标总的影响矩阵

项目	绿色食品区域 品牌管理能力	绿色食品区域 品牌基础能力	绿色食品区域 品牌市场能力	绿色食品区域 品牌关系能力
绿色食品区域 品牌管理能力	((0.0275, 0.1106, 0.1106, 0.3624; 1), (0.0528, 0.1106, 0.1106, 0.2337; 0.9))	((0.0930, 0.2281, 0.2281, 0.5314; 1), (0.1416, 0.2281, 0.2281, 0.3817; 0.9))	((0.1916, 0.3708, 0.3708, 0.7629; 1), (0.2488, 0.3708, 0.3708, 0.5732; 0.9))	((0.2129, 0.3923, 0.3923, 0.7916; 1), (0.2702, 0.3923, 0.3923, 0.5975; 0.9))
绿色食品区域 品牌基础能力	((0.0275, 0.1106, 0.1106, 0.3624; 1), (0.0528, 0.1106, 0.1106, 0.2337; 0.9))	((0.0930, 0.2281, 0.2281, 0.5314; 1), (0.1416, 0.2281, 0.2281, 0.3817; 0.9))	((0.1916, 0.3708, 0.3708, 0.7629; 1), (0.2488, 0.3708, 0.3708, 0.5732; 0.9))	((0.2129, 0.3923, 0.3923, 0.7916; 1), (0.2702, 0.3923, 0.3923, 0.5975; 0.9))
绿色食品区域 品牌市场能力	((0.0275, 0.1106, 0.1106, 0.3624; 1), (0.0528, 0.1106, 0.1106, 0.2337; 0.9))	((0.0930, 0.2281, 0.2281, 0.5314; 1), (0.1416, 0.2281, 0.2281, 0.3817; 0.9))	((0.1916, 0.3708, 0.3708, 0.7629; 1), (0.2488, 0.3708, 0.3708, 0.5732; 0.9))	((0.2129, 0.3923, 0.3923, 0.7916; 1), (0.2702, 0.3923, 0.3923, 0.5975; 0.9))
绿色食品区域 品牌关系能力	((0.0275, 0.1106, 0.1106, 0.3624; 1), (0.0528, 0.1106, 0.1106, 0.2337; 0.9))	((0.0930, 0.2281, 0.2281, 0.5314; 1), (0.1416, 0.2281, 0.2281, 0.3817; 0.9))	((0.1916, 0.3708, 0.3708, 0.7629; 1), (0.2488, 0.3708, 0.3708, 0.5732; 0.9))	((0.2129, 0.3923, 0.3923, 0.7916; 1), (0.2702, 0.3923, 0.3923, 0.5975; 0.9))

表 4 – 11 评价指标的中心度、原因度及重要性比例

项目	E（$D_p \oplus R_p$）	E（$D_p \ominus R_p$）	Pon_p
绿色食品区域品牌管理能力	1.9158	0.4306	0.2566
绿色食品区域品牌基础能力	1.9837	0.7013	0.2749
绿色食品区域品牌市场能力	1.8464	– 0.3595	0.2458
绿色食品区域品牌关系能力	1.5200	– 0.7724	0.2228

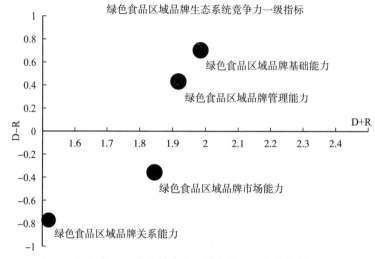

图 4 – 2 绿色食品区域品牌生态系统竞争力一级指标的因果关系

结果型指标是受其他指标影响的指标，原因型指标是对其他指标有影响的指标。通过表格 4 – 11 与图 4 – 2 得知，绿色食品区域品牌基础能力的原因度最大，这表示该指标对其他指标的影响最大；绿色食品区域品牌基础能力的中心度也最大，是影响绿色食品区域品牌生态系统竞争力最为重要的因素。绿色食品区域品牌管理能力的原因度仅次于绿色食品区域品牌基础能力指标的原因度，这意味着该指标也会对其他指标产生重要影响；绿色食品区域品牌管理能力的中心度也较大，是影响绿色色食品区域品牌生态系统竞争力的重要的因素。绿色食品区域品牌市场能力的原因度较小，这意味着该指标对其他指标产生的影响较小；绿色食品区域品牌市场能力的中心度也较小，对绿色食品区域品牌生态系统竞争力的影响相对较弱。绿色食品区域品牌关系能力的原因度最小，这

说明该指标对其他指标产生的影响最小；绿色食品区域品牌关系能力的中心度也最小，对绿色食品区域品牌生态系统竞争力的影响最弱。绿色食品区域品牌生态系统一级指标对系统竞争力影响作用由高到低依次为：基础能力、管理能力、市场能力、关系能力，可以按照此顺序加强相关能力建设，从而提高生态系统的整体竞争力。

同样地，运用区间二型模型决策实验分析计算绿色食品区域品牌生态系统竞争力评价指标的中心度、原因度以及重要性比例，结果如表 4 - 12 所示。

表 4 - 12　　二级评价指标的中心度、原因度以及重要性比例

一级指标	二级指标编号	$E（D_p \oplus R_p）$	$E（D_p \ominus R_p）$	Pon_p
绿色食品区域品牌管理能力	c_{11}	4.1134	0.0270	0.3717
	c_{12}	4.1508	0.3596	0.3765
	c_{13}	2.7606	-0.3865	0.2519
绿色食品区域品牌基础能力	c_{21}	1.9621	0.2291	0.3085
	c_{22}	2.0480	0.5089	0.3295
	c_{23}	2.1973	-0.7381	0.3620
绿色食品区域品牌市场能力	c_{31}	1.5456	0.0081	0.1703
	c_{32}	2.2363	0.2910	0.2485
	c_{33}	2.4101	-0.0371	0.2656
	c_{34}	2.8519	-0.2620	0.3156
绿色食品区域品牌关系能力	c_{41}	2.6561	-0.5079	0.3941
	c_{42}	2.5982	0.1045	0.3789
	c_{43}	1.5048	0.4033	0.2270

通过表 4 - 12 悉知，在绿色食品区域品牌管理能力的二级指标中，c_{11} 与 c_{12} 是原因型指标，c_{13} 是结果型指标；c_{12} 是影响绿色食品区域品牌管理能力的最重要因素，c_{13} 是影响绿色食品区域品牌管理能力的最不重要因素。在绿色食品区域品牌基础能力的二级指标中，c_{21} 与 c_{22} 是原因型指标，c_{23} 是结果型指标；c_{23} 是影响绿色食品区域品牌基础能力的最重要因素，c_{21} 是影响绿色食品区域品牌管理能力的最不重要因素。

在绿色食品区域品牌市场能力的二级指标中，c_{31} 与 c_{32} 是原因型指标，c_{33} 与 c_{34} 是结果型指标；c_{34} 是影响绿色食品区域品牌市场能力的最重要因素，c_{31} 是影响绿色食品区域品牌市场能力的最不重要因素。在绿色食品区域品牌关系能力的二级指标中，c_{41} 是结果型指标，c_{42} 与 c_{43} 属于原因型指标；c_{41} 是影响绿色食品区域品牌关系能力的最重要因素，c_{43} 是影响绿色食品区域品牌基础能力的最不重要因素。地方政府监管、企业组织管理对绿色食品区域品牌管理能力影响较为重要，产业化龙头企业对绿色食品区域品牌基础能力影响最为明显，持久发展能力是影响绿色食品区域品牌市场能力的最重要因素，与消费者的关系对绿色食品区域品牌关系能力的影响最明显。

4.5.2　绿色食品区域品牌生态系统竞争力排序

为了对绿色食品区域品牌生态系统竞争力进行评估排序，需要计算各个绿色食品区域品牌生态系统竞争力的绿色食品区域品牌管理能力维度的综合值，接着求解各个绿色食品区域品牌生态系统竞争力其他维度的综合值，然后，计算各个绿色食品区域品牌生态系统竞争力的综合值。下面用 $z_i(i=1,2,\cdots,7)$ 取代各个区域的名称。

步骤 1：依据表 4-2 把问卷 Q_2 获取的绿色食品区域品牌生态系统竞争力的绿色食品区域品牌管理能力维度评价矩阵 $A_{il}^{k_i}=[A_{ilr_1}^{k_i}]_{o_i\times 4}$ 转换成区间二型模糊信息形式的矩阵 $A_{il}'^{k_i}=[\tilde{A}_{ilr_1}^{k_i}]_{o_i\times 4}$。此处忽略决策矩阵评价数据。值得注意的是，因为绿色食品区域品牌管理能力维度所包括的 3 个指标都是效益型指标，所以无须标准化处理决策矩阵。

步骤 2：假设被调查者之间没有关联关系，并且他们之间的权重相等，则对于区域 z_i，对应被调查者 d_{ik_i} 权重为 $\omega_{ik_i}=1/o_i(i=1,2,\cdots,7)$。

步骤 3：利用区间二型模糊加权平均算子集成 o_i 位被调查者给出方案 z_i 关于绿色食品区域品牌管理能力维度的组成的评估数据 $\tilde{A}_{il}'^{k_i}=[\tilde{A}_{ilr_1}^{k_i}]_{o_i\times 3}$，得到区域 z_i 关于绿色食品区域品牌管理能力维度所包括指标的群体综合评估矩阵 $A_{il}'=[A_{ilr_1}]_{7\times 3}$，所得结果如表 4-13 所示。

表 4 – 13 　　　绿色食品区域品牌管理竞争能力维度所涉及指标的群体综合评价值

绿色食品区域品牌竞争能力	c_{11_1}	c_{12_1}	c_{13_1}
z_1	((0.518, 0.7040, 0.7480, 0.8600；1)，(0.6100, 0.6600, 0.7040, 0.8000；0.9))	((0.5140, 0.6920, 0.7340, 0.8400；1)，(0.6000, 0.6500, 0.6920, 0.7800；0.9))	((0.4140, 0.5840, 0.6280, 0.7440；1)，(0.4940, 0.5420, 0.5840, 0.6740；0.9))
z_2	((0.5647, 0.7412, 0.7824, 0.8765；1)，(0.6529, 0.7000, 0.7412, 0.8265；0.9))	((0.5294, 0.7059, 0.7471, 0.8529；1)，(0.6176, 0.6676, 0.7059, 0.7971；0.9))	((0.4324, 0.6059, 0.6500, 0.7647；1)，(0.5147, 0.5618, 0.6059, 0.6971；0.9))
z_3	((0.45, 0.6375, 0.6875, 0.8188；1)，(0.5406, 0.5906, 0.6375, 0.7563；0.9))	((0.4813, 0.6688, 0.7156, 0.8313；1)，(0.5719, 0.6219, 0.6688, 0.7656；0.9))	((0.3844, 0.5750, 0.6250, 0.7688；1)，(0.4750, 0.5250, 0.5750, 0.6938；0.9))
z_4	((0.5412, 0.7235, 0.7676, 0.8706；1)，(0.6294, 0.6794, 0.7235, 0.8147；0.9))	((0.5029, 0.6941, 0.7412, 0.8706；1)，(0.5971, 0.6471, 0.6941, 0.8147；0.9))	((0.4441, 0.6353, 0.6824, 0.8118；1)，(0.5382, 0.5882, 0.6353, 0.7412；0.9))
z_5	((0.5125, 0.7100, 0.7600, 0.8750；1)，(0.6100, 0.6600, 0.7100, 0.8125；0.9))	((0.5350, 0.7150, 0.7575, 0.8550；1)，(0.6225, 0.6725, 0.7150, 0.7950；0.9))	((0.4325, 0.6100, 0.6550, 0.7750；1)，(0.5150, 0.5650, 0.6100, 0.7050；0.9))
z_6	((0.5125, 0.7040, 0.7520, 0.8640；1)，(0.6060, 0.6560, 0.7040, 0.8020；0.9))	((0.5320, 0.7200, 0.7640, 0.8760；1)，(0.6260, 0.6760, 0.7200, 0.8180；0.9))	((0.4500, 0.6360, 0.6820, 0.8120；1)，(0.5400, 0.5900, 0.6360, 0.7460；0.9))
z_7	((0.6143, 0.8000, 0.8429, 0.9286；1)，(0.7071, 0.7571, 0.8000, 0.8786；0.9))	((0.5714, 0.7643, 0.8107, 0.9143；1)，(0.6679, 0.7179, 0.7643, 0.8607；0.9))	((0.4786, 0.6643, 0.7107, 0.8286；1)，(0.5679, 0.6179, 0.6643, 0.7643；0.9))

　　步骤 4：若决策专家提供的绿色食品区域品牌管理能力指标各影响因素的取值范围分别是：$0.15 \leqslant \mu'(c_{11_1}) \leqslant 0.4$，$0.25 \leqslant \mu'(c_{12_1}) \leqslant 0.4$，$0.1 \leqslant \mu'(c_{13_1}) \leqslant 0.35$，并由表 4 – 12 得知，各影响因素权重：$\mu'(c_{11_1})：\mu'(c_{11_2})：\mu'(c_{11_3}) = 0.3717：0.3765：0.2519$。利用基于离差最大化的线性规划模型，计算绿色食品区域品牌管理能力各影响因素集的 2 – 可加模糊测度 μ'，所构造的数学优化模型表示为：

$$\max D(\Phi) = -1.4787\mu'(\{c_{11_1}\}) - 1.8698\mu'(\{c_{12_1}\})$$
$$- 1.7957\mu'(\{c_{13_1}\}) + 1.7957\mu'(\{c_{11_1}, c_{12_1}\})$$
$$+ 1.8698\mu'(\{c_{11_1}, c_{13_1}\}) + 1.4787\mu'(\{c_{12_1}, c_{13_1}\})$$

$$\text{s. t.} \begin{cases} \mu'(\{c_{11_1}\}) \in [0.15, 0.4], \ \mu'(\{c_{12_1}\}) \in [0.25, 0.4], \\ \mu'(\{c_{13_1}\}) \in [0.1, 0.35]; \\ \mu'(\{c_{11_1}\}) = 0.3717t, \ \mu'(\{c_{12_1}\}) = 0.3765t, \ \mu'(\{c_{13_1}\}) \\ \qquad = 0.2519t, \ t \geqslant 0; \\ \sum\limits_{\{c_{1i_1}, c_{1j_1}\} \subset C_1} \mu'(\{c_{1i_1}, c_{1j_1}\}) - 2\sum\limits_{c_{1j_1} \in C_1} \mu'(\{c_{1j_1}\}) = 1; \\ \sum\limits_{\{c_{1j_1}\} \subset S \setminus c_{1i_1}} (\mu'(\{c_{1i_1}, c_{1j_1}\}) - \mu'(\{c_{1j_1}\})) \geqslant (|S| - 2) \\ \mu'(\{c_{1i_1}\}), \ \forall S \subset C_1, \ c_{1i_1} \in S \text{ 且 } |S| \geqslant 2. \end{cases}$$

借助 MATLAB R2017b 求解上述数学规模模型，结果是：

$\mu'(c_{11_1}) = 0.2468$，$\mu'(c_{12_1}) = 0.2500$，$\mu(c_{13_1}) = 0.1673$，

$\mu'(\{c_{11_1}, c_{12_1}\}) = 0.4141$，$\mu'(\{c_{11_1}, c_{13_1}\})$

$\qquad\qquad = 1.0000$，$\mu'(\{c_{12_1}, c_{13_1}\}) = 0.2500$。

步骤 5：借助广义 Shapley 值计算绿色食品区域品牌管理能力各影响因素集的广义 Shapley 值 $\Phi_{\mu'}$，结果为：$\Phi_{\mu'}(\{c_{11_1}\}) = 0.4984$，$\Phi_{\mu'}(\{c_{12_1}\}) = 0.1250$，$\Phi_{\mu'}(\{c_{13_1}\}) = 0.3766$。

步骤 6：借助基于 Shapley 值 Choquet 积分的区间二型模糊积分算子对决策矩阵 $A'_{i1} = [A_{i1r_1}]_{10 \times 4}$ 中第 i 行的指标值进行聚合，因而获得区域 z_i 关于绿色食品区域品牌管理能力维度综合属性值 A_{i1}（$i = 1, 2, \cdots, 7$），结果为：

$A_{11} = ((0.4783, 0.6573, 0.7011, 0.8138; 1), (0.5651, 0.6143, 0.6573, 0.7500; 0.9))$，

$A_{21} = ((0.5105, 0.6858, 0.7281, 0.8314; 1), (0.5965, 0.6439, 0.6858, 0.7741; 0.9))$，

$A_{31} = ((0.4292, 0.6179, 0.6675, 0.8015; 1), (0.5198, 0.5698, 0.6179, 0.7339; 0.9))$，

$A_{41} = ((0.4998, 0.6866, 0.7322, 0.8484; 1), (0.5910, 0.6410, 0.6866, 0.7870; 0.9))$，

$A_{51} = ((0.4852, 0.6730, 0.7201, 0.8348; 1), (0.5758, 0.6258,$

0.6730，0.7698；0.9）），

A_{61} =（（0.4912，0.6804，0.7271，0.8459；1），（0.5836，0.6336，0.6804，0.7829；0.9）），

A_{71} =（（0.5578，0.7444，0.7891，0.8891；1），（0.6498，0.6998，0.7444，0.8333；0.9））。

　　类似地，可以求解各个区域关于绿色食品区域品牌基础能力、绿色食品区域品牌市场能力、绿色食品区域品牌关系能力维度综合指标值，获得的结果如表 4－14 所示。

表 4－14　　绿色食品区域品牌生态系统竞争力各指标综合指标值

绿色食品区域品牌基础能力	c_2	c_3	c_4
z_1	（（0.4341，0.6092，0.6542，0.7687；1），（0.5165，0.5665，0.6092，0.6982；0.9））	（（0.4469，0.6287，0.6744，0.7959；1），（0.5355，0.5851，0.6287，0.7281；0.9））	（（0.3544，0.5323，0.5806，0.7177；1），（0.4392，0.4892，0.5323，0.6398；0.9））
z_2	（（0.4528，0.6244，0.6664，0.7842；1），（0.5373，0.5825，0.6244，0.7243；0.9））	（（0.4749，0.6504，0.6940，0.8051；1），（0.5608，0.6083，0.6504，0.7440；0.9））	（（0.3782，0.5558，0.6028，0.7272；1），（0.4635，0.5110，0.5558，0.6503；0.9））
z_3	（（0.3938，0.5789，0.6270，0.7648；1），（0.4809，0.5309，0.5789，0.6914；0.9））	（（0.4198，0.6030，0.6507，0.7739；1），（0.5073，0.5573，0.6030，0.7007；0.9））	（（0.4238，0.6082，0.6571，0.7837；1），（0.5140，0.5640，0.6082，0.7136；0.9））
z_4	（（0.3837，0.5709，0.6209，0.7637；1），（0.4720，0.5220，0.5709，0.6906；0.9））	（（0.4614，0.6478，0.6949，0.8165；1），（0.5521，0.6021，0.6478，0.7500；0.9））	（（0.3782，0.5647，0.6117，0.7478；1），（0.4676，0.5176，0.5647，0.6676；0.9））
z_5	（（0.4230，0.6089，0.6574，0.7865；1），（0.5105，0.5605，0.6089，0.7158；0.9））	（（0.4960，0.6855，0.7326，0.8468；1），（0.5888，0.6388，0.6855，0.7830；0.9））	（（0.4417，0.6277，0.6735，0.7986；1），（0.5318，0.5818，0.6277，0.7279；0.9））
z_6	（（0.4764，0.6645，0.7105，0.8294；1），（0.5685，0.6185，0.6645，0.7629；0.9））	（（0.4935，0.6810，0.7272，0.8397；1），（0.5851，0.6351，0.6810，0.7750；0.9））	（（0.4518，0.6352，0.6822，0.8029；1），（0.5392，0.5892，0.6352，0.7357；0.9））

绿色食品区域品牌基础能力	c_2	c_3	c_4
z_7	((0.5091, 0.6954, 0.7419, 0.8517; 1), (0.5989, 0.6489, 0.6954, 0.7906; 0.9))	((0.4791, 0.6631, 0.7088, 0.8303; 1), (0.5690, 0.6190, 0.6631, 0.7685; 0.9))	((0.4641, 0.6417, 0.6881, 0.8010; 1), (0.5493, 0.5993, 0.6417, 0.7366, 0.9))

进一步，可以类似求解各个绿色食品区域品牌生态系统竞争力评价的综合属性值 A_i，所得结果为：

$A_1 = ((0.4089, 0.5861, 0.6323, 0.7562; 1.0000), (0.4933, 0.5432, 0.5861, 0.6837; 0.9))$，

$A_2 = ((0.4319, 0.6066, 0.6507, 0.7689; 1.0000), (0.5170, 0.5635, 0.6066, 0.7025; 0.9))$，

$A_3 = ((0.4117, 0.5967, 0.6452, 0.7768; 1.0000), (0.5004, 0.5504, 0.5967, 0.7053; 0.9))$，

$A_4 = ((0.4011, 0.5879, 0.6360, 0.7714; 1.0000), (0.4904, 0.5404, 0.5879, 0.6974; 0.9))$，

$A_5 = ((0.4438, 0.6303, 0.6775, 0.8021; 1.0000), (0.5332, 0.5832, 0.6303, 0.7327; 0.9))$，

$A_6 = ((0.4700, 0.6563, 0.7028, 0.8218; 1.0000), (0.5603, 0.6103, 0.6563, 0.7556; 0.9))$，

$A_7 = ((0.4936, 0.6764, 0.7226, 0.8337; 1.0000), (0.5819, 0.6319, 0.6764, 0.7718; 0.9))$.

步骤7：依据区间二型模糊数的组合排序函数，计算绿色食品区域品牌生态系统竞争力综合评估值 $A_i (i = 1, 2, \cdots, 7)$ 的组合排序 $R(A_i)$，所得结果为：

$R(A_1) = 0.8814$，$R(A_2) = 0.9235$，$R(A_3) = 0.9046$，$R(A_4) = 0.8857$，

$R(A_5) = 0.9718$，$R(A_6) = 1.0269$，$R(A_7) = 1.0709$.

步骤8：根据组合排列值大小，对方案进行排序，所得结果为：

$z_7 > z_6 > z_5 > z_2 > z_3 > z_4 > z_1$，

故，绿色食品区域品牌生态系统竞争力水平最好的区域为 z_7，即黑

龙江省。竞争力水平由高到低排序依次为黑龙江、山东、江苏、河北、山西、陕西、河南。通过以上分析，得出上述 7 个省份的绿色食品区域品牌生态系统竞争力综合评价值均大于 0.85，这也就意味着这 7 个省份竞争力均较强，对 7 个省份的绿色食品区域品牌生态系统的选择是有价值和有借鉴意义的。同时，也印证了后文第 7 章生态系统驱动演化实证分析的区域省份样本选择的代表性和可借鉴性。

绿色食品区域品牌生态系统竞争力评价指标体系一级指标中，绿色食品区域品牌生态系统管理能力和基础能力是原因型指标，其中基础能力是最重要的影响因素；在绿色食品区域品牌基础能力的二级指标中，产业化龙头企业是最重要的影响因素。因此，要着重从绿色食品区域品牌龙头企业入手，发挥其企业动态能力，才能从根本上提升绿色食品区域品牌生态系统的竞争力，推动系统演进发展。另外，本章的方法不仅可以反映指标间的因果关系，而且能够反映指标之间的关联关系，为处理类似绿色食品区域品牌生态系统竞争力评价这类复杂的现实决策问题提供了合理、有效的新途径。

4.6　本　章　小　结

本章针对绿色食品区域品牌生态系统竞争力评价存在不确定性与关联性的特征，运用区间二型模糊集、区间二型模糊决策实验分析方法、基于 Shapley 值 Choquet 积分的区间二型模糊积分算子等，借助 MAT-LAB、Smart PLS 以及 SPSS 等软件，构造了一种绿色食品区域品牌生态系统竞争力评价的三阶段法。

阶段 1 是问题构造阶段。首先，从绿色食品区域品牌管理能力、绿色食品区域品牌基础能力、绿色食品区域品牌市场能力以及绿色食品区域品牌关系能力四个维度构建了包含 13 项指标的评价体系；其次，设计了绿色食品区域品牌生态系统竞争力指标关联评价调查问卷与绿色食品区域品牌生态系统竞争力指标评价调查问卷，以获取语言评估数据；最后，借助 SPSS 和 SmartPLS 软件检验了问卷的信度和效度。

阶段 2 为评价指标因果关系分析阶段。首先，利用区间二型模糊决策实验分析方法求取评估指标的关系度和中心度，进而绘制因果关系图。其次，依据可视化的因果关系图确定指标体系的归类，绿色食品区域品牌生态系统一级指标对系统竞争力影响作用由高到低依次为：基础能力、管理能力、市场能力、关系能力，其中绿色食品区域品牌管理能力与绿色食品区域品牌基础能力为原因型指标，绿色食品区域品牌市场能力与绿色食品区域品牌关系能力为结果型指标；二级指标中，地方政府监管、企业组织管理对绿色食品区域品牌管理能力影响较为重要，产业化龙头企业对绿色食品区域品牌基础能力影响最为明显，持久发展能力是影响绿色食品区域品牌市场能力的最重要因素，与消费者的关系对绿色食品区域品牌关系能力的影响最明显。最后，依据因果关系图计算指标体系的重要性比例，为阶段 3 构造的权重优化模型提供约束条件。

阶段 3 是绿色食品区域品牌生态系统竞争力排序阶段。首先，运用基于离差最大化和 Shapley 值的权重优化模型求取指标集的 2－可加模糊测度；其次，利用 Shapley 区间二型模糊 Choquet 积分算子计算绿色食品区域品牌生态系统竞争力的综合评价值，以此实现对绿色食品区域品牌生态系统竞争力的排序；最后，通过与现有方法的对比分析验证所提方法的可操作性与优势。

显然，该方法为处理类似绿色食品区域品牌生态系统竞争力评价这类复杂的现实决策问题提供了合理、有效的新途径。通过对评价指标因果关系分析，确定了每个评价指标的重要程度，寻找到关键影响因素，从而为后文绿色食品区域品牌生态系统驱动机制分析和系统动态演化分析奠定了研究基础。

第5章 绿色食品区域品牌生态系统驱动机制分析

第3章通过引入复杂适应理论，运用层级建构方法，构建了中国绿色食品区域品牌生态系统模型；第4章构建了绿色食品区域品牌生态系统竞争力评价模型，进一步对第3章的生态系统要素加以分析，确定影响生态系统的关键要素。本章将在上两章分析的基础上，探索绿色食品区域品牌生态系统模型二级要素特质与行为，确定绿色食品区域品牌生态系统的两级驱动机制，一级驱动机制是企业与资源禀赋之间的交易行为，二级驱动机制是企业动态能力，并根据系统内能量流动的输入机制和输出机制，梳理出四条资源流动反馈循环路径，进而为归纳与确定影响食品品牌生态系统演化的序参量，探索系统演化驱动机制，描绘系统演化轨迹奠定基础。

品牌生态圈运行机制主要包括自修复机制、自分化机制、自适应机制三大机制，其中自适应性是最显著的特点（许晖等，2017）。绿色食品区域品牌生态系统本质上是由多个具有环境自适应特性的主体构成的复杂适应性系统，具有开放性。系统中各个要素无时无刻不处在发展变化当中，并且能够通过自我修复、自我学习，对本身及其他要素进行动态调节使系统不断朝着与环境相适应的方向变化发展（张燚，2013）。系统内各个子系统之间存在着复杂的相互作用（刁兆峰等，2009）。除适应性行动主体以外，该开放系统还包括具有非线性特征的能量输入机制、能量输出机制以及多条因果反馈回路，使得各行动主体之间能够进行较为充分的能量交互。涌现现象由系统驱动要素作用形成，构成了演化系统的主要驱动机制。

5.1 绿色食品区域品牌生态系统两级驱动机制

结合第 2 章的区域品牌驱动机制分析，笔者基于资源配置体系的内生视角，在对区域品牌发展的驱动机制进行探讨和构建的基础上，理论分析并实证检验了区域资源禀赋对区域品牌发展的影响机理和作用边界，以及制度因素在二者关系中的调节作用，通过探索资源禀赋、制度因素与区域品牌发展的关系，揭示以资源禀赋为逻辑起点的区域品牌发展驱动机制。相关研究成果已发表在《中国人口·资源与环境（2017年第 27 卷第 4 期)》，为笔者开展绿色食品区域品牌生态系统驱动机制研究提供了重要的理论依据。区域品牌发展的核心驱动要素为区域资源的禀赋状态，而资源禀赋实际上是作用于企业动态能力，从而最终对绿色食品区域品牌生态系统的发展产生影响，这也为绿色食品区域品牌生态系统动态演化分析研究中将企业动态能力确定为序参量提供了强有力的理论支撑。基于此，进一步确定绿色食品区域品牌生态系统的两级驱动机制。

绿色食品区域品牌生态系统具有动态特征，其内部结构会随着行为主体间的相互作用而发生变化，主要表现在新结构的不断产生、积木的出现以及相互之间作用机制的调整等（事实上，前文所述的生态系统三个基础体系具备积木特性）。在生态系统动态演化过程中，行为主体之间的涌现现象构成了系统基本的演化动力，也成为系统演化最初的逻辑起点。根据复杂适应性理论，涌现主要表现为行为主体之间的互动和交易行为，受到多种无相关关系规范的共同作用，而这种互动和交易行为是对行为规范的适应性表现。由于规范的多元性和交易行为的复杂性，涌现会呈现出较为显著的非线性。非线性的叠加能够令涌现结构比基础结构更加复杂。涌现过程虽然不会令行动主体间的行为规则发生变化，但能够在简单结构基础上生成新的结构，推动系统向更高层次升级或演化，使得系统最终呈现出层次性和动态性。

在绿色食品区域品牌生态系统中，绿色食品企业获取区域自然资源，对其进行捕获、加工，最终生产出绿色食品。涌现的出现起点在于企业与区域资源禀赋之间的交易行为，这类涌现将构成系统的一级驱动机制。绿色食品区域品牌生态系统的主要能量输入端是依靠地域农业、农产品加工业等行业形成的区域资源禀赋状态。奥利弗（Oliver, 1997）指出持续的竞争优势源于制度合法的资源理性选择，因此资源的储备数量决定了区域品牌的发展潜力和生态系统的演进动力。在绿色食品区域品牌生态系统的初级阶段，系统处于平衡状态，资源储备较为丰富。企业为了自身的生存和发展，需要利用生产力对自然资源进行利用和开发，然后对资源进行合理配置后，生产相关产品，获得市场收益。该过程中，企业与区域资源储备之间的交易行为需要遵循交易可持续、利润最大化、环境保护等多重目标和多种交易规则。随着企业的成长和规模的扩大，企业开始对资源展开开放聚焦型整合，对区域资源、资金资源、技术资源、人力资源和研发资源等资源加以优化配置，以应对挑战，强化品牌形象。此时，企业的资源获取和配置行为将表现出更多的非线性，并且将会引入供应商、政府、金融机构等多种行动者，涌现结构开始向复杂化演变。

1969 年，伊利亚·普利高津（Ilya Prigogine）在一次"理论物理学和生物学"的国际会议上正式提出了"耗散理论"。简言之，"耗散结构"（dissipative structure）是在远离平衡状态的非线性系统中所产生的一种稳定化的自组织结构。当一个非线性开放系统处于远离平衡的状态，其与所处的外界环境之间相互进行着物质、能量以及信息资源的交换活动，如果这个非线性开放系统内部某个参量的变化达到一定阈值，系统可能会通过这种涨落现象的发生而产生非平衡相变，由原来的杂乱无章状态变成一种在空间、时间或功能领域里的有序状态。只有不断地与外界环境交换物质、信息或能量，才能维持这种在远离平衡的非线性区域形成的新的稳定化的有序结构（苏屹，2013）。耗散结构理论与托姆的突变论、哈肯的协同论并称为系统科学的"新三论"，将系统科学的发展推入一个新的高潮（陈忠，2015；Favache et al., 2010）。耗散结构的形成和维持需要满足如下四个条件：第一，开放性，系统能够与所处经济、社会、生态环境自由地进行物质、能量和信息的交换；第二，非线性，当热力学分支失衡时，需要依靠非线性使得系统重新稳定到向新的耗散结构分支上去；第三，远离平衡态，系统必须处于可能发生突变的远离平衡态的状态，才能够朝向有序的方向发展；第四，涨落现象，系统通过涨落达到有序状态（贺建勋，1995）。系统可以通过耗散结构的途径实现自身的有序状态，进而实现整体系统的演化发展。

根据耗散结构理论，资源驱动下的涌现将推动绿色食品区域生态系统远离平衡状态。受到涌现和涨落的作用，多个行动者在彼此之间行为规范的约束下将共同推动系统向更高层次发展，行动者之间非线性的能量与资源流动开始加速，直到系统达到高层次的平衡状态。需要注意的是，尽管区域资源能够驱动系统演化，但是作为系统平衡状态下与区域资源发生互动的第一类行动主体，企业的动态能力同样对系统的第一次涌现和涨落产生了显著影响。系统科学强调系统的行为模式主要根植于系统内部的反馈机制，外部因素并不能起到决定性作用（Decuyer et al.，2010；苏屹等，2010）。因此，企业动态能力才是真正决定影响系统状态及行为模式的驱动机制。

根据动态能力理论，企业的竞争优势、资源配置能力、持续学习能力和快速反应能力构成了组织持续发展的核心动力，同时也是组织的竞争优势所在。实际上，生态系统自适应性这一特质就是源自企业对核心能力的无限迭代能力，而非固守既定的核心能力。绿色食品企业，特别是生态系统内的龙头企业，可以将企业的外部资源、机遇与自身内部优势相结合、相匹配，形成自身的核心竞争力，吸引和带动系统内其他绿色食品企业、上下游企业的加入，为生态系统成员提供基础平台，创造持续的竞争优势和市场价值。绿色食品企业提供高溢价绿色食品及服务，是市场机会和重要耦合的联结者，能够建造并培育价值共享平台，形成庞大的绿色价值输出（尹波等，2015）。企业的核心价值创造是整个绿色食品区域品牌生态系统形成和发展的基础和关键动力。核心企业在生态系统中占据更优的网络位置，具有更好商誉、更强网络能力和更强领导能力，是系统规则制定者和网络协调人，不仅关注其自身能力，同时关注所参与商业网络的整体性，能够在方向校准、目标设定、系统构建与整合、关系协调等方面发挥作用，通过架构、整合和网络市场管理等机制对商业生态系统实施有效管理（胡岗岚等，2009）。绿色食品区域品牌生态系统具有自我维持性与相对惰性、开放性与自组织性、间断平衡性，是一种事实规则，从微观层面看是一个自组织过程，从宏观层面看是一个持续不断的螺旋式动态演进过程，其本质是一种协调机制，是以网络最大利益为目标，在关系成员之间、企业与外部环境之间的相互作用中逐渐演化形成的，信任和承诺是协调的基本原则，信任是基于知识、关系、认同、可信赖和过程的信任，而承诺会使网络成员之间关系更加稳固，协调机制演进的内在机理是组织学习，包括组织内的学习和组织间的学习，更重要的是组织间学习包括将现存的知识从一个组织转移到另一个组织，还包括在组织间成员的互动过程中所创造的全新的知识，具有结构的形式性和行为的时间性（罗珉等，2012）。

综上所述，绿色食品区域品牌生态系统是一个具有开放性、非线性、远离平衡态以及涨落特征的复杂系统。该系统的一级驱动机制是企业与区域资源禀赋之间的交易行为，二级驱动机制是企业的动态能力。其中，企业动态能力作为二级驱动机制能够从根本上促使生态系统发生演化。该驱动机制决定了企业与外部资源之间的互动广度和深度，对复杂涌现结构的产生具有直接影响，也是推动系统由平衡态向非平衡态演化、启动其他行动者之间能量流动的核心要素。因此，本书将主要对企业动态能力的二级驱动机制对进行分析。

5.2　企业主导下的系统能量输入机制

"流"是复杂适应理论的核心概念，也是复杂适应系统中各行动主体之间能量交换的表现形式。复杂适应性系统所具备的七个基本特性中，开放性特征是对系统内外物质、能量和信息的交换起到决定性作用的因素（张辅松，2003）。本书将重点探讨绿色食品区域品牌生态系统能量输入和输出机制，进而分析系统内部主要"流"的运作机制。绿色食品区域品牌生态系统中，能量输入流主要包括金融机构、创新网络、外包机构与企业之间的资金、知识和专业性服务的能量交换，具有典型的动态非线性特征。企业通过平台开发和资源整合等组织方式，价值共享和价值共创等利益机制吸引其他系统成员和利益相关者加入，构建绿色食品区域品牌生态系统，其中企业动态能力是核心企业协调系统网络关系的能力，决定了系统内各要素间资源流动的方向和效率。

在绿色食品区域品牌生态系统成立初期，企业通常面临融资约束，然而在缺乏企业历史观测绩效的前提下，银行以及风险投资者难以对企业的成长潜力作出判断，尤其是债权人，往往处于风险规避动机而表现出十分审慎的投资态度。此时，金融机构与企业之间形成的资金流流量较小，频率较低。该阶段，企业以及集群的成长主要源于一项或几项技术优势，企业能够利用自身的知识和经验将技术优势加以保持和延续，以实现企业成长。加之企业与社会其他创新主体的社会网络尚不成熟，企业寻求外部创新支持的动机和能力均不明显，创新网络之间的知识与经验流动同样较为缓慢。外包机构方面，主体企业在成立初期的资本积累有限，业务较为单一，任务量相对较轻；同时，大量企业资源用以竞争优势的培育和价值增值活动，因此寻求专业外包机构的可能性较低。

当生态系统开始离开最初级的平衡状态，向高层次演化的过程中，行为主体之间的资金流、知识流和服务流将发生显著非线性变化。在系统快速成长过程中，根据企业和集群组织在财务质量、创新能力、盈利能力等方面表现出的优异绩效，外部投资者开始在投资溢价的驱动下与企业缔结较为紧密的关联关系。加强的资金流动一方面充实了生态系统的资金实力，另一方面能够带给外部投资者更丰厚的利益回报。当绿色食品区域品牌生态系统越过成长期拐点时，原始技术积累无法持续推进企业成长，企业和集群组织需要借助高等院校、科研机构以及政府单位搭建的创新网络，获取技术创新所必备的新知识，以实现由原始技术驱动向技术创新驱动的组织转型，因此创新网络与企业之间的知识流得到强化。再者，资源整合将绿色食品企业内外部资源和能力整合起来，界定了企业跨边界合作及共享资源和技术的方式。跨界面紧密耦合系统的设计，由集中的核心团队来完成；松散耦合系统的设计，由松散联结的社群来承担。随着企业集群规模的递增，企业在单位时间内需要处理的业务量以及复杂程度也开始上升，在资源和能力有限的前提下，组织需要重点关注核心竞争力的提升，并将非核心业务进行外包，发挥专业化优势和规模优势。因此，外包机构与单体企业间的服务流也得到强化。一方面通过实现完全竞争市场以弥补当前各种市场失衡问题，另一方面通过实现资源重新配置改变专业化分工水平和市场结构，解决市场失灵和市场结构不完全的问题。一方面激励伙伴共同进行价值创新，提高生态系统资源配置和决策效率；另一方面降低要素间互动成本，减少投机行为和机会主义行为的风险。

随着能量输入频率和数量的非线性增加，更为复杂的结构开始出现，系统开始脱离低层次平衡状态向高层次平衡状态演进。当系统内部行动者之间的资金、知识、服务以及其他形式的能量流动足以维持系统当前水平的相应需求时，系统已达到高层次平衡状态，直到下一个涌现或涨落的出现。

5.3　企业主导下的系统能量输出机制

绿色食品区域品牌生态系统中的非线性能量输出机制主要产生于企业、消费者、企业集群、社区居民和竞争性集群之间。企业与消费者方面，企业将相关产品销售给消费者，消费者享受到绿色食品产品带来的效用，并对产品进行总体评价后，在不同情境下就产品效用进行宣传、反馈或选择沉默等。企业获得的营销收入能够增加其资金储备，并在企业内部实现利益分配，用以回报投资者和推动组织持续成长。该过程中，企业与消费者之间同时具备了产品流、信息流、资金流等多种能量流动。而以产品为主要能量载体的效用流实现了对系统整体的能量流出。该能量流出与企业和集群成长的动态性相关，以销售收入为观测指标，在销售收入不断增加的过程中，由生态系统流出的产品效用不断增强；反之，销售收入下降时，能量输出开始减弱。

社区居民、竞争性集群与企业之间的资源交换同时具备能量输入与输出的特征，兼具动态非线性特点。而与金融机构等行动者不同的是，社区居民、竞争性集群与企业之间的互动与生命周期的耦合性较低。社区居民与企业之间的交换机制更多与企业社会责任承担的强度相关，当企业社会责任承担较多时，社区与居民对企业运行形成的积极影响更为显著；当企业社会责任承担较少时，社区与居民对企业能够形成较强的舆论压力。这两种情况将强化社区居民与企业之间的能量交换机制。竞争性集群与本地集群之间的互动关系主要受到二者竞争策略选择的影响。

5.4　企业动态能力驱动下的系统反馈回路

通过 5.1~5.3 节对绿色食品区域品牌复杂适应性系统中主要行动

主体之间作用机制的分析，本章梳理了绿色食品区域品牌生态系统中存在的四条反馈回路。反馈回路决定了绿色食品区域品牌生态系统内部的能量流动，是生态系统有序运行的基本保证。通过反馈回路的能量输送作用，行为主体彼此之间能够建立紧密的关联关系，同时能够将系统不同行动者从外部环境中摄入的资源、信息、资金、知识等要素顺畅地与其他行动者进行交换，以保证系统运行的能量供应。此外，系统中的企业行动者能够基于信息、知识等要素，提升资源配置效率，生产出质量更高的绿色食品，并向消费者输送。

　　本书基于企业动态能力驱动视角，以区域资源为起点，按照系统演化级别和政府参与两个维度，如图5－1所示，共构建了四条资源流动反馈循环路径，包括系统初级状态反馈循环两条、高级状态反馈循环两条。初级状态和高级状态均包含政府参与和无政府参与两类循环，政府参与程度决定了企业对生态环境和区域资源承担社会责任的动机。绿色食品区域品牌生态系统各要素间的作用机理与反馈回路如图5－2所示，其中反馈回路用加粗曲线表示。

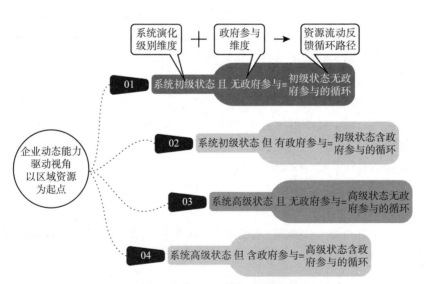

图5－1　四条资源流动反馈循环路径

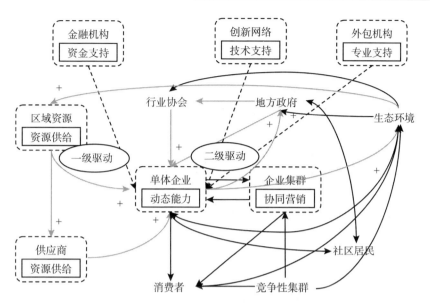

图 5 – 2 系统要素间作用机制与主要反馈回路

5.4.1 初级状态无政府参与的资源循环

该循环可被描述为"区域资源—企业—生态环境—区域资源"。当绿色食品区域品牌生态系统建立之初，系统内部行动者数量较少，彼此之间的互动频率和关系深度较低。在一级和二级驱动机制的共同作用下，以盈利为目标的企业开始利用其动态能力对区域资源进行扫描。区域储备的绿色食品原材料被企业扫描和定位后，能够被企业组织捕获，通过一系列的设计、加工、制造等环节，区域资源被加工成为绿色食品，通过能量输出流传递给消费者，消费者支付给企业货币费用，进而实现实物产品的流出和资金资源的流入。企业加工原材料过程中形成的废弃资源被处理后，排放至生态环境，通过多种生态主体的共同处理，在企业生态保护的共同作用下，区域资源得到有效补充，并持续向企业提供原材料或原材料辅助材料，进而实现企业与生态环境的协同发展。该循环下绿色食品区域品牌及企业对区域资源的依赖性很强，即使没有政府的硬性干预和政策限制，企业自身也有强动力和强意愿保护生态环境和区域资源。此外，绿色食品企业将从外部环境中摄入的信息、资金、知识等要素与其他行动者进行交换，以保证系统运行的能量供应。

以福建省的安溪铁观音为例，在 2020 中国品牌价值评价信息发布会上，"安溪铁观音"从 800 多个品牌中脱颖而出，以 1426.86 亿元人民币位列区域品牌（地理标志产品）价值第一，同时连续第五年名列全国茶叶类区域品牌价值第一。可以说，在擦亮"安溪铁观音"这张绿色名片的道路上，安溪从来没有停止过探索与努力，并进行了一系列整合创新。① 在浩瀚的茶故乡中，安溪无疑是幸运的：海拔较高，气候温和，年平均气温 16℃至 21℃，年降雨量 1800 毫米，相对湿度 80%以上，千米以上的高山近 3000 座，红壤或沙质红壤，微酸性，pH 值 4.5~6.5 等唯一、不可复制的自然条件，使得安溪铁观音一出生就身披光环，赢在了起跑线上。安溪县居山近海，生态环境优越，具备茶树生长所需的优渥的气候条件和自然禀赋。安溪产茶始于唐朝，发展于清朝，兴盛于当代，代代传承。悠久的发展历史、深厚的文化底蕴以及独特的生态景观，融合形成了完整齐全、特色鲜明的安溪铁观音茶文化系统。安溪铁观音茶文化系统是以传统铁观音品种选育、栽培、病虫害防治、茶园生态系统管理、茶叶采制工艺和茶的相关文化为核心要素的复合农业系统。该系统对于当地人民具有不可替代的生计支持功能，同时具有维护当地农业及相关物种生物多样性，保持水土、涵养水源、促进养分循环、调节小气候等生态系统服务功能，是自古以来安溪人利用和改造自然，实现人与自然和谐共生的茶文化系统。②

自古以来，安溪县的茶农、茶叶作坊到现在的茶叶加工生产企业、茶文化衍生企业都潜心致力于生产、加工、包装等一系列工艺流程的创新。安溪被公认为茶业界作出三大历史性贡献：一是明朝成化年间，发明创制了"半发酵"乌龙茶制作技艺；二是在清朝雍正年间发现了安溪铁观音这一珍稀茶树品种；三是发明了"短穗扦插"茶树无性繁殖技术。现在，茶农根据种植经验及茶树生长情况，对茶树采摘面进行修整，使其充分利用自然光能，提高萌芽率。企业利用当地资源禀赋的天然土壤、自然水域、生物链上各级生物等区域资源不断进行产品的培育和创新，安溪铁观音在演化过程中逐渐分化出清香型、浓香型、陈香型

---

① 孙虹、林清锻：《"中国产茶大县"福建安溪的品牌之路》，中国新闻息网，2020 年 5 月 12 日，http：//www. fj. chinanews. com/news/2020/2020 - 05 - 12/466459. html。

② 吴顺情、林清锻：《走进福建安溪铁观音茶文化系统》，载于《农民日报》2019 年 12 月 31 日。

等多种产品品种。在茶叶市场上将茶产品从厂商传递到消费者后，茶叶生产企业获得经济效益，消费者享受到消费铁观音带来抗衰抗癌的保健和食疗效用。而铁观音在生产加工过程中所产生的污水、废弃物等有机资源在生态系统的自我调节下进入下一环节的生态循环。此外，茶树生长、农户环境维护、生产企业植树造林等社会责任行为也为生态环境保护、生态质量提升以及区域资源维护创造了条件。绿水青山就是金山银山，在安溪县得到彻底践行，紧扣福建生态文明建设，筑牢安全生态屏障，真正加快推进绿色食品品牌茶产业的创新发展。

在拓展市场和消费者群体方面，安溪县也是下足功夫，开发了安溪铁观音地理标志农产品数字化一张图服务平台。安溪铁观音地标数字平台通过多维空间，以经纬度准确定位各家用标企业的原产地，以多元化视觉宣传信息展示给用户，增加企业品牌的核心文化价值，进行实景线上展示，让消费者身临其境直观茶园、工厂、企业总部、企业门店，拉近消费者跟产品之间的距离，增强消费者对企业产品的信任度与认知度。培育安溪铁观音农产品原产地新兴业态，推行多样化营销，同步推进线上线下销售，实现从传统互联网图文电商到可视化物联网电商跨越，将福建安溪铁观音地标农产品销售线上线下进行融合，让线下的企业走到线上去，线上的企业走到线下来，线上线下结合现代物流，线上线下消费体验升级，实现全渠道融合。①

千百年来，茶已渗透到茶乡人民的生产生活中。安溪铁观音茶文化系统因悠久茶文化历史而形成独特的斗茶、敬茶、茶艺等茶文化习俗、礼俗。以茶待客、以茶为礼，形成"安溪人真好客，入门就泡茶""未讲天下事，先品观音茶"的独特的安溪茶礼文化。茶农在长期的生产过程中，相互交流、切磋、比试各自的制茶技艺，形成独特的民间技艺切磋形式——斗茶。在国家级非遗乌龙茶（铁观音）制作技艺传承人魏月德看来，安溪最精彩的茶俗当属"茶王赛"，与茶叶一起繁衍生息，经久不衰。每逢春秋茶叶上市高峰期，茶农们携带各自制作的上好茶叶聚在一起，由茶师主持，从"形、色、香、韵"诸方面细细品评，评选后还举行茶艺表演、茶王拍卖会及"踩街"活动。为传递"纯、雅、

---

① 《安溪铁观音地理标志农产品数字化 一张图服务平台上线运行》，泉州市农业农村局网，2021 年 3 月 10 日，http：//nyncj. quanzhou. gov. cn/xxgk/qxdt/202103/t20210312_2523436. htm。

礼、和"的茶道精神,1994 年安溪铁观音茶文化艺术团成立,创编了
一整套具有安溪茶乡风格、融传统茶道和现代精神于一体的"安溪茶
艺"节目。27 年来安溪县茶艺团应邀到世界各个国家和地区进行文化
交流,传播安溪铁观音茶文化,茶艺表演也成为"福建安溪铁观音茶文
化系统"的精妙。从输出茶叶的传统做法升级到输出茶文化,这是安溪
铁观音深化传播内涵的新兴气象。从茶瓷之路到东西方茶酒对话,千百
年来,安溪以茶为媒,持续沟通中西。①

    安溪铁观音生态系统内铁观音企业发挥竞争优势和核心能力,利用
优越自然环境发展铁观音产业,经过历史积淀,形成了成熟的企业集
群,孕育了独特的茶文化,系统内金融机构、创新网络和外包机构都提
供了相应支持,企业的环境保护意识强烈,真正做到了人与自然和谐共
生。安溪铁观音区域品牌生态系统要素间作用机制与初级状态反馈回路
如图 5 - 3 所示。

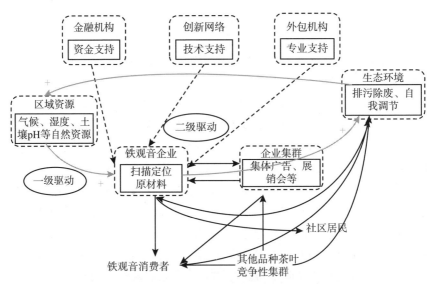

图 5 - 3 安溪铁观音生态系统要素间作用机制与主要反馈回路

---

① 吴顺清、林清锻:《走进福建安溪铁观音茶文化系统》,载于《农民日报》2019 年 12
月 31 日。

5.4.2　初级状态含政府参与的资源循环

该循环可被描述为"区域资源—企业—地方政府（—行业协会）—企业—生态环境—区域资源"。如前文所述，与其他生态系统不同，在社会舆论、政策导向等因素的共同作用下，在绿色食品区域品牌生态系统中，政府已由外部监督主体的角色逐渐过渡为品牌建构体系的重要内部行动者，尤其当企业未能积极履行社会责任、生态环境遭到破坏、区域资源储备不断下降时，政府便能够发挥有力的监督作用。

当区域资源被企业捕获和开发，并形成相关产品在市场上被交易后，在利益最大化目标导向下，企业决策者或基于短期盈利的考虑，忽视社会责任的履行，进而导致生态破坏，威胁生态系统的可持续成长。此时，政府监督到企业的负面行为后，能够有效利用制度规制、惩罚等约束手段向行业协会或企业施加影响，在多重制约作用下，企业将开始履行部分社会责任，通过改造生产制造工艺，优化对排放物的处理，提高排放标准，降低污染物排放量。同时致力于生态环境保护，提高区域生态环境承载力，进而提升区域资源的供给能力，实现企业与自然的和谐发展。

赣南脐橙是江西省赣州市特产，年产量达百万吨，原产地江西省赣州市已经成为脐橙种植面积世界第一，年产量世界第三、全国最大的脐橙主产区。赣州市独特的地形、土壤和气候条件为脐橙的生长提供了优越的自然条件。赣州市位于赣江上游，江西南部，地处北纬 $24°29'$ ~ $27°09'$，东经 $113°54'$ ~ $116°38'$ 之间。赣州市是丘陵山区，有山地面积4560 万亩，地处中亚热带南缘，具有种植脐橙的山地资源。赣州的山地以第四纪红壤为主，兼有少量紫色土和山地黄壤，土层深厚，稍加改造就可以建成高标准的脐橙果园。该地具有良好的土壤条件，红壤土土层深厚达 1 米多深，疏松透气，土中更含多种微量稀土元素，对果实色素的形成，提高糖分、维生素 C 和香气的含量，提高脆爽度和耐贮藏性等方面，起到了其他矿物质营养元素不能代替的作用。大量的浅丘坡地，为赣州发展规模化鲜食脐橙基地提供了条件。赣州属典型的亚热带湿润季风气候，春早、夏长、秋短、冬暖，四季分明，雨量充沛，光照

121

充足，无霜期长。①

20世纪90年代初，赣州市委、市政府针对赣州市企业行为负外部性、产业集群成熟度低、知名个体品牌缺乏、区域品牌影响力弱、资金支持不足等问题，提出了"希望在山"的战略部署，立足绿色食品品牌的建设理念，将育种、选址、修路作为"上山再造"的三驾马车，使当地柑橘产业快速进入第三次发展高潮；21世纪后市政府积极拓宽筹资渠道，实现涉农部门的资金捆绑，为农户提供最大程度的经济支持，例如对每公里果园主干路给予6000元补助，对集中连片300亩以上基地按每亩200元的以奖代补，对每株脱毒脐橙苗木补助1.5元，对本地户籍农户参与脐橙开发达10亩以上的每亩补助建园费50元等，助力赣南脐橙成为当地四大产业集群之一；② 近年来，江西省政府指导构建"阳光工程—农业信息化—质量检测"的安全防范体系，确保产品质量安全。此外，赣州市政府正着力提高土地和农产品质量，出台政策减少土地污染，争创全国知名绿色食品品牌。实施农业品牌战略，制定奖励政策，开展"树品牌、创名牌"活动，提高全社会和农户商标品牌意识。加强品牌保护和监管，加大对商标侵权行为的打击力度，充分利用新闻媒体和脐橙节等展会平台，大力宣传特色品牌，提高品牌影响力。在互联网时代大背景下，积极推进电子商务的发展，鼓励发展农民专业合作社和家庭农场，建立"农户生产＋合作社加工包装＋电商销售"的产业发展模式。打造农村电子商务公共服务平台，积极发挥各大物流企业的网络优势和规模优势，推广邮政综合便民服务平台，发展农村电商的购物不出村、销售不出村、生活不出村、金融不出村、寄递不出村的"五不出村"模式。加强农产品产后分等分级、包装、营销，建设农产品冷链仓储物流体系，支持供销、各物流企业把服务网点延伸到乡村，解决农产品上行问题，让更多农户、合作社、企业参与到电商产业中，实现农民增收致富。

近年来，赣州市大力推动脐橙产业转型升级，脐橙种植面积世界第一、年产量世界第三。2017年，赣南脐橙列入中欧"100＋100"互认

① 苏路程：《"世界橙乡"江西赣州2018年脐橙产量或达116万吨》，中国新闻网，2018年11月16日，http：//www.chinanews.com/cj/2018/11 –16/8678792.shtml。
② 时宇：《精心培植脐橙产业集群》，赣南日报网，2006年11月2日，https：//3n.jx-news.com.cn/system/2006/11/02/002365965.shtml。

保护名单。2019 年 11 月，经评估该品牌价值 500 亿元以上。在 2020 年 5 月公布的中国区域品牌（地理标志产品）百强榜单中，赣南脐橙位列第 6 名，连续六年位居全国初级农产品（水果）类地理标志产品价值榜首。欧盟理事会授权正式签署中欧地理标志协定，首批中国 100 个地理标志受欧盟保护，赣南脐橙入选。① 赣南脐橙生态系统要素间作用机制与初级状态资源反馈回路如图 5 - 4 所示。

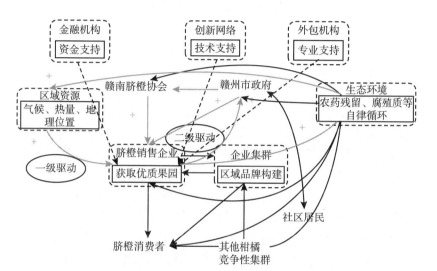

图 5 - 4　赣南脐橙生态系统要素间作用机制与主要反馈回路

5.4.3　高级状态无政府参与的资源循环

该循环可被描述为"区域资源—供应商—企业—生态环境—区域资源"。当绿色食品区域品牌生态系统向高级状态演化后，企业所面临的环境和任务的复杂性提高，更多的行动者参与到系统中，开始分担企业的部分职能。在区域资源捕获方面，供应商能够利用更专业的技术、更丰富的经验积累，获得更高效的资源吸收效率。当企业需要将大部分资源和精力投入到核心业务中时，可以向供应商支付部分费

---

① 吕时坚：《赣南脐橙入选中欧地理标志协定保护名录》，赣州市农业农村局网，2020 年 7 月 28 日，https://www.ganzhou.gov.cn/zfxxgk/c100449q/2020 - 07/28/content_3a16d4cb adc047b18b95bd54379d9277.shtml。

用，获得更专业和更高效的资源供给服务，即资源捕获部分的业务外包。

此时，区域资源的供给对象由绿色食品的加工制造企业转变为企业与供应商共存的状态，供应商获取相关资源后，经过初级加工或不加工直接向企业输送，由企业支付高于资源捕获成本的费用，供应商获取盈利，企业获取高于机会成本的专业化优势。通过资源配置与开发等一系列运作行为，原始资源转化为绿色食品并在市场上进行交易，进而实现上述步骤的循环。

需要指出的是，供应商作为参与到因果反馈循环的一部分，其同样对生态环境担负着社会责任，需要进行生态环境保护，并接受来自政府的约束性激励。然而，相对企业而言，供应商的职能在于对初级生产资料捕获，或存在简单的初加工行为。因此，供应商在运作过程中对生态环境产生的负外部性在较大程度上低于企业。

原产于贵州省怀仁市茅台镇的贵州茅台酒，与英国苏格兰威士忌和法国柯涅克白兰地并称为"世界三大名酒"。1999 年，茅台酒在全国白酒中第一个获得绿色食品称号。茅台酒作为绿色食品，其酿造环境、酿造工艺及酿造结果三个产品要素均为货真价实的绿色。2001 年，茅台又成为中国食品行业中唯一通过认证的有机白酒食品。茅台酒的生产史起源于汉代，到清代中期已初具规模。茅台酒以优质小麦、红粱为生产原料，通过自然发酵、蒸馏、勾兑、存放而成，整个生产过程自然生香，不加任何化学添加剂。茅台酒的生产以一年作为一个生产周期，从原料到成品需经过蒸煮 9 次、高温发酵 8 次、高温取酒 7 次等独特工艺。茅台镇地处黔北山区，东经 106°22′，北纬 27°51′，海拔 423 米，形成了当地独特的空气、气候、地理、水文环境等自然资源，远离大中城市，无工业污染，自然生态保存完好。早在 1972 年周恩来同志就重视这一地区的环境保护并作了指示："茅台酒厂上游 100 公里内，不能因工矿建设影响酿酒用水，更不能建化工厂"，此地生产出的茅台酒还需当地自然资源的滋养，发酵产出前后至少需要 5 年时间。[①] 如今，贵州茅台酒厂集团下属的白酒及相关产品制造企业 8 家，业务范围涉及白酒、葡萄酒、保健酒等产品的研发

---

① 佚名：《国酒茅台为什么是绿色和有机食品?》，载于《理论与当代》2004 年第 11 期。

与生产，食品、饮料、包装材料及有关产品的开发与推广，并投入大量资金强化防伪技术和信息技术产品的研制等。这些供应商企业组成茅台酒区域品牌产业集群的产业链，是产业集群的主体，成为该绿色食品区域品牌发展的主要推动力。采购供应是茅台质量控制的首要环节，也是生产和营销工作的"桥头堡"，茅台集团于 2010 年开始每年举行供应商大会，已连续举办 10 年，成为茅台供需对接的重要平台，每年会表彰优秀供应商。"十三五"期间，茅台供应链管理有了长足进步，大供应概念日益明晰。2016 年起，茅台从最初的原料、包贮材料供应体系拓宽，逐步实现了对原料、设备、科技、基建、品牌广告、劳务外包、法律知识、审计服务等全领域覆盖。2019 年由集中采购中心组织，还首次邀请子公司生产性物资供应商参加会议，形成了"大供应"保障体系。近年来，茅台坚持"质量零容忍"的原则，打造大供应、大集采的服务理念，致力于构建"亲清"的新型供应关系，发展培养一批战略供应商，铸造真正的命运共同体和利益共同体①。品质和品牌，是茅台行稳致远的"根"和"魂"，所有的供应服务都与这"两大要害"息息相关，茅台要求供应商始终坚持讲良心、负责任，把茅台的事当成自己的事，始终与茅台保持"以质求存"的心灵契合，坚持"茅台标准"，坚守"茅台品质"，切实做到保质保量，维护品牌形象和品牌价值。

"贵州茅台"这一区域品牌驰名中外，贵州茅台集团以 3090.15 亿元的品牌价值、938 的品牌强度，继续登顶 2021 贵州"100 强"品牌，自 2019 年启动以来连续 3 年位列榜首②。茅台股票是中国 A 股市场价值投资的典范，长期是沪深两市第一高价股。2018 年，茅台市值最高突破万亿，成为全球市值最高的烈性酒公司。贵州茅台酒生态系统要素间作用机制与高级状态能量反馈回路如图 5-5 所示。

125

①　李思瑾：《茅台集团给供应商提要求："亲"则两利"清"则相安》，多彩贵州网，2019 年 12 月 31 日，http://www.gog.cn/zonghe/system/2019/12/31/017474547.shtml。

②　李铁：《3090.15 亿元，茅台集团继续登顶 2021 贵州"100 强品牌"》，腾讯网，2021 年 5 月 31 日，https://new.qq.com/omn/20210531/20210531A0DRV400.html。

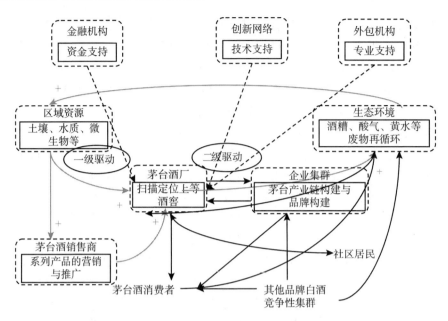

图 5 – 5　贵州茅台酒生态系统要素间作用机制与主要反馈回路

5.4.4　高级状态含政府参与的资源循环

该循环可被描述为"区域资源—供应商—地方政府（—行业协会）—企业—生态环境—区域资源"。当绿色食品区域品牌生态系统向高级状态演化后，企业对生态保护等社会责任的履行可能会发生相应变化。短期利润最大化的目标将凌驾于生态保护之上，造成生态威胁。此时，地方政府将参与对企业的监督和制约，迫使企业重新履行社会责任，加强生态保护，维系资源禀赋水平。

与生态系统初级状态不同的是，高级状态的生态系统中，由于更多利益相关者或行动者的参与，生态环境面临的压力呈现出不断上升的趋势，地方政府的监管客体也由绿色食品生产制造企业转变为供应商和企业。初级状态下企业集群规模较小，单体企业数量有限，供应商的供应压力较小，因此对生态环境产生的负外部性有限。而在高级状态中，企业集群的迅速成长使得对资源规模的要求越来越多，供应商的供应压力相应加大。在供应商对生态环境产生的外部性越发增强的背景下，供应商作为独立企业组织同样可能产生利益短视，加之在生态系统成长过程中，供应商对社会责任不履职产生的路径依赖，极有可能增加生态环境的破坏压力。此时，政府也开始强化对供应商的监督和约束，迫使其加强生态保护，以维系资源禀赋水平。

作为山东省名优特产之一的烟台苹果，在 2020 年品牌价值达到 145.05 亿元，成为中国果业第一品牌，连续 12 年登顶中国果品区域公用品牌价值榜[①]。在供应商和原料供给方面，烟台市于 2009 年揭牌建立的红富士苹果生产基地成为全国最大的红富士品种生产基地，取得了苹果生产加工总值 82.86 亿元的好成绩，苹果产业的蓬勃发展已迅速带领烟台市进入农村经济发展的新态势。烟台的苹果产业区和产业带涉及 28 个专业乡镇和 675 个专业村，一大批国家级、省级龙头企业和产品供应商如栖霞天誉、安德利、龙口广源、山村果园、蓬莱鑫园等迅速崛起，生产产品包括以水果为原料的罐头、果干、果脯、蜜饯等[②]。烟台市政府积极引导苹果批发市场建设，鼓励果品龙头企业的进出口贸易，由政府出资扶持一批科研推广机构，市级财政每年拨付 500 万元专项资金用于新品种研究开发。政府以强化政策扶持、引导资本发展现代果业为重点，高标准、严要求的农业建设为鲜果及副产品加工提供充足而优质的资源，提升苹果产品的品质，为其生态系统良性循环奠定基础。

烟台苹果协会成立于 2002 年 2 月 1 日，主要是由从事苹果生产、加工、储藏、流通的企业，专业村，专业合作社，专业协会以及科研、技术推广等单位和个人，自愿组成的非营利性、行业性、全市性的社团组织。协会现有会员单位 138 个，其中有进出口权的会员企业 28 个。协会坚持以市场需求为导向，以科技进步为依托，提供综合性服务，促进苹果生产和流通，使烟台苹果产业一体化、苹果生产标准化、苹果销售国际化。坚持"双向通行""双向服务"的方向，充分反映会员的愿望和要求，维护会员的合法权益，在政府和企业、果农之间起到桥梁和纽带作用。协会在全国大中城市设有经销窗口 30 多个，设立办事处 10

127

---

① 杜晓丹：《烟台苹果蝉联中国果业第一品牌品牌价值 145.05 亿元，连续 12 年登顶实现"身价"11 连增》，齐鲁网，2020 年 9 月 11 日，http://news.iqilu.com/shandong/shandonggedi/20200911/4645767.shtml。

② 刘守贞、王奎良：《烟台苹果产业的发展现状与对策措施》，载于《山东农业科学》2011 年第 9 期。

多处，形成覆盖全国的销售网络。① 烟台市苹果协会已成为连接会员的纽带，带领广大农户走向市场的龙头，在生态系统中发挥了重要的作用。烟台苹果生态系统要素间作用机制与高级状态下的能量反馈回路如图 5-6 所示。

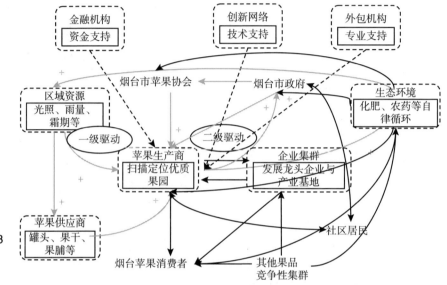

图 5-6　烟台苹果生态系统要素间作用机制与主要反馈回路

5.5　本 章 小 结

本章运用简单的系统动力学特征，对绿色食品区域品牌生态系统进行了分析。由系统驱动要素形成的涌现现象构成了系统演化的主要驱动机制，分别是一级驱动机制企业与资源禀赋之间的交易行为和二级驱动机制企业动态能力。进而分析了绿色食品区域品牌生态系统能量输入和输出机制，梳理出四条资源循环反馈回路。

首先，在生态系统动态演化过程中，行为主体之间的涌现现象构成

---

① 《烟台市苹果协会简介》，烟台苹果网，2002 年，http：//www.yantaiapple.com/educ/xie-hui-jie-shao.htm.

了系统基本的演化动力，也成为系统演化最初的逻辑起点。涌现会呈现出较为显著的非线性特征，非线性的叠加使得涌现过程更为复杂，将系统推向更高层次。绿色食品区域品牌生态系统主要存在两级驱动机制，系统的一级驱动机制是企业与区域资源禀赋之间的交易行为，成为系统能量交换的起点；企业动态能力构成系统的二级驱动机制，决定了企业与外部资源之间的互动广度、深度和持久度，对复杂涌现结构的产生具有直接影响，进而从根本上驱动绿色食品区域品牌生态系统向前演化发展。企业为了自身的生存和发展，需要利用生产力对自然资源进行利用和开发，对资源进行合理配置，生产相关产品，获得市场收益。企业对外部资源的扫描、捕获和配置能力构成了组织持续发展的核心动力，同时也是组织的竞争优势所在。企业动态能力是推动系统由平衡态向非平衡态演化、启动其他行动者之间能量流动的核心要素。

　　其次，本章重点探讨了绿色食品区域品牌生态系统能量输入和输出机制，进而分析系统内部主要"流"的运作机制。在 GFBE 中，能量输入机制主要包括区域内企业与金融机构、创新网络、外包机构之间所发生的资金、人员、知识、技术和服务等能量交换。系统的能量输出流主要存在于企业与产业集群、消费者、竞争性集群和社区居民之间所发生的产品、技术、信息和资源等能量交换。各能量输入和输出机制在不同的外部环境和发展条件下呈现不同特点。

　　最后，根据对绿色食品区域品牌复杂适应性系统中主要行动主体之间作用机制的分析，本章基于企业动态能力驱动视角，以区域资源为起点，按照系统演化级别和政府参与两个维度，梳理出了绿色食品区域品牌生态系统存在初级状态和高级状态下包含政府参与和无政府参与的四条反馈回路，并加之案例分析。其中，政府参与程度决定了企业承担社会责任的动机。此四条资源循环反馈回路分别是："区域资源—企业—生态环境—区域资源""区域资源—企业—地方政府（—行业协会）—企业—生态环境—区域资源""区域资源—供应商—企业—生态环境—区域资源"以及"区域资源—供应商—地方政府（—行业协会）—企业—生态环境—区域资源"。资源反馈回路决定了生态系统内部的能量流动，是生态系统得以有序运行的基本保证。

第6章 绿色食品区域品牌生态系统动态演化分析

由第 5 章分析可以看出，绿色食品区域品牌生态系统是由多个环境自适应性主体构成的复杂适应性系统。根据复杂适应理论，系统的演化和发展受到内部各行动主体之间相互作用以及涌现和流的影响。耗散结构理论也认为，开放性的系统结构在涨落的影响下，遵守最小熵定理，不断由非平衡态向平衡态演化。所以，系统的演变过程是系统内各参与者、行动者或参变量共同作用的结果。复杂系统演化过程中往往存在着许许多多的参变量，而在这些性质不一的参变量中，只有序参量对系统状态的转变起着决定性作用。本章将在确定系统序参量的基础上，对绿色食品区域品牌生态系统的动态演化进行剖析，首先根据序参量的定义和特征，对绿色食品区域品牌生态系统所包含 13 个行动者所产生的 20 个参变量进行了初次筛选和二次筛选，最终确定企业动态能力为绿色食品区域品牌生态系统的序参量。以企业动态能力为系统序参量，运用逻辑斯蒂方程构建绿色食品区域品牌生态系统演化速度模型，对方程进行推导，继而描绘出系统的演化轨迹。根据此轨迹将绿色食品区域生态系统动态演化过程划分为系统萌芽期、成长期、成熟期和蜕变期四个阶段。进而在系统动态演化过程分析的基础上，归纳各阶段系统要素的不同特质及行为方式，解构背后的成长机理。

6.1 序参量的确定：企业动态能力

1950 年，苏联全能物理学家朗道（Landau）在研究平衡相变时首先提出了"序参量"的概念，是针对系统相变前后出现的宏观物理性能或结构来说的，作为一种物理参量，序参量主要用来衡量系统的有序程度。序参量的引入是经典热力学理论的一个重大突破。1969 年，联邦德国斯图加特大学理论物理学教授哈肯（Haken）提出"协同学"一词，20 世纪 70 年代创立了系统的协同理论，主要针对协同系统由无序到有序的演化规律做出探讨和研究，成为当时的一门新兴综合性学科。协同理论的主要内容可概括为协同效应、伺服原理和自组织原理。在协同论中，哈肯（Haken，1978）阐述了序参量概念和慢变量支配原则，描述了事物在临界点附近的行为，认为序参量控制事物的演化，演化的最终结构和有序程度取决于序参量。也就是说，只要可以找到对某个系统演化具有决定性作用的序参量，就能够掌握该系统发展的方向及其演进规律。

6.1.1　快慢弛豫变量的比较分析

根据相变热力学中参变量的概念，多个连续变量参与系统从非平衡到平衡、从无序到有序、从低级到高级的演化过程。上述多个连续变量被命名为参变量，并可被进一步划分为快弛豫变量和慢弛豫变量。在开放性系统中，快弛豫变量和慢弛豫变量的区别在于，前者占据参变量的多数比例，并且往往处于临界点状态。也就是说快弛豫变量的衰减速度较快，受到的阻尼相对较大。这一特点造成了系统中其他参变量对快弛豫变量的反应系数较小，反应时间较短。结合复杂适应性理论，快弛豫变量对涌现结构的作用甚微，基于快弛豫变量形成的流也无法对系统演化起到显著影响。同样，根据耗散结构理论，在开放性系统内快弛豫变量形成涨落的可能性也相应较低，对系统远离非平衡状态的推动力也十分有限。

相较而言，慢弛豫变量在所有参变量中只占据少数比例，慢弛豫变量在临界点附近并无显著阻尼，更为重要的是，慢弛豫变量的衰减速度很慢。这两个特点一方面保证了慢弛豫变量自身的稳定性，不会因较快的衰减速度而泯灭；另一方面，慢弛豫变量能够对系统其他参变量形成显著影响。在复杂适应性系统中，稳定的慢弛豫变量能够与其他行动者产生多次、深度互动，彼此之间的流能够形成更多涌现结构，并呈现出非线性和复杂性特点，推动系统发生动态演化。而在耗散结构中，慢弛豫变量保证了系统演进必备的涨落条件，使得系统远离平衡状态成为可能，也就是说，慢弛豫变量对系统状态的变化能够起到决定性作用，使系统实现从一种平衡态向另外一种平衡态转变。在1978年哈肯（Haken）提出的伺服原理中，他指出系统的快弛豫变量服从于慢弛豫变量，或被其役使；一个复杂系统的有序演化被为数很少的慢弛豫行为所决定，成为主导系统演化的序参量。序参量实际上就是一种更为特殊的慢弛豫变量。由此可见，只要确定对系统成长演进起到决定性作用的主导序参量，就可以把握系统的演化方向（Haken，1978）。

6.1.2 绿色食品区域品牌生态系统序参量的确定

由于在开放性系统中，两类弛豫变量往往表现出共存的状态。根据哈肯（Harken，1978）提出的伺服原理，在二者互动过程中，慢弛豫变量占据主导地位，进而役使快弛豫变量。因此为数不多的若干个慢弛豫变量对系统状态的转变和发展能起到决定作用。序参量便属于慢弛豫变量，序参量能够在宏观视角下刻画系统的有序或自组织程度，是观测和评价系统演化的重要指标。所以，只要确定慢弛豫变量中的主导序参量，便能够把握系统的演化和发展规律。

根据第4章对绿色食品区域品牌生态系统的分析，从属性上看，该系统具有复杂适应性特征，含有多个行动者，是能够与外界环境进行资源、信息、能量交换的开放系统。多个行动者庞大的决策集合决定了系统中包含数量较多的参变量。本书在绿色食品区域品牌生态系统模型包含的13个主要行动者中，分析了各自的主要行为取向，并最终确定了系统中存在的20类主要参变量（见表6-1）。

表6-1　绿色食品区域品牌生态系统序参量梳理与确定

<table>
<tr><th>序号</th><th>行动者</th><th colspan="2">主要参变量</th><th>弛豫变量</th><th>是否序参量</th></tr>
<tr><td>1</td><td>区域资源</td><td colspan="2">资源供给</td><td>慢弛豫变量</td><td>否</td></tr>
<tr><td>2</td><td>供应商</td><td colspan="2">专业性资源捕获</td><td>快弛豫变量</td><td>否</td></tr>
<tr><td>3</td><td>企业</td><td>资源扫描</td><td rowspan="4">企业动态能力</td><td>慢弛豫变量</td><td>是</td></tr>
<tr><td>4</td><td>企业</td><td>资源捕获</td><td>慢弛豫变量</td><td>是</td></tr>
<tr><td>5</td><td>企业</td><td>资源配置</td><td>慢弛豫变量</td><td>是</td></tr>
<tr><td>6</td><td>企业</td><td>资源开发</td><td>慢弛豫变量</td><td>是</td></tr>
</table>

序号	行动者	主要参变量	弛豫变量	是否序参量
7	产业集群	协同营销	慢弛豫变量	否
8	产业集群	资源协同配置	慢弛豫变量	否
9	政府	激励与约束	快弛豫变量	否
10	行业协会	企业协同	快弛豫变量	否
11	行业协会	激励与约束	快弛豫变量	否
12	金融机构	金融支持	快弛豫变量	否
13	创新网络	技术支持	快弛豫变量	否
14	外包机构	专业化服务	快弛豫变量	否
15	消费者	产品购买	快弛豫变量	否
16	竞争性集群	竞争策略参照	快弛豫变量	否
17	竞争性集群	市场竞争	快弛豫变量	否
18	社区居民	舆论压力	快弛豫变量	否
19	社区居民	市场营销	快弛豫变量	否
20	生态环境	生态压力	快弛豫变量	否

　　具体而言，该开放系统包含的主要参变量为区域资源禀赋的资源供给行为、高级生态系统中供应商的专业资源捕获、企业对资源的扫描、捕获、配置等行为构建的动态能力、企业集群内部的资源协同配置、企业集群形成的协同营销、地方政府对企业和市场行为所形成的激励与约束、行业协会对同行业企业的激励与约束、行业协会对企业形成的协同、金融机构的金融支持、产学研合作网络产生的技术支持、外包机构提供的专业化服务、消费者的购买行为、竞争性集群具备的竞争策略参照、竞争性集群的市场竞争、社区居民产生的舆论压力以及市场营销作用、生态环境产生的生态保护压力。

　　从慢弛豫变量的特点分析，上述 20 个参变量中，具备稳定性强、衰减速度慢、临界点阻尼小特点的参变量数量较少。按照快慢弛豫变量的定义及特征，经过初次筛选，将区域资源的供给行为、企业的动态能力、企业集群对外的协同营销、企业集群内部资源协同配置行为列入绿色食品区域品牌生态系统慢弛豫变量的选择范围。

　　绿色食品产品的原材料基本上为可再生的生物资源，其生存和生长过程中的自然环境具有地域特征明显、资源环境有机等特点，该系列资源的供给比化石能源时间更长、供给量更加稳定，且不容易受到市场交易价格的影响。在生态保护良好的前提下，资源供给的衰减速度与恢复速度能够实现特定时间间隔内的动态平衡，因此整体上衰减速度较小。当接近资源储备或供给的临界点时，量变引起质变过程中的阻尼较小，更容易促使生态系统发生平衡偏离。但由于该变量的主观能动性较差，实际上属于生产资料的范畴，因此无法作为系统有效序参量进行分析。

　　生态系统内，企业与其他企业（利益相关者）是合作共赢的关系，企业间的竞争不仅是个体之间的竞争，更是协作系统之间的竞争。作为绿色食品区域品牌生态系统演化的主导力量，企业集群所产生的协同营销与资源协同配置行为同样具备慢弛豫变量的特点。从稳定性上分析，协同营销与资源协同配置需要集群内部各企业之间长期的磨合和积累，是企业长期博弈互动的结果，遵循稳定的相互承诺、彼此信任等非正式规范。集群行为在较长时间内具备稳定性。同时，集群内企业数量较多，即便个别企业之间互动频率因特殊原因而降低，对集群行为产生的消极作用也十分有限。因此在企业共赢的目标驱动下，集群的协同营销以及资源协同配置变量的衰减速度十分有限。但当集群发展处于临界点时，受到路径依赖等原因，规模庞大的集群所面临的来自市场、企业、政府等变量的阻尼较小。因此集群行为具备慢弛豫变量特征。然而由于集群行为的复杂性，难以通过某一个变量进行整体刻画，所以该参变量不作为绿色食品区域品牌生态系统的序参量进行考量。

　　企业动态能力不仅具备慢弛豫变量特征，同时是本书选取的绿色食品区域品牌生态系统的序参量，对生态系统的演进和发展起决定作用。如第4章所述，生态系统的发展依靠资源和企业的双重驱动机制的有效运行。罗瑟梅尔和赫斯（Rothaermel & Hess，2007）、吴雷和曾卫明（2011）均指出，在区域资源缺乏主观能动性的前提下，企业动态能力成为生态系统演化的主要影响因素。由于是多维度能力降维和整合的结果，企业动态能力变量具有较强的抗衰减性。即便当生态系统处于高级状态时，供应商作为行动主体被引入系统，并开始利用专业技术替代企业对资源的捕获能力，但企业仍可依靠高效的资源配置与开发来提升动态能力，实现对自然资源的开发和改造。

6.1.3　企业动态能力

动态能力（dynamic capabilities）是企业在快速变化的动态环境中获取并保持长期竞争优势的关键，对管理领域丰富和深化理论研究及管理实践经验具有重要意义。基于上文的理论分析，本书将企业动态能力确定为绿色食品区域品牌生态系统的序参量，用以解释品牌生态系统发展演进，因此本小节对企业动态能力进行简要的文献分析和梳理，从而为后文的理论研究和实证分析奠定理论基础。

动态能力理论根植于资源基础观和演化经济学，同时与创新理论和组织学习理论也存在着紧密的联系（宝贡敏、龙思颖，2015），是对资源基础观的拓展及延伸，强调对资源的吸收及重新配置。动态能力是企业获取长期竞争优势的动力来源，对企业绩效存在直接影响。关于企业动态能力，理论界和实践界存在众多很有价值的研究成果，对其概念界定、维度划分、内在机理、影响因素、应用领域及测量方法等多个方面进行了深入而广泛的研究。宝贡敏、龙思颖（2015）对国内外动态能力研究梳理发现，目前动态能力的概念界定主要基于能力视角和过程视角。能力视角方面，提斯（Teece，1997）指出动态能力是企业为应对快速变化的环境而集成、建立、重构内外竞争力的能力。通过进一步研究，提斯（Teece，2007）拓展并深化了动态能力的概念，概括起来主要包括感知并辨认机会和威胁，抓住机会，强化、结合、重置企业资源以保持竞争优势的三大能力。能力视角强调了对资源的选取、整合、重新利用，是对资源基础的拓展及延伸。过程视角方面，动态能力被定义为一种过程、惯例及模式。艾森哈特（Eisenhardt，2000）研究指出动态能力存在于改变资源、惯例和运营能力的潜能中，通过企业利用、整合、重构资源的过程；或是学习后稳定的集体模式，能够显著提升操作惯例已达到更高的效率，并获取长期竞争优势（Zollo，2002）。

企业动态能力的测量方法多集中在案例研究、问卷调查、仿真模拟等几种形式，通过对动态能力的测量可具体划分动态能力的维度。大部分学者都认同整合能力和重构能力两个维度，在其他维度的概括和界定上有各有不同。提斯（Teece，1997；2007）明确提出动态能力由整合、建构、重构能力三个维度构成，后将其划分为感知并辨认机会和威胁，抓住机会，强化、结合、重置企业资源以保持竞争优势的三大维度；普罗托格鲁（Protogerou，2008）等将动态能力划分为协调能力、学习能力和战略竞争性反应三个维度；王和艾哈迈德（Wang & Ahmed，2007）研究认为动态能力涵盖吸收能力、适应能力、创新能力三个维度，后通过研究又增加了吸收能力这一维度；帕夫卢和索伊（Pavlou & Sawy，2011）指出动态能力四个维度为感知能力、学习能力、协调能力和整合能力。威廉（Wilhelm，2015）等则将动态能力概括为感知、学习和重构三种能力。

动态能力的研究视角主要存在组织学习视角、认知视角和知识管理视角三个方面。组织视角方面，组织学习是形成和进阶动态能力的保障机制，也可以说企业动态能力的提升过程就是组织学习的过程。艾森哈特等（Eisenhardt et al.，2000）、扎赫拉（Zahra，2006）等、焦豪等（2008）研究指出，重复的实践、记录、试错性学习、对经验性知识的编码、即兴创作、模仿等方式都会影响动态能力的提升。也有部分学者进行了实证研究，如佐洛和鲁尔（Zollo & Reuer，2010）对美国银行业的数据进行实证分析证明了联盟的经验能够显著提高收购的绩效。

认知视角方面，企业高层管理者的认知对企业动态能力的形成和进阶发挥着至关重要的作用。阿拉贡—科雷亚和夏尔马（Aragón – Correa and Sharma，2003）研究指出企业高管的认知通过影响自身的决策行为，进而对企业动态能力和企业绩效产生影响。这种认知涵盖了企业高层管理人员的感知、识别机会和威胁、思维推理、沟通等多种能力。部分学者，如丹尼（Danneels，2011），基于认知视角对动态能力进行了案例分析，研究证明认知能力是如何对企业动态能力产生影响的。

知识管理视角方面，企业通过学习与提升、知识共享、知识应用等方式进化升级知识资源存量，从而形成和进阶企业动态能力，获取长期竞争优势。维罗纳和拉瓦西（Verona and Ravasi，2003）将动态能力概括为知识的创造和吸收、知识整合、知识重构三个维度。郑（Zheng）等则通过知识获取、知识创造和知识整合三个维度对动态能力加以衡量。

综上所述，依据动态能力理论，结合本书研究具体内容，将在第6章中从竞争优势、资源配置、持续学习能力和快速反应能力四个维度来刻画企业动态能力，进而将其作为序参量来解释、探索绿色食品区域品牌生态系统的动态演化过程。生态系统的发展依靠资源和企业双重驱动机制的有效运行，企业动态能力决定了企业对资源捕获、吸收、利用、转化等水平，能够进行战略式的资源重新配置，从而使生态系统获取长期竞争优势，对区域品牌生态系统的演进和发展起决定作用。特别是在区域资源缺乏主观能动性的前提下，企业动态能力成为生态系统演化的主要影响因素（Rothaermel and Hess，2007；吴雷、曾卫明，2011）。

6.2　绿色食品区域品牌生态系统动态演化模型分析

6.2.1　演化模型设计

根据系统演化一般规律，由于生态系统内部行动者的生存与成长将受到外部环境、资源储备、制度体系等一系列因素的制约，所以将呈现出演化动力有限、演化规律趋同等特征（彭灿，2009；秦剑，2012）。绿色食品品牌生态系统的演化过程也伴随着多轮次的起伏与波动。绿色食品加工制造企业遵循企业生命周期的动态变化规律，在经历了萌芽期的波动性之后，企业进入快速成长期，资源获取和配置等各项能力不断提升，并在企业成熟期达到动态能力的峰值，受到内外部环境和资源因素的制约，在路径依赖、产品竞争、创新瓶颈等多因素的影响下，企业进入蜕变期或衰退期。伴随该过程，绿色食品区域品牌生态系统也表现出了波峰波谷交替出现的演化规律。

研究表明，许多经济变量关系能够用逻辑斯蒂方程进行刻画（徐荣辉，2010），而且因该方程在描述开放式生态系统一般演化规律所具备的特殊优势和较强针对性，本章选取该方程来模拟绿色食品区域品牌生态系统的演化，进而描述系统演化路径。只要认真观察存在于社会经济中任何一个组织系统的生存与发展历程，就会很容易发现，因受到自身的生长能力和资源环境的制约，任何一个系统的发展及其演化过程都存在其局限性（吴雷，2014；薛红志、张玉利，2006；陈立新，2008；Valle et al.，2009）。由6.1节分析得出企业动态能力构成决定绿色食品区域品牌生态系统演化发展的系统序参量，而企业竞争优势、资源配

137

置、持续学习能力以及快速反应能力等衡量企业动态能力的主要变量的提高空间都是有限度的。

本书首先构建以企业动态能力为序参量的绿色食品区域品牌生态系统演化速度模型：$\dfrac{dc}{dt} = \xi \cdot c \cdot (Max - c)$

该模型给出了绿色食品品牌生态系统在时刻 t 的演化速度，其中 c 表示企业动态能力（dynamic capability），ξ 为系统演化系数，也可理解为系统的成长系数速度。该系数由品牌生态系统内各个行为主体的资源配置效率、资源获取能力以及相互之间的协同程度有关。一般而言，$\xi > 0$；当 $\xi < 0$ 时，意味着生态系统走向萎缩甚至瓦解。Max 表示绿色食品加工制造企业动态能力的最大值，$Max - c > 0$。

6.2.2 演化模型推导与轨迹生成

中国是农业大国，绿色食品种类繁多，各地区也利用其相应的自然资源禀赋和天然的区位优势，开发并形成了特色鲜明的绿色食品区域品牌，每个绿色食品区域品牌内企业成员数量从十几到几百不等，企业的规模、成熟度也存在很大差异。从绿色食品加工制造业的动态能力构成维度分析，由于区域资源禀赋状态的不同，企业资源获取能力之间具有明显差异。为了描绘绿色食品区域品牌的成长轨迹，选择范围是限定在发展较为成熟、有一定市场知名度和美誉度的区域品牌，以避免因发展阶段不同产生误差，减少外部变异性。本章遵循典型性原则，采用理论抽样方法，选取企业动态能力作为指标，并用主营业务收入进行测量。

根据 2015 年和 2016 年中国品牌价值评价信息发布会公布名单，选取蝉联区域品牌组内的茶叶类、酒水饮料类、初级农产品类及畜禽水产类的冠军，即安溪铁观音、贵州茅台酒、赣南脐橙、大连海参为首的排名靠前的 104 个代表性绿色食品区域品牌为样本作为研究对象进行分析，抽取的部分区域品牌样本资料如表 6-2 所示。结合对以上 4 个区域品牌的调查统计和历史绩效水平，可估计绿色食品区域品牌在 2017～2025 年平均主营业务增长率将维持在 18%～27% 的数值范围，取分布区间的中位数作为品牌生态系统演化系数，另 $\xi = 0.22$。作为品牌生态系统成长的极值，Max 取 1。

表6-2　　　　　　　　　　区域品牌样本基本资料统计

名称	所属行业	品牌强度（百分制）		品牌价值（亿元）		归属地
		2015	2016	2015	2016	
安溪铁观音	茶叶类	910	906	1401.38	1424.38	福建
贵州茅台	酒水饮料类	930	953	2729.75	2755.90	贵州
赣南脐橙	初级农产品	900	897	657.84	668.11	江西
大连海参	畜禽水产类	923	903	202.69	212.58	辽宁

资料来源：2015年、2016年中国品牌价值评价信息发布会。

在绿色食品品牌生态系统初始阶段，另 $C(0) = \lambda$，λ 取值范围为 $[0, Max]$，对方程求解：

$$C = \frac{Max}{1 + \left(\dfrac{Max}{\lambda} - 1\right) \cdot e^{-\xi \cdot t \cdot Max}}$$

其中，λ 为积分常数。λ 取值范围为 $[0, Max]$ 的意义在于，通常情况下，在绿色食品品牌生态系统发展的初始阶段，系统内存在若干家代表性的绿色食品加工制造企业，作为特定地域内绿色食品加工行业的先行者，这些企业凭借一定的资源捕获和配置，形成了自身良好的动态能力，进而能够推动企业的成长和集群的形成，并完成生态系统的构建和在初始条件下的演化。系统成立初期的企业动态能力较小，但是大于0，因此本书取 $C(0) = \lambda = 0.1$，意味着企业初始动态能力 $C = 0.1$。

对方程求导，能得到绿色食品加工制造企业动态能力的拐点，即系统演化的速度变化率：

$$\frac{d^2 c}{dt^2} = \xi^2 \cdot c \cdot (Max - c) \cdot (Max - 2c)$$

当 $\dfrac{d^2 c}{dt^2} = 0$ 且，$0 < c < 1$ 时，

$$\xi^2 \cdot c \cdot (Max - c) \cdot (Max - 2c) = 0$$

$$c^* = \frac{Max}{2}$$

代入方程可得，

$$t^* = -\frac{1}{\xi} \cdot \ln \frac{\lambda}{Max - \lambda} = -\frac{1}{0.22} \cdot \ln 0.11 = 9.98$$

139

且 $\quad\left(\dfrac{dc}{dt}\right)_{t=t^*}=\dfrac{\xi\cdot Max^2}{4}=\dfrac{0.22\cdot 1}{4}=0.055$

对方程继续求导：

$$\dfrac{d^3c}{dt^3}=\xi^3\cdot c\cdot(Max-c)\cdot[Max+(3+\sqrt{3})c]\cdot[Max-(3+\sqrt{3})c]$$

当 $\dfrac{d^3c}{dt^3}=0$ 时，

$$c_1=\dfrac{Max}{3+\sqrt{3}}=0.211$$

$$c_2=\dfrac{Max}{3-\sqrt{3}}=0.789$$

将创新能力取值代入可得：

$$t_1=-\dfrac{1}{\xi}\cdot\ln\dfrac{(2+\sqrt{3})\cdot\lambda}{Max-\lambda}=-\dfrac{1}{0.22}\cdot\ln\dfrac{(2+\sqrt{3})\cdot 0.1}{1-0.1}=4.00$$

$$t_2=-\dfrac{1}{\xi}\cdot\ln\dfrac{(2-\sqrt{3})\cdot\lambda}{Max-\lambda}=-\dfrac{1}{0.22}\cdot\ln\dfrac{(2-\sqrt{3})\cdot 0.1}{1-0.1}=15.98$$

由此可以看出，随着时间的推移，企业动态能力不断提升，推动绿色食品品牌生态系统向前演化。该过程中，系统演化过程先后表现出了凹凸两种轨迹特点，并在（4.000，0.211）（15.980，0.789）两个坐标处呈现出两个对称的拐点。

结合演化轨迹的凹凸特点，本书给出了在企业初始动态能力 c 为 0.1，极值为 1，演化速度 ξ 为 0.22 的绿色食品区域品牌生态系统演化过程，如图 6-1 所示。

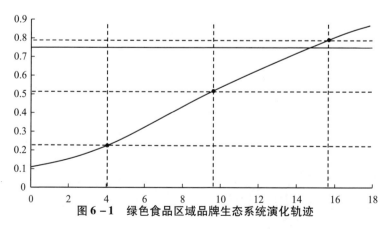

图 6-1 绿色食品区域品牌生态系统演化轨迹

6.3　绿色食品区域品牌生态系统演化过程分析

由图6-1可见，绿色食品区域品牌生态系统的企业动态能力 c 随着时间按照 S 形曲线增长，在系统的演化初期成长速度较慢，中期系统成长速度最快，发展到后期速度又变慢。两个对称的拐点（4.000，0.211）（15.980，0.789）及其对称点将 GFBE 演化过程划分为四个阶段：系统萌芽期、成长期、成熟期和蜕变期。各阶段划分及系统要素在不同时期的具体特征下文详述，参见表6-3。

表6-3　　　　　　　　　GFBE 演化过程阶段划分及特征

时期	t	$\dfrac{d^2 c}{dt^2}$	$\dfrac{d^3 c}{dt^3}$	企业动态能力成长速度	企业动态能力加速度
萌芽期	$0 < t < 4$	>0	>0	递增	递增
成长期	$4 < t < 9.98$	>0	<0	递增	递减
成熟期	$9.98 < t < 15.98$	<0	<0	递减	递减
蜕变期	$t > 15.98$	<0	>0	递减	递增

6.3.1　绿色食品区域品牌生态系统萌芽期

第一阶段，$0.00 < t < 4.00$，绿色食品区域品牌生态系统萌芽期，在 $Max = 1$，$\xi = 0.22$ 的初始条件下，$\dfrac{d^2 c}{dt^2} > 0$，$\dfrac{d^3 c}{dt^3} > 0$。在该阶段，绿色食品加工制造企业的动态能力不断提升，在该序参量的带动下，绿色食品区域品牌生态系统成长速度和加速度也均表现出递增的态势。

在萌芽期阶段，生态系统形成时间较短，系统内部各行动者之间的互动频率较低，资源在行动主体间的转换与交流较为缓慢，区域资源储备仍处于近似原始状态。但无论食品加工制造企业还是品牌生态系统，均蕴藏着巨大的发展张力和成长动力。企业依靠技术优势，能够产生较为充足的生产力，以满足其对资源的开发和利用需求，体现出较强的动态能力。此时，企业生命周期与品牌生态系统演化规律或会出现非耦合性现象，即处于成长期甚至成熟期的企业可能作为行动者参与到系统演化的萌芽期。

该阶段中，绿色食品区域品牌生态系统处于相对平衡的初级状态，存在少数几家能够提供专业化资源捕获服务的供应商，处于产业链上游位置向企业提供原材料或辅助材料。但大多数加工制造企业仍依靠自身的动态能力来开展各项职能活动。与企业生命周期不同的是，集群的成长与生态系统的演进可能呈现出一致性。尽管集群规模较小，企业行动者数量较为有限，但是企业希望基于区域品牌建立企业集群，形成组织间协同效应的动机开始萌发。并且，彼此之间能够通过简单的协调沟通，建立起一种尚不成熟的互动机制和行为规范，逐步开始形成协同效应。

地方政府开始注意到区域资源优势以及龙头企业的市场优势，逐渐参与到生态系统内部互动过程中，开始通过区域战略分析、政府职能定位等一系列工作，为企业参与绿色食品区域品牌建设制定相应的政策环境。由于企业和供应商产生的经营行为尚未对自然资源和生态环境造成显著的负外部性，因此政府的约束性激励机制尚未完全建立。从产品市场方面分析，在萌芽阶段，企业仅能开发出少数几种具有地域特征的绿色食品产品，产品功能、外观设计、品牌推广等还有待于进一步完善，消费者对该类产品的认知程度较低，市场尚未完全打开。大部分同类产品的市场份额主要集中在竞争性集群手中。

如日照绿茶由于产业发展历史较短、企业规模小，企业集聚程度低，名牌企业数量少，区域品牌知名度具有局限性和地区性，基本处于绿色食品区域品牌生态系统发展的萌芽期阶段。萌芽时期区域资源储备仍处于近似原始状态，资源禀赋充足，种类丰富，被开发利用水平较低。在日照绿茶区域品牌生态系统的萌芽期阶段，区域生态环境受污染程度较低，茶叶企业与生态环境友好共存。日照市属暖温带湿润季风气候，因地处高纬度，濒临黄海，雾日频出，相较于内陆地区空气相对湿度更高，具备了"高山云雾出好茶"这一天然优越的气候环境。加之该地区昼夜温差较大，茶树的越冬期长，以上种种气候条件有益于茶多酚、茶氨酸和糖类等物质的积累，对茶树的成长极为有利。日照绿茶利用自己的地理位置和气候的优势，形成了"叶片厚、滋味浓、香气高、耐冲泡"的独特品质，成为典型的北方地缘茶产品，并荣获中国驰名商标。[①] 单体企业依靠技术优势能够产生较为充足的生产力，以满足其对

---

① 日照绿茶畅销全省远销国外 被誉为"江北第一茶"，凤凰网山东，2014年3月25日，http://sd.ifeng.com/zt/rzncby/detail_2014_03/25/2033622_0.shtml。

资源的开发和利用。同时，区域地理、人文资源等环境会对绿色食品产业发展提供基础性条件。此时，企业生命周期与品牌生态系统演化规律或会出现非耦合性现象，即处于成长期甚至成熟期的企业可能作为行动者参与到系统演化的萌芽期。企业集群规模较小，与生态系统的演化同步，集群内部的协同效应进入初始化。消费者对该类产品的认知程度较低，购买力度也相应较低，绿色食品企业市场尚未完全打开。龙头企业在产业链中发挥着至关重要的作用，特别对塑造品牌作用巨大。目前，日照绿茶生产和加工流通企业多为中小型，省级农业产业化重点龙头企业数量较少，虽有 30 余家市级农业龙头企业，但其规模和带动力远不能满足全市茶产业发展的需要。截至 2019 年，茶叶生产涉及 38 个乡镇、760 个村，茶叶从业人员 30 余万人，茶园总面积达到 28.6 万亩，年产干毛茶 1.77 万吨，总产值 32 亿元，成为山东省茶叶主产区和我国秦岭—淮河以北最大的绿茶基地，获得了"北方第一茶"的美誉。[①] 地方政府逐步意识到区域资源优势和龙头企业的重要性，开始为企业提供政策环境，加强宣传推动了日照绿茶区域品牌的发展。如在日照市委、市政府的大力支持下，由中国茶叶流通协会、日照市供销合作社联合社和岚山区人民政府共同主办的中国茶叶营销年——2020 中国日照茶产业标准与品牌发展峰会在日照市举行。日照绿茶在 2019 中国品牌价值评价信息名单区域品牌（地理标志产品）榜单中，位居第 51 位，较去年上升 14 个位次，但是距离安溪铁观音、武夷岩茶前 10 名的区域品牌还存在着一定差距和较大的发展空间[②]。

6.3.2　绿色食品区域品牌生态系统成长期

第二阶段，$4.00 < t < 9.98$，绿色食品区域品牌生态系统经过萌芽期的波动之后，进入快速成长期。在 $Max = 1$，$\xi = 0.22$ 的初始条件下，$\dfrac{d^2 c}{dt^2} > 0$，$\dfrac{d^3 c}{dt^3} < 0$。绿色食品加工制造企业动态能力快速提升，在企业的

---

① 王磊、郑洪文、丁立孝：《日照市茶产业人才队伍需求状况与培养对策研究》，载于《教育教学论坛》2021 年第 2 期。

② 《中国茶叶营销年——2020 中国日照茶产业标准与品牌发展峰会在日照市举行》，山东省日照市供销合作社联合社，2020 年 8 月 31 日，http://sls.rizhao.gov.cn/art/2020/8/31/art_30927_9741566.html。

推动下，绿色食品区域品牌生态系统开始迅速成长。由于动态能力和系统成长潜力加速度小于零，因此二者表现出了加速度不断减小的线性加速运动，向着更高层次演进。

在绿色食品区域品牌生态系统的成长期阶段，系统内部行动者数量不断增加，行动者之间开始启动复杂适应性机制，对快速变化的外部环境进行迅速适应，以提高组织活性。并且，行动者之间的交互频率和交互深度不断提升，组织间相互信任、互相承诺的非正式关系以及正式契约关系成为行动者彼此互动的主要行为规范。

企业组织规模、业务量、组织结构复杂程度也不断提高，绿色食品的生产加工数量开始激增。制度体系与管理体系不断健全，职业经理人与股东之间的代理问题开始显现。业务量的增加使得企业急需快速剥离非核心业务，重点培育组织竞争优势。此时，供应商的作用开始凸显，能够充分发挥在资源捕获方面的专业优势，帮助制造企业降低机会成本，提高资源配置效率。受到绿色食品行业良好发展前景的吸引，一方面，诸多区域资本开始凝聚，组建的生产企业加入该开放性系统中，并参与已有企业的竞合关系。另一方面，已有成熟组织开始向该市场进行地理靠拢，并最终融入生态系统内的资源交换关系中。

企业集群在成长期开始走向成熟，集群对区域外的协同营销和对群内企业的资源协同配置成为该时期的主要职能。协同营销方面，配合政府的公共宣传，集群能够以行业协会、龙头企业等多个主导力量为核心，通过分析主打产品的区域特色，整合群内营销资源，在分析外部市场的需求和市场压力的基础上，制定和选择科学的协同营销策略，使得绿色食品区域品牌顺利参与到更广范围的市场竞争。该过程中，还需要参考竞争性集群的竞争策略，对外部市场进行动态竞争。此时，集群内部企业的协同作用便成为培育集群竞争优势的关键因素，需要通过构建群内企业人力、财务、知识、经验等多重资源的沟通、协调渠道，建立群内资源协同配置模式，从整体上提升资源配置效率。

绿色食品区域品牌生态系统内的专业化分工进一步加强，除将资源捕获业务外包给供应商以外，为更有效地提升竞争优势和资源配置效率，企业开始倾向将营销、产品设计等多种非核心业务向参与系统中的专业化中介机构进行外包。再者，为全面提升核心竞争能力，生态系统快速成长期期间，企业对资金资源的需求量开始不断提升，银行、风险投资者、天使投资者等融资机构开始展开与企业的深度合作，以保证企业的融资需求，同时获得资本增值带来的收益。在技术创新方面，成长过程中，企业原始技术优势带来的成长张力开始降低，在知识和经验积累有限的前提下，企业需要借助产学研合作网络以学习新知识，推动技术创新，设计和研发出新型产品，以保证不断变化的消费者需求。

由于行动者数量的增加，由加工制造企业、供应商以及其他服务提供商产生的负外部性，对生态环境保护产生较大压力。政府不仅提供良好的政策环境，建立完备的制度体系，保证企业集群参与竞争的制度和政策优势，更需要基于社会与自然和谐发展的视角，就生态保护和社会责任方面对企业、供应商等诸多行动者制定激励约束机制，迫使其支付部分费用、提供部分资源以维护生态系统的正常运转。

荣成海洋食品由于产业发展历史悠久、企业规模不断扩大，名牌企业数量不断增多，品牌知名度具有区域扩张性，这类品牌基本处于绿色食品区域品牌生态系统发展的成长期阶段。2012 年起，荣成已连续多年举办海峡两岸海洋食品博览会；2016 年，成功举办中国·荣成国际海洋食品博览会暨"互联网＋"海洋产业发展峰会，成功推介海洋食品和旅游资源，推动海洋食品产业区域合作交流。同时，紧紧抓住"互联网＋"上升为国家战略的重大契机，为荣成海洋食品产业引入互联网思维，实现转型升级提供了重要机遇，为电商发展带来新思维和新思路。此外，邀请高校院所、投融资机构专家分别对企业进行实地考察、对接，进一步提升荣成市海洋食品产业知名度，促进区域产业、科技、旅游、金融、资本互动融合也起到了很大帮助。荣成市三面环海，海岸线近 500 公里，海域面积约 5000 平方公里，拥有 10 大海湾，养殖水域广阔，海域水质肥沃、无污染。其独特的地理、历史等环境优势在绿色食品区域品牌生态系统建设过程中发挥了重要的基础性作用。处于成长期阶段的荣成海洋食品产业，区域资源利用数量持续增加，开发利用程度较高。单体企业组织规模、业务量、组织结构复杂程度也不断提高，绿色食品的生产加工数量开始激增，现拥有 55 万亩海洋牧场和 300 多艘专业远洋渔船，海洋食品企业 1000 多家，年加工能力 290 万吨，2015 年销售收入近 1200 亿元，出口额超过 10 亿美元，是全国最大的冷冻调理食品、海带食品、海产罐头食品生产基地，是全国首批出口农产品质量安全示范区，荣获中国海洋食品名城等称号。荣成已发展成为全国第一渔业大市，水产品产量连续 30 多年位居全国县级首位，海洋生物食品产业形成了养殖、捕捞、加工、销售于一体的全产业链条，产业集群规模突破千亿元。[①] 可以看出，在此阶段受到绿色食品区域品牌良好发展的吸引，一方面，诸多区域资本开始凝聚，组建的生产企业加入该开放性系统中，并参与已有企业的竞合关系；另一方面，已有成熟组织开始向该市场进行地理靠拢，并最终融入生态系统内的资源交换关系中。海洋食品企业集群开始走向成熟，规模增长迅速，集群对区域外的协同营销和对群内企业的资源协同配置成为该时期的主要职能。产品行销日、韩、欧美等地，消费者逐步被企业产品的特色和优势所吸引，消费市场不断扩大。地方政府在制定制度体系的同时，开始对诸多行动者制定激励约束机制，以推动荣成海洋绿色食品区域品牌的健康持续发展。此外，海洋生态环境通过政府和行业协会的监督约束得到大力保护，使得企业和生态环境尚处于协同发展阶段。

6.3.3 绿色食品区域品牌生态系统成熟期

第三阶段，$9.98 < t < 15.98$，绿色食品区域品牌生态系统成熟期，在 $Max = 1$，$\xi = 0.02$ 的初始条件下，$\dfrac{d^2c}{dt^2} < 0$，$\dfrac{d^3c}{dt^3} < 0$。这表明，在此阶段，企业动态能力的成长速度与加速度呈现递减规律。

企业动态能力提升速度下降，受此影响，绿色食品区域品牌生态系统的成长速度和成长动力下降，系统进入成熟期。在该时期，生态系统内部的行动者数量达到最大值，行动者之间形成的流与资源交互机制也变得最为复杂，行动者时刻在彼此之间进行着能量、信息与资源的交换。彼此之间的关系深度也达到极值。并且，生态系统也即将在成熟期的末期进入临界状态，开始积蓄能量向非平衡态偏离。此时，由于金融机构、地方政府等快弛豫变量的迅速衰减和接近临界点处的强大阻尼特征，使得快弛豫变量无法在该时期对生态系统偏离平衡态产生显著影响。而企业动态能力、资源供给能力等慢弛豫变量的稳健变化能够推动生态系统远离成熟期的平衡状态，继而向蜕变期演化。

---

① 滕佳蕾：《2016 中国·荣成国际海洋食品博览会在荣成举办》，齐鲁网，2016 年 8 月 10 日，http://weihai.iqilu.com/whyaowen/2016/0813/2965082.shtml。

　　在绿色食品区域品牌生态系统成熟期，诸多食品制造企业被纳入企业集群中，集群规模实现最大值，集群和行业协会需要投入更多的资源以实现资源在群内企业的协调配置。经过漫长的成长期，企业和集群在品牌培育、产品营销、新产品研发等各个领域堆砌了丰厚的资金积累和知识积累，对快速变化的外部环境的适应性也达到峰值，并能够通过自主研发、合作创新等多种方式不断推出新的绿色食品产品，以丰富产品序列，满足既定客户群体的多样化需求。

　　金融机构、合作网络以及中介机构与企业及其他行动者之间也已建立了成熟的关联关系。绿色食品制造企业能够较为灵活地从多种融资渠道来获取资金资源，而债权人、股权投资者也能够从食品加工制造领域获得稳健资本增值。二者在该期间的盈利水平实现了在系统演化过程的峰值。产学研方面，通过长期的相互磨合，高校、科研机构等外脑组织对绿色食品行业的行业特征、企业运作模式、产品特性有了更深层次的掌握和理解，彼此之间进行学习互动、知识传递的效率不断提升。更为重要的是，新产品的研发与设计具有较强的市场针对性，大大降低了技术创新的市场适应性成本，创新效率不断攀升。

　　卡瓦拉齐斯等（Kavaratzis et al.，2006，2013）认为区域品牌发展是该区域与消费者之间的互动沟通的过程，他构建了基于沟通视角的城市品牌发展模型，提出通过基本沟通、二级沟通、三级沟通这三种沟通方式塑造和传播城市品牌。基本沟通涵盖景观战略、基础设施工程、城市组织和行政结构、城市行为四个方面，二级沟通是正式的、目的性的营销沟通，如广告宣传和公用关系，三级沟通是指因为媒体或竞争者的沟通而强化的口碑。以上三种沟通方式重要的推动者就是地方政府。因此，在系统成熟期，政府要特别注意履行公共营销和市场维护的双重职责，为绿色食品区域品牌影响力扩大及系统健康有序成长创造良好的条件。

　　绿色食品区域品牌生态系统进入成熟期后，最显著的特征表现在行动者高效运转产生的环境外部性。受到利益最大化的驱动，企业和供应商均倾向于依赖已有绿色产品获得的市场优势来赚取短期利益，在对生态保护不及时，或未履行生态保护社会责任的前提下，以上行动者产生的负外部性将在较大程度上造成生态破坏，进而影响区域资源供应。此时，地方政府、行业协会以及社区和居民开始对企业行动者施加约束机

147

制和社会舆论压力，迫使其改善产品生产加工工艺，降低环境负外部性，同时通过费用支付和资源输出的方式，维护生态质量，改善生态环境，进而承担社会责任，实现社会、生态环境、区域资源的和谐发展。

以烟台葡萄酒为例，由于产业发展历史悠久、企业规模大，名牌企业数量多，具有较高的品牌知名度，这类绿色食品区域品牌基本处于绿色食品区域品牌生态系统发展的成熟期阶段。在成熟期阶段，诸多绿色食品制造企业被纳入企业集群中，集群规模实现最大值，集群和行业协会需要投入更多的资源以实现资源在群内企业的协调配置。经过漫长的成长期，企业和集群在品牌培育、产品营销、新产品研发等各个领域积累了丰厚的资金和知识，对快速变化的外部环境的适应性也达到峰值，并能够通过与外脑组织的产学研合作实现知识的高效互动，创新型产品持续输出。消费者市场成熟，其口碑效应所产生的宣传推动了企业品牌推广。企业与驻烟高校、科研机构建设葡萄酒产业技术创新中心、技术研发中心、重点实验室等创新平台，重点开展烟台产区适栽酿酒葡萄品种（品系）选育、配套标准化栽培技术、水肥一体化技术及工艺提升、产区区域化、农机设备研制等关键共性技术研究。绿色食品区域品牌生态系统进入成熟期后，最显著的特征表现在行动者高效运转产生的生态环境负外部性，此时，地方政府开始对企业行动者施加约束机制，以谋求经济、社会、生态环境、区域资源的共生发展。2008 年和 2009 年，烟台葡萄酒产业集群已经具备了基本的条件，集群的发展初具规模。同时当地政府自"十二五"期间就把葡萄酒作为市重点扶持发展的十大产业集群之一，同时市政府设立"烟台市葡萄酒产业发展专项资金"；"十三五"期间烟台市发改委又带头制定了葡萄酒产业"十三五"发展规划，并组织开展了"烟台葡萄酒全国巡展"等众多大型有影响力的活动来加强产业集群品牌的宣传，扩大烟台葡萄酒的品牌影响力，提升这一区域品牌的知名度和美誉度①。经过这些年的发展和积累，烟台葡萄酒区域品牌发展取得了显著成效，基本已进入成熟阶段。截至 2020 年，烟台葡萄酒区域品牌下已有 162 家葡萄酒生产企业获得生产许可证，其中 35 家规模以上企业的葡萄酒生产总规模达到 33 万千升，实现了共计 228 亿元的主营业务收入。在 2019 年的中国品牌价值评价信息

---

① 《夯实基础形成集聚效应 烟台力促葡萄酒产业发展》，胶东在线，2017 年 7 月 11 日，http://www.jiaodong.net/news/system/2017/07/11/013466962.shtml。

排行榜中，烟台葡萄酒以 876 亿元的品牌价值列居中国区域品牌地理标志产品第三名，连续四年蝉联全国地理标志产品区域品牌葡萄酒类榜首①，具体见表 6-4。烟台市政府、行业协会以及当地居民对众多葡萄酒厂的生产施加约束机制和社会舆论压力，使其降低环境负外部性，保护生态资源，改善生态环境，同时带动了当地红酒体验旅游行业的兴起与发展。作为亚洲唯一"国际葡萄·葡萄酒城"的烟台，秉承"国际视野、中国领先、山东优势、烟台特色"的发展理念，以建设特色葡园、发展精品酒庄、打造知名产区为主攻方向，努力促进葡萄酒产业与贸易、旅游、休闲、文化等深度融合，积极参与国内国际双循环，全面提升葡萄酒产业可持续发展能力和核心竞争力。

表 6-4　　　　　　　　　　烟台葡萄酒产量及占比

年份	全国葡萄酒产量（万千升）	山东葡萄酒产量（万千升）	烟台葡萄酒产量（万千升）	烟台占全国、全省比重（%）	
				全国	山东
2014	116.10	39.23	32.71	28.17	83.38
2015	114.80	40.04	32.84	28.60	81.8
2016	113.70	39.80	33.79	29.72	84.90
2017	100.12	38.40	32.61	32.57	84.92
2018	62.90	25.80	25.30	40.22	98.06
2019	45.15	11.40	11.16	24.72	97.80

资料来源：根据烟台市人民政府网 2014～2019 年公开数据年报整理。

6.3.4　绿色食品区域品牌生态系统蜕变期

第四阶段，t > 15.98，绿色食品区域品牌生态系统蜕变期，在 Max = 1，$\xi = 0.22$ 的初始条件下，$\frac{d^2c}{dt^2} < 0$，$\frac{d^3c}{dt^3} > 0$。此时，该阶段企业动态能力的成长速度递减，但是加速度递增，也就是说企业动态能力的增长变得越来越缓慢，直至几乎停止增长。使得绿色食品区域品牌生态系统加速

① 烟台市商务局副局长张丹解读《烟台葡萄酒产区保护条例》，烟台市人民政府网，2020 年 12 月 31 日，http://www.yantai.gov.cn/art/2020/12/31/art_43373_2922992.html。

向衰落方向运行。伦纳德（Leonard，1992）指出在面临沉重成长压力乃至生存压力的情况下，企业应当通过积极寻求生产和研发改革，谋求通过管理系统和业务流程再造等方式，重新展现原有核心能力的价值，打破核心能力刚性，以期重构区域资源，实现区域品牌价值迁移等。

如若没有经历长时间的良好经营，任何品牌都会遇到潜在的老化问题，如产品形态老化、主打品牌过于单一、品牌老化、盲目的品牌延伸等（许晖等，2017；Berry，2011；卢泰宏等，2007）。在此蜕变阶段，绿色食品加工制造企业创新能力下降，生态系统发展速度降低，甚至呈现出衰减状态，系统演化的加速度大于零，开始向系统衰减方向进行加速运动。从系统整体层面分析，受到企业动态能力下降的影响，区域资源的开发利用效率下降。企业无法消化吸收过多的资源摄入，因此对供应商提供的专业化资源捕获服务也无力承接。食品制造企业与供应商之间的互动频率下降，甚至个别供应商逐渐退出生态系统。

企业组织结构可能呈现出更显著的冗余特征，代理问题侵蚀公司治理体系，资源配置效率下降。一系列负面信息通过信号传递机制被债权人、股权投资者所接收，为保证资金安全，避免风险引致，外部金融机构开始出于风险规避动机减少或避免与企业之间的资金往来，生态系统内部行动者数量进一步减小。从创新层面分析，生态系统中的企业组织急需通过技术创新来摆脱原有技术优势带来的路径依赖，通过推出新产品来获得利润空间和新利润增长点。然而，由于企业资金储备开始呈现出波动趋势，决策者往往在企业蜕变期更加关注自身收益的增加，而通过开展具有风险的创新活动，帮助企业转型成长，进而推动生态系统重新找回平衡状态的动机将被削弱。所以，产学研合作网络也面临着拆解的临界点。

若绿色食品企业无法及时满足已有顾客群体的多样化需求，其在漫长发展过程中积累的顾客资源将会进一步萎缩，同时市场拓展力量也将消失。已占有的市场份额会迅速被竞争性集群吞噬。生态环境方面，在漫长演化过程中，生态系统行动者的生产经营活动对生态环境造成的负外部性积累达到峰值。在社会责任缺失的前提下，恶化的生态环境将无法满足企业正常运转所需要的资源供应，使得企业动态能力序参量不断降低，加速了绿色食品区域品牌生态系统的萎缩。

随着企业行动者逐渐撤出生态系统，行业协会的主体地位被抽空，外部监督约束主体主要由政府和社区居民来承担。此时，地方政府需要一方面制定严苛的规制政策，促使企业进行生态保护，勒令极端企业关闭或停产，另一方面需要为企业转型成长提供充分的政策和制度支持，通过财政补贴，积极联系外部合作单位，促进产学研合作创新等方式，提升企业和其他行动者的成长潜力，实现绿色食品区域品牌生态系统的持续演进。

以山东曲阜孔府家酒为例，孔府家酒是曲阜酒厂于 1986 年开发产出的低度优质白酒，当年以一句"孔府家酒，叫人想家"的广告语雄踞央视广告黄金时段，名声响彻大江南北，一入市场孔府家酒就取得了全国白酒行业排名第二的好成绩，孔府家酒的快速崛起同时也带动了孔府宴酒、秦池等山东白酒品牌的畅销与发展，大大振兴了鲁酒品牌。孔府家酒业公司的前身是孔府私酿酒坊，距今已有 2500 多年的酿酒历史。孔府家凭借其精湛的酿造工艺和历史文化传承，其主导产品形成了大陶、道德人家、1988、儒家风范、窖藏、府藏、儒雅香七大系列，一经推出产品便行销全国，并对外出口 20 多个国家及地区，出口量连续 8 年稳居全国榜首。但如此畅销的孔府家酒也曾一度经历 GFBE 发展的蜕变期。1996 年，孔府家因内部体制的矛盾问题导致年销售额不断下降，资金、管理、品牌等方面的问题逐渐暴露，由于时代和生产力发展水平的限制，当地政府并没有意识到问题的严重性，没有出台相应的政策对其进行扶持。值此衰退期，沉重的广告费用为企业披上枷锁，债权人、股权投资者又了解到一系列负面信息，为保证资金安全，银行、基金公司等外部金融机构急剧减少与企业之间的资金往来，资金链的断裂使得孔府家酒陷入困境。行业协会在此时能够起到的支持作用微乎其微，孔府家酒的销量和效益逐渐走向谷底。加之竞争对手川酒、皖酒和苏酒大规模席卷中国的白酒市场，孔府家酒乃至整个山东白酒行业的地位都受到极大影响。自 2003 年开始，孔府家酒一直积极寻求改制，重组领导集体，调整产业结构。2012 年 9 月，联想酒业斥资 4 亿元全资收购孔府家酒，谋求品牌东山再起。[①] 2016 年 3 月，孔府家酒决定精简产品，聚焦单品，毅然决然砍掉 100 多个低档包销产品，并利用区域资源禀赋优势，围绕传统"家"文化的回归，积极调整产业结构，广泛汇集人才

---

① 《孔府家沉浮录》，载于《齐鲁晚报》2012 年 11 月 23 日。

和资金，铺陈营销和物流渠道，实现孔府家酒在品牌建设、产品结构、市场份额等方面的全面提升，致力于打造中国文化第一名酒品牌。随着"互联网＋"时代的到来，中国酒业在 2017 年迎来全面复苏，山东白酒行业的业绩也呈现出新一轮增长态势，经过不断探索、改变和创新，孔府家酒实现销售业绩两位数增长，在 2018 年 3 月经济行业数据发布平台发布的《2018 新春中国白酒品牌排行榜 TOP35》榜单中，山东孔府家酒以第 34 名强势登榜，在 2018 年山东名酒白酒排行榜中，孔府家酒顺利拿到亚军，逐渐实现了品牌振兴。

综上所述，根据前文以企业动态能力为序参量，基于逻辑斯蒂方程构建的绿色食品区域品牌生态系统演化速度模型，选取代表性绿色食品区域品牌为样本作为研究对象，得到企业动态能力的两个拐点，从而将绿色食品区域品牌生态系统划分为系统萌芽期、成长期、成熟期和蜕变期四个阶段。绿色食品区域品牌生态系统内各要素和行动者在不同周期呈现不同行为特点，使得系统随时间发展整体呈 S 形曲线增长，具体如表 6－5 所示。

表 6－5 　　　　　　　　GFBE 演化周期及系统要素特征

行动者	演化阶段			
	系统萌芽期	系统成长期	系统成熟期	系统蜕变期
区域资源	资源禀赋充足，被开发利用水平较低	资源利用者数量增加，开发利用程度较高	开发利用水平高，需求大	开发利用效率下降，资源供应不足
供应商	数量较少，专业手段捕获资源	数量不断增加，专业优势凸显	数量过多	数量减少，降低互动频率或退出
单体企业	动态能力较强，技术优势较为明显	组织规模、业务量、组织复杂程度提高	积累了丰厚的资金和知识，动态能力提升速度下降	动态能力持续下降，资源配置效率较低，组织结构面临瘫痪
企业集群	规模较小，协同效应初现	规模增长迅速，协同营销和资源协同配置	集群规模和应变能力达到最大值，协调配置职能难度加大	协同效应为负
地方政府	逐步重视区域资源优势和龙头企业，提供政策环境	开始对多个行动者实施激励约束机制	约束机制加强，干预增多公共营销，市场维护	制定严苛的规制政策，同时为企业转型提供政策和制度支持

行动者	演化阶段			
	系统萌芽期	系统成长期	系统成熟期	系统蜕变期
金融机构	尚未与其开展合作	与企业深度合作，区域资本集聚	合作关系稳固，盈利水平达到峰值	减少或停止与企业的资金往来
创新网络	尚未介入	通过产学研合作推动企业创新	产学研合作实现高效互动	产学研合作面临拆解
外包机构	尚未介入	承担营销、产品设计等非核心业务	非核心业务量增加速度减缓	逐渐退出
消费者	对产品的认知程度较低，购买力度较低	认知度提高，消费者市场扩大	消费者市场成熟，口碑效应明显	多样化需求得不到满足，顾客资源萎缩
生态环境	企业与生态环境友好共存	压力增大，通过监督约束得以正常运转	生态破坏严重	生态环境极度恶化
社区居民	尚未介入	支持或施加舆论力量制约	加大社会舆论压力和抑制作用	舆论压力促使企业注重社会责任
竞争集群	占据大部分市场份额	市场逐渐萎缩，需创新竞争战略	市场份额降到最低，需进行竞争策略调整	市场份额逐渐转移回来

153

6.4　本章小结

本章基于逻辑斯蒂方程对绿色食品区域品牌生态系统的动态演化进行了剖析，首先确定演化过程中各要素作用，判断明确出企业动态能力是 GFBE 的序参量，运用逻辑斯蒂方程构建绿色食品区域品牌生态系统演化速度模型，对方程进行推导，继而描绘出系统的演化轨迹，归纳各阶段系统要素的不同特质及行为方式，并揭示系统演化机理。

（1）哈肯（Haken，1969）借助于相变热力学中的"序参量"概念，用来描述系统从无序到有序的演化过程。在复杂系统的演化过程中存在着众多的快弛豫变量和慢弛豫变量，其中对系统状态变化起到决定作用的慢弛豫变量就是序参量。只要明确了系统序参量，就可以掌握复杂系统发展的方向和演化过程。根据序参量的定义和特征，首先对绿色食品区域品牌生态系统包含在内的 13 个行动者所产生的 20 个参变量进行了初次筛选,后通过二次筛选,剔除区域资源的供给行为、企业集群对外的协同营销、企业集群内部资源协同配置行为这三个参变量,最终确定企业动态能力为绿色食品区域品牌生态系统的序参量,对生态系统的演进和发展起决定作用。在区域资源缺乏主观能动性的前提下,企业动态能力成为生态系统演化的主要影响因素;即便当生态系统处于高级状态时,供应商作为行动主体被引入系统,并开始利用专业技术替代企业对资源的捕获能力,但企业仍可依靠高效的资源配置与开发来提升动态能力,实现对自然资源的开发和改造。

(2) 鉴于逻辑斯蒂方程在描述开放式生态系统一般演化规律的特殊优势和较强针对性,本章选取了该方程来模拟绿色食品区域品牌生态系统的演化。以企业动态能力为系统序参量,运用逻辑斯蒂方程构建绿色食品区域品牌生态系统演化速度模型 $\frac{dc}{dt} = \xi \cdot c \cdot (Max - c)$。选取 4 个代表性绿色食品区域品牌为样本作为研究对象以确定 ξ,对演化速度方程进行推导,从而给出了在企业初始动态能力 c 为 0.1,极值 Max 为 1,演化成长速度 ξ 为 0.22 的系统演化过程,描绘出以企业动态能力为序参量的系统演化轨迹。

(3) 根据演化轨迹,按照两个拐点,将绿色食品区域品牌生态系统的动态演化划分为系统萌芽期、成长期、成熟期和蜕变期。绿色食品区域品牌生态系统的企业动态能力随着时间按照 S 形曲线增长,从而带来 GFBE 的不同演化发展特征。GFBE 内各要素和行动者在不同时期呈现不同行为特点和能量、信息与资源交换机制。

萌芽期,绿色食品企业动态能力不断提升,在该序参量的带动下,绿色食品区域品牌生态系统成长速度和加速度也表现出递增的态势。该阶段资源禀赋充足,企业及集群规模小,地方政府逐步意识到区域资源优势和龙头企业的重要性,为企业建设政策环境,消费者对绿色食品产品认知程度较低,企业与生态环境友好共存。成长期,绿色食品企业动态能力快速提升,但是加速度减慢,在企业的推动下,绿色食品区域品牌生态系统开始迅速成长。在此阶段,区域资源利用量增加,供应商与企业的合作优势凸显,企业组织规模、业务量、市场份额不断提高,企业集群规模迅速增长并发挥协同营销和资源协同配置的重要职能,地方政府开始实施激励约束机制,金融机构开始与企业深度合作,区域资本开始集聚，消费者逐步被企业产品的特色和优势所吸引，消费者市场不断扩大。成熟期，企业动态能力的成长速度与加速度呈现递减规律，此时系统的成长速度开始放缓。该阶段，企业和集群规模实现最大值，金融机构、合作网络以及中介机构与企业及其他行动者之间也已建立了成熟的关联关系，企业的负外部性，地方政府、行业协会以及社区和居民开始对企业行动者施加约束机制和社会舆论压力，在较大程度上造成生态破坏。衰退期，该阶段企业动态能力的成长速度递减，但是加速度递增，也就是说企业动态能力的增长变得越来越缓慢，直至几乎停止增长，绿色食品区域品牌生态系统加速向衰落方向运行。企业动态能力下降，区域资源开发效率降低，部分供应商、金融机构开始退出合作，顾客资源萎缩，市场份额缩小，生态环境遭到破坏，地方政府开始提供政策支持促进企业转型升级。

第 7 章　基于企业动态能力的绿色食品区域品牌生态系统驱动演化实证研究

根据第 4～6 章的理论分析结果，产业化龙头企业是绿色食品区域品牌生态系统竞争力评价指标体系中的最关键影响因素，企业动态能力作为绿色食品区域品牌生态系统的二级驱动机制和系统序参量，对本生态系统的发展具有主导、决定作用。因此，本章基于企业动态能力视角，采用问卷调查方法，继续将第 6 章用以计算绿色食品区域品牌生态系统演化系数的 104 个绿色食品区域品牌作为研究对象，实证检验企业动态能力作为序参量对绿色食品区域品牌生态系统成长性的作用效应，以揭示绿色食品区域品牌生态系统的驱动机制，为生态系统的可持续成长提出切实可行的政策建议。

7.1　样本选择与数据获取

为降低研究偏误，揭示绿色食品区域品牌生态系统的成长机制及企业动态能力的影响，在实证研究过程中，本书从样本选择环节对绿色食品区域品牌生态系统进行了严格的筛查。将筛查条件进行如下设置：第一，绿色食品筛查。考虑到"绿色"食品区域品牌和其他食品区域品牌在成长潜力和竞争优势方面具有显著差异，在现代、健康的食品消费理念驱动下，"绿色"食品与同类其他食品在市场吸引力方面具有比较优势。因此，本书以农业部 2012 年颁布实施的《绿色食品标志管理办法》作为筛查条件，在被调研的区域品牌样本中，剔除了缺少绿色食品标志的区域品牌样本。第二，区域品牌筛查。按照雷恩斯（Rainisto，

2003）和熊爱华、邢夏子（2017）对区域品牌的定义，在一定的区域范围内，由具有较大规模、较大影响力的、能够提供具有特色的产品或服务的产业集群及其所形成的具有标识作用的名称、符号、形象的综合，区域品牌一旦形成能够给区域增加附加吸引力。区域品牌必须能够给地区带来附加吸引力，并塑造该区域的识别度。因此，绿色食品区域品牌应带有区域行政名称，例如龙口粉丝、西湖龙井等。因此，本书剔除了不含区域行政名称的品牌样本。第三，生态系统筛查。按照本书第3 章构建的绿色食品区域品牌生态系统模型，绿色食品企业应具有一定集群特征，并与当地政府、供应商取得了长期密切联系，且具有统一的品牌推广和宣传战略，在消费者中拥有较强的品牌识别度，占据一定份额的消费市场。

　　本书的样本涵盖了中国 7 个省份，包括：山东、河南、河北、山西、陕西、江苏、黑龙江，共计 104 个区域品牌。为提高问卷调查的有效性，在问卷编制过程中，笔者将题项交由 4 名绿色食品、区域品牌领域的专家进行阅读和讨论，并根据修改建议修正了部分表述，以提升测量准确性。接着，将问卷题项与山东省 5 家企业高管进行座谈，进一步优化了题项表述。最后，以山东大学 EMBA、总裁班学员（企业高层管理人员）和农业局政府工作人员为样本，对研究设计进行了预测试，并对问卷进行最终修正。调查问卷主要的填答者包括：（1）绿色食品区域品牌龙头企业负责人；（2）绿色食品合作社或地方协会负责人；（3）绿色食品区域品牌所在地的政府主管部门。本书调查问卷的发放结合了现场调研发放和电子邮件寄送两种形式。问卷均要求匿名填答，为了提升问卷填答回收效率，本书对每个问卷填答对象均进行了较为细致的作答说明，并在问卷发放后，每隔 10 个工作日进行填答提醒，并作出相应的解释说明。为了提升问卷填答质量，本书为每个填答人员赠送了精美礼品以示感谢。

　　本书共发放问卷 320 份，2016 年 12 月发放，2017 年 5 月回收。剔除填答不全、数据质量较低的问卷后，共获得有效问卷 184 份。有效回收率为 57.5%。本书将最先获得的与最后获得的 25% 的问卷进行了无应答偏差检验，在生态系统的成长年限、资金风险、地域差异、系统规模和经济效益 5 个方面未发现显著差异，表明回收的问卷中不存在显著的应答偏差。为保证研究效度，问卷发放前，笔者对调查人员详细解释了问卷题项、研究主体、答题注意事项等问题，并对调查人员的疑问进行一一解答。为降低同源误差，本书尽可能地采用多源化的问卷填答形式，选择地方政府主管部门人员填答生态系统成长性量表，选择区域品牌龙头企业负责人填答企业动态能力量表。对于无法通过多源化填答的问卷，本书对问卷题项进行了 Harman 单因子检验。根据检验结果，未旋转的第一个主成分载荷量较少，控制了同源误差问题对本书设计的影响。

7.2　变量测量与模型设计

本书实证检验的解释变量为企业动态能力，被解释变量为绿色食品区域品牌成长性，并将成长年限、生态系统规模、地域差异、资金风险和经济效益五个变量纳入控制变量组。

企业动态能力方面，第一步，选取每个区域品牌样本中，随机选取3 家企业作为代表，采用吴（Wu, 2007）的量表，从竞争优势、资源配置、持续学习能力和快速反应能力 4 个题项测量每个企业的动态能力，然后选取企业动态能力均值作为该区域品牌中整体动态能力。区域品牌生态系统成长性方面，采用翁胜斌和李勇（2016）的量表，从基因强壮性、环境适应性、种群成长性 3 个方面进行测量。生态系统成长年限方面，以区域品牌龙头企业成立年限进行测量。生态系统规模方面，测算区域品牌包含企业的平均资产规模，通过平均资产规模以上的企业数量来衡量。资金风险方面，通过平均资产规模以上企业的资产负债率均值进行测算。经济效益方面，通过平均资产规模以上企业的净资产收益率均值进行衡量。地理分布方面，利用虚拟变量进行测量，生态系统处于南方地区则取值为 1，北方地区取值为 0。具体变量定义与测量方式见表 7 – 1。

表 7 – 1　　　　　　　　主研变量定义与测量方式

变量类型	变量名称	变量符号	测量方式
解释变量	企业动态能力	EDC	采用吴（Wu, 2007）开发的 4 题项量表测量
被解释变量	生态系统成长性	Grow	利用翁胜斌和李勇（2016）三维度量表测量

变量类型	变量名称	变量符号	测量方式
控制变量	成立年限	Tiprd	以区域品牌龙头企业成立年限进行测量
	系统规模	Size	平均资产规模以上的企业数量
	地理分布	Loct	虚拟变量，处于南方地区则取值为 1，北方地区取值为 0
	资金风险	Risk	平均资产规模以上企业的资产负债率均值
	经济效益	Perf	平均资产规模以上企业的净资产收益率均值

本书建立的回归模型为：

$$Grow_t = \varepsilon + \alpha_1 EDC_t + \alpha_2 Tiprd_t + \alpha_3 Size_t + \alpha_4 Loct_t + \alpha_5 Risk_t + \alpha_6 Perf_t + C$$

上式中，t 代表时间截面，α 为回归系数，ε 为残差，C 为常数项。其中 α_1 为主要观测的统计量。

7.3　描述性统计分析

表 7-2 报告了研究样本的描述性统计情况。绿色食品区域品牌生态系统的系统规模方面，企业容量小于 10 家的生态系统有 60 个，10~20 家的生态系统有 90 个，占比为 48.91%，大于 20 家的生态系统有 34 个，占比最小，为 18.48%。成立年限方面，处于 5~10 年的区域品牌生态系统数量最多，共有 88 个，占比 47.83%。资金风险方面，负债率均值高于60% 的最低，仅有 28 个样本，低于 30% 的样本有 40 个，占比 21.74%。大量样本负债率居于 30%~60% 之间。从样本的地理分布来看，北方的绿色食品区域品牌共 106 个，南方共 78 个，占比 42.39%。

表 7-2　　　　　　　　　　研究样本描述性统计

特征	区间	样本数量	百分比
系统规模	≤10	60	32.61%
	10 < Size < 20	90	48.91%
	≥20	34	18.48%

特征	区间	样本数量	百分比
成立年限	≤5	42	22.83%
	5 < Size < 10	88	47.83%
	≥10	54	29.35%
资金风险	≤0.3	40	21.74%
	0.3 < Size < 0.6	116	63.04%
	≥0.6	28	15.22%
地理分布	南方	78	42.39%
	北方	106	57.61%

7.4 信度与效度检验

表 7-3 报告了企业动态能力与绿色食品区域品牌生态系统成长性变量的信度和探索性因子检验结果。信度检验方面，两个变量的 Cronbach's α 系数分别为 0.885 和 0.894，表明量表中测量项目的信度较高，符合问卷调查的基本要求。效度分析方面，本书量表中的题项来自于权威文献，能够在一定程度上保证内容效度。探索性因子分析方面，Bartlett 球形检验结果为 833.747，KMO 值为 0.853，量表适合进行探索性因子检验。根据检验结果，区域品牌生态系统成长性测量量表中，"绿色食品业务成长性"与"区域品牌具有良好的市场竞争力"两个题项出现交叉载荷现象，因此对前者进行了剔除，并进一步进行因子分析。

表 7-3 变量信度与探索性因子分析

因子	测度变量	Cronbach's α	因子载荷	
			F1	F2
动态能力	具备长期、稳定地获取竞争优势的能力	0.885	0.825	
	能将现有资源进行高效地重置		0.745	
	能将新技术或知识纳入内部学习计划中		0.869	
	能以较快速度响应市场上的价格、市场偏好等变化		0.801	

因子	测度变量	Cronbach's α	因子载荷 F1	F2
区域品牌生态系统成长性	区域品牌具有优越的地理环境	0.894		0.785
	区域品牌具有优越的人文环境			0.821
	品牌文化具有良好的历史传承			0.800
	区域品牌获得的政策支持力度较大			0.836
	区域品牌能够享受到地方政府良好的公共服务			0.877
	区域品牌拥有良好的品牌战略			0.861
	区域品牌具有统一的品牌推广			0.814
	区域品牌的品牌建设体系较为健全			0.823
	区域品牌具有良好的市场竞争力			0.865
特征值			5.253	1.063
方差解释			57.692	14.817
累计方差解释			57.692	72.509
Bartlett 球形检验			833.747	
KMO 值			0.853	

注：利用主成分分析进行提取，利用正交方差极大旋转法进行旋转，迭代次数为4次。

　　因子分析结果显示，解释变量和被解释变量各个题项的因子载荷均超过 0.7，最低值为动态能力量表中的"能将现有资源进行高效地重置"题项，因子载荷为 0.745。最高值为系统成长性量表中的"区域品牌能够享受到地方政府良好的公共服务"题项，因子载荷为 0.877。分析结果表明各个题项与构念之间具有显著的相关性，测量题项可靠性较高。

　　根据探索性因子分析结果，变量累计方差解释率为 72.51%，表明本书所选择的量表拥有较高的收敛效度。另外为检验量表区分效度，本书分析了各变量的平均提炼方差（AVE）进行分析。表 7-4 报告了变量相关系数与 AVE 平方根。根据检验结果，变量相关系数均小于平均提炼方差的平方根，因此具有较好的收敛效度。在相关性检验方面，企业动态能力与绿色食品区域品牌生态系统成长性相关系数为 0.452，显著性水平为 0.01。在一定程度上证实了动态能力对生态系统成长性的积极作用。

表 7 – 4   **变量相关系数及 AVE 平方根**

变量	1	2	3	4	5	6	7
动态能力	0.788						
成长性	0.452 ***	0.814					
系统规模	0.235	0.547 ***	0.908				
成立年限	0.301 *	0.418 **	0.494 **	0.824			
资金风险	0.220 *	– 0.258 *	0.577 **	0.167 *	0.741		
经济效益	0.125 **	0.147 ***	0.293 **	0.167 *	0.135	0.682	
地理分布	0.235 *	0.254	0.357	0.654	0.128	0.255	0.884
样本数量	92	92	92	92	92	92	92

注：*** 、 ** 、 * 分别表示在 0.01、0.05、0.1 水平下显著；对角线数值为各个变量 AVE 值的平方根。

除主研变量之间具备相关性以外，本书还发现，系统规模与生态系统成长性之间同样表现出了显著的正相关关系。表明绿色食品区域品牌生态系统所含有的企业数量越多，越有利于生态系统成长性的提高。而这一现象的原因可能在于，企业数量能够直接影响社会网络规模，使得资源与信息的交互频率增加，有利于提高企业创新能力和品牌生态系统的资源配置效率，进而提升生态系统的整体成长性。众多企业所形成的产业集群能够有效提高系统内单体企业的生产效率，在降低交易成本、优化资源配置、创新协同等方面有较为显著的增强作用，还可有效降低单体企业在参与市场交易时的分散性和不确定性风险，对生态系统的成长性提供较为稳定的保障。另外，资金风险与区域品牌生态系统之间存在负相关关系，显著性水平为 0.1。表明当企业负债率过高，面临较强的偿债风险时，企业可持续发展能力和成长空间受到极大压缩，使得序参量对生态系统的驱动作用不断下降，抑制了区域品牌生态系统的成长性。并且，经济效益与绿色食品区域品牌生态系统的成长性表现出了显著的正相关关系，相关系数为 0.147，显著性水平为 0.01。该结果表明，企业经济绩效不断提升时，企业对外部资源的定位、捕获和吸收能力加强，动态能力不断提升，在较大程度上强化了序参量对生态系统的驱动效应，生态系统成长性随之提高。此外，资金风险与系统规模存在正相关关系，二者之间的相关系数为 0.577，显著性水平为 0.05。即系统规模的增加使得生态系统容易因企业资金链断裂而形成系统风险，降低了品牌生态系统的成长潜力。

7.5　回　归　分　析

表 7-5 报告了绿色食品区域品牌生态系统成长性对企业动态能力的回归分析检验结果。其中，回归模型 M1 和 M2 中报告了全样本的回归分析结果。M3 和 M4 中为南方地区和北方地区样本分组检验结果。被解释变量均为绿色食品区域品牌生态系统成长性。

表 7-5　全样本与样本分组回归检验

	全样本检验		样本分组检验	
	M1	M2	M3	M4
控制变量				
系统规模	0.105 *** (3.734)	0.103 *** (3.658)	0.090 *** (3.625)	0.110 *** (3.650)
成长年限	0.125 (0.114)	0.146 (0.127)	0.121 (0.111)	0.095 (0.133)
资金风险	-0.074 (0.446)	-0.110 * (1.844)	-0.009 (0.123)	-0.074 (0.402)
经济效益	0.020 *** (3.147)	0.017 *** (3.251)	0.020 *** (3.105)	0.014 *** (3.144)
地域分布	0.083 * (1.709)	0.083 * (1.709)		
实验变量				
企业动态能力		0.385 *** (3.524)	0.023 *** (3.225)	0.118 *** (3.081)

	全样本检验		样本分组检验	
	M1	M2	M3	M4
R^2	0.183	0.482	0.210	0.236
F 值	5.450 ***	7.829 ***	6.241 ***	6.101 ***
N	92	92	39	53

注：*、**、*** 分别表示回归系数在 10%、5%、1% 水平显著，括号内为 T 检验值。

M1 中，将控制变量组引入回归模型。模型拟合良好，拟合优度 R^2 为 0.183，F 统计量为 5.450，显著性水平为 0.01，表明回归方程整体构造有效。根据检验结果，品牌生态系统的系统规模回归系数为 0.105，T 统计量为 3.734，通过了 0.01 水平的显著性检验。表明生态系统规模越大，系统的成长性越好。与相关分析结果类似，随着系统规模的不断扩大，系统内企业数量越发增多，企业之间发生横向联系的频率以及所形成的社会网络的规模也随之上升，这一方面能够提高企业技术创新能力，提高绿色食品品牌在市场上的竞争优势，为生态系统获得更多的资源输入。另一方面，有利于企业集群内的资源配置效率的提高，降低分散性和交易成本等，进而激发生态系统的成长活性。另外，经济效益变量的回归系数为 0.020，T 统计量为 3.147，通过了 0.01 水平的显著性检验。表明企业经济效益越好，越有利于品牌生态系统的成长。根据资源基础理论，企业拥有的资源基础决定了企业的竞争优势和可持续成长能力。将该理论进行合理演绎，生态系统内的企业因财务绩效积累而补充资源基础后，为产品创新、技术创新和管理创新等提供充足的物质基础和资金保障，企业集群整体成长动力增强，使得企业与政府、供应商、社区之间的资源交换和流通加快，这势必将激发生态系统的运行效率，促进了生态系统的成长性。

M2 中，将解释变量企业动态能力和控制变量组引入回归模型。模型拟合良好，拟合优度 R^2 上升为 0.482，F 统计量为 7.829，显著性水平为 0.01，表明回归方程整体构造有效。在引入企业动态能力后，模型解释力上升。根据检验结果，企业动态能力回归系数为 0.385，T 统计量为 3.524，通过了 0.01 水平的显著性检验。表明企业动态能力与绿色食品区域品牌生态系统的成长性之间具有积极变动关系，企业动态能力越高，生态系统成长性越高。动态能力决定了企业对外部知识、信息和其他资源进行定位、捕获、吸收和配置的综合能力。随着企业动态能力的不断提升，生态系统将受到企业及其他主体的双重影响。即一方面，动态能力驱动的企业可持续成长，能够增加生态系统整体的动能，使之与系统外部的资源交换频率增加，成长性增强。另一方面，企业动态能力的增加将有效提升生态系统内部各个构成要素之间的资源与信息流动，资源配置效率提高，交易成本降低，再次提升生态系统的成长性。

　　M3 报告了处于北方的样本回归分析结果。将解释变量企业动态能力和控制变量组引入回归模型。模型拟合良好，拟合优度 R^2 为 0.210，F 统计量为 6.241，显著性水平为 0.01，表明回归方程整体构造有效。根据检验结果，系统规模与经济效益对系统成长性的积极影响检验结果显著，回归系数分别为 0.090 和 0.020，T 统计量分别为 3.625 和 3.105。企业动态能力回归系数为 0.023，T 统计量为 3.225。表明处于北方的绿色食品品牌生态系统中，企业动态能力依然表现出了对生态系统成长性的积极影响。M4 报告了处于南方的样本回归分析结果。将解释变量企业动态能力和控制变量组引入回归模型。模型拟合良好，拟合优度 R^2 为 0.236，F 统计量为 6.101，显著性水平为 0.01，表明回归方程整体构造有效。解释变量企业动态能力的回归系数为 0.118，T 统计量为 3.081。表明企业动态能力对生态系统成长性的促进作用具有较强的稳健性。无论全样本还是根据地域分布进行样本分组检验，二者之间的积极关系均具有统计学意义上的显著性。

　　将南方与北方的样本进行比较分析发现，企业动态能力对绿色食品区域品牌生态系统成长性的解释力多有不同，北方样本中，企业动态能力变量的解释力为 2.3%，而南方样本中，动态能力变量的解释力为 11.8%。这一结果表明，南方地区的品牌生态系统对企业动态能力的依赖程度更高。换言之，南方地区的企业动态能力对生态系统成长性的贡献高于北方地区。造成这一现象的原因可能在于南部地区企业拥有企业动态能力较强，其本身对区域品牌生态系统资源获取能力的促进效应以及对生态系统内部各构成要素之间资源交换频率的积极贡献，均提升了生态系统的成长性。

　　综上，本章遵循严谨的科学研究范式，以成长年限、系统规模、地区差异、资金风险和经济效益为控制变量，重点解析企业动态能力对系统成长性的驱动作用，目的在于实证检验企业动态能力作为序参量对绿色食品区域品牌生态系统成长性的影响机制和作用效应，从而为系统可持续发展提出可行性建议。实证分析结果表明：①企业动态能力对绿色食品区域品牌生态系统的成长性具有显著促进作用。企业动态能力越强，生态系统成长性越高。②企业动态能力对生态系统成长性的促进作用具有较强的稳健性，对于南方和北方的绿色食品区域品牌生态系统均适用。但是，南方企业动态能力对生态系统成长性的贡献高于北方地区。③生态系统规模、企业经济效益与系统成长性具有显著正相关关系，即生态系统规模越大，系统的成长性越好；企业经济效益越好，越有利于绿色食品区域品牌生态系统的成长。

7.6　本　章　小　结

　　本章基于企业动态能力视角，采用问卷调查方法，将第 6 章用以计算绿色食品区域品牌生态系统演化系数的 104 个绿色食品区域品牌作为研究对象，以成长年限、系统规模、地区差异、资金风险和经济效益为控制变量，重点解析企业动态能力对系统成长性的驱动作用实证检验企业动态能力作为序参量对绿色食品区域品牌生态系统成长性的作用效应，以揭示绿色食品区域品牌生态系统的驱动机制，为生态系统的可持续成长提出切实可行的政策建议。

第8章 绿色食品区域品牌生态系统 动态演化研究启示

根据前文对中国绿色食品区域品牌生态系统理论分析、生态系统竞争力评价分析、系统动力分析、系统动态演化分析以及实证检验的结果，本章将根据企业动态能力驱动下的绿色食品区域品牌生态系统的演化周期特点得出研究启示，以期为系统动态演化发展提供指导参考。绿色食品区域品牌生态系统具有复杂适应性特征，包含众多行动者，作为系统序参量的企业动态能力对生态系统具有显著的抑制作用，因此系统成长过程中应当尤其关注拓展企业动态能力，特别是龙头企业的动态能力，增强企业资源吸收能力、资源利用和成果转化能力（Teece，2007），生产高品质的绿色食品，带动产业集群发展，打造知名区域品牌。同时，绿色食品区域品牌生态系统的生存与成长还受到其他建构主体、合作主体及外部环境体系等一系列因素的制约，生态系统的演化过程会出现多轮次的起伏与波动，呈现出系统萌芽期、系统成长期、系统成熟期与系统蜕变期的演化过程。当前绿色食品行业参与者日趋复杂，农业生产要素日益活跃，调整农业产业结构，尤其要推动供给侧结构性改革，提高农产品在市场上的竞争力，改善农业综合性效益水平。由此看来，加速推进绿色食品产业发展，促进绿色食品区域品牌生态系统的优化发展，成为助推经济产业转型升级和实现经济发展方式转变的必然要求。作为农业发展主要力量之一的绿色食品产业应抓住当前快速发展的契机，不畏挑战，迎难而上，不断优化生态系统，促进农业提质增效转型升级。本章结合前文分析，从系统序参量企业动态能力出发，结合生态系统内的其他主要内部参与者，根据系统发展周期，分阶段、针对性地提出以下优化建议。

8.1 绿色食品区域品牌生态系统萌芽期的优化

根据前文研究，当绿色食品区域品牌生态系统处于萌芽期时，系统内部各个行动主体之间的交互频率较低，并均处于初级发展状态，系统的稳定点处于第 6 章所提到的函数曲线的低谷，新的投入不足以改变系统的原有状态。由于系统内部分工的细致化程度较低，可能仅仅存在少数几家能够提供专业化资源捕获服务的供应商，但大多数绿色食品加工制造业企业仍需要靠自身实力开展资源定位、捕获、吸收与配置等一系列动态行为来完成各项职能活动。由于绿色食品的产能与市场张力尚未充分释放，企业之间所形成的集群规模相对较小，组织间协同效应开始萌发，建立起一种尚不成熟的互动机制和行为规范，绿色食品生产、营销、推广等环节产生的协同效应较为有限。地方政府方面，地方政府尚未充分意识到当地绿色食品区域品牌可能为当地经济效益、就业、税收等社会福利产生的显著促进作用。同样，银行、基金公司等金融机构对绿色食品产业链的价值预期较低，产业链上各个组织可能面临程度不一的融资约束问题。绿色食品方面来看，企业仅能开发出少数几种具有地域特征的绿色食品产品，主打产品形态及产品结构单一，产品功能等尚需进一步完善。品牌建设不足，品牌的知名度、产品附加值较低，难以拓展市场边界。消费者对该类产品的认知程度较低，消费市场占有率低。针对萌芽期的各参与者行为特点，提出绿色食品区域品牌生态系统萌芽期升级策略如下。

8.1.1 激发企业动态能力，发挥龙头企业的带动作用

萌芽期阶段，绿色食品区域品牌生态系统内大多数绿色食品加工制造企业仍依靠自身的动态能力来开展各项职能活动，产业集群规模较小，企业间的组织协同效应不明显。区域内的龙头企业应当发挥主体带动作用，激发企业动态能力，通过对企业营销系统、管理系统、业务流程、创新和研发等多方面的再造，实现企业资源的合理配置，确保企业所占有的基本市场份额和品牌价值。在此基础之上，拓展新的业务增长

点，改善并强化绿色食品品牌形象，为后续培育和开发新产品营造更好的品牌环境。企业在产品创新过程中要从资源优势和企业竞争优势出发，持续追求价值导向以开发契合顾客需求的绿色产品，从而进一步强化品牌形象。

在实现产品和品牌的协同发展及良性互动的过程中，发挥龙头企业在系统中的主体带动作用，特别是在基地建设和市场开拓方面（王德章等，2009），通过整合资源、优化企业规模结构，加强生产环节要素资源整合，强化与农户、原材料供应企业合作，加强区域内营销网络建设等，打破狭隘的地区分割，对绿色食品的生产、加工、营销、物流、内外贸易等多个环节实现资源和平台的整合（王运浩，2016），从而促进区域内产业集群的发展。产业集群可以有效提高单体企业的生产效率，增强企业在技术和管理创新、降低交易成本以及提高外部经济正效应等方面的竞争力，提升区域优势效应和区域品牌化绩效。群内大量的关联企业、机构等通过专业分工协作，结成本地化网络，这既克服了单体企业参与市场交易的分散性和不确定性风险，又可避免层级制企业的低效率。群内企业应自发或由行业协会倡导搭建平台，在产品营销与推广、品牌推介、资源配置等层面建立协同创新机制，以降低集群内企业的交易成本，提高市场活性，保证区域产品求同存异，丰富利润增长点，拓展市场空间。

8.1.2　科学规划产业发展，着力培育品牌生态系统

萌芽阶段，虽已具备了较好的绿色食品产业发展基础，但产品结构单一、资源配置不合理、供应链不畅等问题较为明显，龙头企业示范带动作用未能有效发挥。绿色食品企业要根据不同生产区域、经济条件和发展阶段等因素，努力建立较为成熟的互动机制和行为规范，提升组织间的协同效应。通过区域内品牌结构优化和区域资源整合，形成并建构完整的产业链，优化区域内资源配置，实现全产业链的战略布局，提升区域品牌的系统竞争优势。地方政府方面，应充分挖掘和认识到当地绿色食品在拉动区域经济和社会福利增长方面表现出的发展潜力和社会影响力。从绿色食品识别与培育机制、绿色食品区域品牌宣传体系、绿色食品产业链建设引导机制三个层面为绿色食品区域品牌生态系统的成长

提供良好的制度环境。

首先，地方政府应通过全面和深入地调研，构建绿色食品识别与培育机制，进而挖掘已具备绿色食品特征或具有培育潜力的绿色食品品牌，充分剖析绿色食品品牌的成长潜力。其次，构建面向农户、食品加工制造业企业、金融机构、销售公司等多个利益主体的立体化宣传体系，梳理各利益相关者的利益诉求，提高各利益主体在建设区域品牌过程中的参与意愿。强化企业与农户的利益联结机制，夯实绿色食品标准化生产的基础（王运浩，2011）；搭建科研发展共享平台，为同类绿色食品生产提供科技支持和研发帮助；积极融入"互联网＋"潮流，利用天猫、淘宝等电商平台，以区域为单位构建统一的销售平台入口，同时举办博览会、贸易交流促进会等展会活动，实现实体销售与电子商务平台的互动发展；通过资源整合，增加成本优势，建立规范、安全、协同的采购平台。最后，地方政府应积极促进互联网经济、信息技术和绿色食品产业的有机融合，搭建集农产品栽种、采集、深加工、销售与品牌推广于一体的绿色食品品牌综合服务平台，降低绿色食品产品在种植、采集、加工、销售各个环节产生的交易成本，提高生态系统的运行效率，为生态系统的快速成长提供良好的制度环境。创建共创机制，逐步建设开放式企业的生产、供应商、渠道和研发平台，理顺分享机制，实现多平台共享，完成资源的平台建设重构，为区域品牌生态系统的培育和发展提供良好的产业支持。

8.1.3 提高绿色食品产能，塑造绿色食品区域品牌形象

根据前文的研究结论，品牌声誉对区域品牌发展具有显著促进作用。区域品牌声誉是企业与区域经济重要的无形资产和品牌资源，能够有效提升区域品牌忠诚度，增加消费者对于品牌溢价的接受程度。在绿色食品区域品牌生态系统的初级状态，农户的种植量与绿色食品加工制造商的产能较为有限，绿色食品品牌的市场认知度较低，导致品牌美誉度与忠诚度无法有效支撑绿色食品区域品牌形象。为此，要全面加大绿色食品营销和宣传力度，综合运用传统媒体和现代网络媒体扩大企业品牌知名度和美誉度，进一步提高消费者对绿色食品品牌的认知度。主要应从农户、绿色食品加工制造商和政府、行业协会三种途径提升绿色食

品产能，提升区域品牌形象。

在机会成本和较低的经济回报影响下，绿色食品的种植量较低。所以，在地方政府的政策引导下，绿色食品原材料提供商与农户应提高市场经济意识，充分认识和全面评价绿色食品所具备的市场竞争力和盈利空间。同时通过技术创新与管理创新的有效结合，提升绿色食品原材料种植量和供应效率。

对于绿色食品的加工制造企业而言，随着绿色食品区域品牌生态系统的发展，应准确定位自身在上下游产业链和价值链中的位置，进一步明确自身的核心竞争优势。企业要特别强化品牌意识，维护并提升品牌声誉，坚守品牌质量，塑造企业的市场感知能力，满足特定人群消费需求，实现价值导向的产品创新和产品培育，打造有影响力的绿色食品区域品牌，为消费者带来优质、安全、环保的绿色食品。同时通过有效的专业化分工，剥离非优势和盈利业务，专注于动态能力的培育与提升。深挖绿色食品品牌内涵，强化品牌营销模式，综合运用多种营销手段加大宣传，塑造强势绿色食品区域品牌形象。另外，农户、原材料提供商和产品加工制造商应致力于搭建良好的合作网络和沟通平台，尽快形成区域品牌建设过程中的协同网络，为提高绿色食品区域品牌的知名度和美誉度提供组织保障。

对于政府和行业协会来讲，依托区域特色和原有品牌优势，通过制定相应政策，整合所在区域内的绿色食品品牌资源，提升龙头企业的品牌价值，通过"大品牌"带动"中小品牌"发展，实施以优势个体品牌为基础的区域品牌战略，实现区域内各品牌之间的协同发展，最终形成大中小品牌层次完整、区域品牌融合发展的优良格局，进而有效提升农业现代化水平，提升产业品牌价值。在品牌定位协同和品牌运营协同下，坚持品牌共创，实现强势品牌带动新兴品牌成长壮大，努力实现彼此之间的和谐共生及协同效应，创新区域品牌关系发展模式，同时用区域品牌影响力带动区域内绿色食品企业的共同发展，拓展绿色食品消费市场边界。举办大型区域品牌建设和宣传活动，要不断创新宣传模式，搭建多种营销渠道，参加各种形式博览会，推行网上直销，设立专营店、进超市以及与农家乐、美丽乡村游紧密结合，实现一二三产业融合发展，支持引导产品出口。在绿色食品宣传方面，可以采用"媒体＋展会"双重方式，统筹推进市场建设和品牌宣传。一方面，利用电视媒体、广播媒体、网络媒体、专题活动 App 等宣传方式主动发布绿色食品产品及相关活动信息，传播速度快、宣传效果好；另一方面，通过农交会、绿博会等博览会大型活动，搭建企业、经销商、消费者现场交流平台，活动影响力度大、互动性强。

8.1.4 构建多方利益主体协同机制，强化区域品牌的有效推广

在绿色食品区域品牌的萌芽状态，多方利益主体之间的协同机制尚未完全建立，输入系统的能源较为有限，将制约生态系统的发展潜力和成长空间。为此，在该阶段，商业银行等金融机构、人力资源市场、原材料供应商应构建彼此之间的协同机制，提高生态系统的成长动力，强化区域品牌有效推广。

以地方政府的金融支持政策为前提，商业银行应发挥对种植户、合作社等原材料供应商的金融支持，开发针对性的金融产品，降低该类客户的融资成本，提高生态系统的资金资源保障。地方政府应在建立产学研合作网络的基础上，在用人单位与高校之间建立专业化的人力资源市场，保障原材料供应端、加工制造端以及经营管理端的人才需求，为生态系统的可持续成长提供智力支持和人才保障。另外，在该阶段，应着重考察建立绿色食品区域品牌的协同营销和推广机制，通过专业化的工作细分，将绿色食品品牌的推广业务剥离给营销代理与销售公司，构建统一的品牌培育体系，提高区域品牌的专业化推广效率。政府要制定良好的政策环境和制度体系，保证企业参与集群竞争的制度和政策优势，还需要基于社会与自然和谐发展的视角，在生态保护和企业社会责任方面对品牌生态系统内企业、供应商等诸多行动者制定激励约束机制，维护生态系统的正常运转，实现系统内利益相关者的共赢。

8.2 绿色食品区域品牌生态系统成长期的优化

绿色食品区域品牌生态系统经过萌芽期的波动之后，进入快速成长期。绿色食品加工制造企业动态能力快速提升，绿色食品区域品牌生态

系统开始快速成长。系统内部行动者数量不断增加，行动者之间开始启动复杂适应性机制，行动者之间交互频率与交互深度不断提升，组织复杂程度和生态系统规模进一步提升。该阶段应从区域品牌治理、协同机制强化和产品合作创新等多个方面制定生态系统成长期升级策略。

8.2.1　提升创新驱动下的企业动态能力

企业动态能力对绿色食品区域品牌生态系统的持续发展具有决定性作用，尤其在绿色食品区域品牌生态系统的快速成长阶段，企业动态能力的支撑作用显得尤为重要。企业动态能力体系中，资源捕获能力、资源配置能力和盈利能力的培育和发展均需要以技术创新、管理创新和制度创新为核心，以保证对动态能力的有效驱动。

首先，应发挥管理创新对企业资源捕获能力的协同驱动效应。企业对外部知识、信息等相关资源的定位与捕获取决于企业的资源敏感性与吸收能力。为此，企业应通过管理创新机制提升企业的资源捕获能力。一方面应通过优化管理层次和管理幅度，动态调整组织结构，提高企业对外部资源的反应速度和决策效率。另一方面应通过优化管理制度和管理机制，构建以资源捕获和吸收的运营模式切实提升企业资源储备。

其次，应发挥双元性技术创新对企业资源配置能力的驱动效应。对于绿色食品加工制造业而言，创新资源配置方向和配置效率决定了绿色食品产品的多样化程度和产能。因此企业应充分利用探索式创新，通过深加工和扩展加工等途径，丰富产品的多元化程度，完善产品序列，提高企业在异质性绿色食品市场上的竞争优势。同时，应建立利用式创新机制，通过对已有知识的学习和再吸收，丰富已有产品线，巩固既定市场份额，提高绿色食品品牌的美誉度和忠诚度。

最后，应发挥制度创新对企业盈利能力的积极效应。企业动态能力的提升最终将体现为产品销量和盈利水平的增加。为此应从管理制度和治理制度双重层面，进一步提高企业决策者的资源配置效率。治理制度层面，应构建以高管股权激励为主，非货币性激励为辅的激励体系，将创新绩效、经济绩效和高管收益相关联，实现高管私人效用与企业可持续成长的激励相容，提高高管的创新动机和意愿。管理制度层面，应突破已有组织框架，构建虚拟组织和学习型组织，提升组织的环境适应性。同时利用基于互联网平台的现代化营销手段，对新研发的绿色食品产品进行有效推广，进而提高创新绩效对经济效益的转化效率。

8.2.2 构建公平合理的区域品牌治理机制

在快速成长阶段，绿色食品区域品牌生态系统中的行动主体数量的提升使得利益相关者之间产生的利益冲突愈发激烈。在各自的目标函数作用下，绿色食品的原材料供应商、加工制造商、品牌代理商在价值链中的相互挤占现象不断加剧。生态系统中各利益主体之间交易成本的上升降低了生态系统整体资源配置效率。此时，应构建绿色食品区域品牌公平合理的治理机制，促进生态系统可持续发展。

首先，构建品牌集群激励约束机制。借助地方政府平台，以行业协会为治理主体，以原材料供应商、绿色食品加工制造商和品牌代理商为治理对象，构建品牌集群的激励机制。将同领域经济贡献额作为激励参考，通过政府补贴、税收优惠、贷款贴息等多种方式对各领域的领军企业进行政策支持，提升供应商、制造商和代理商的积极性，促进生态系统整体运行效率。其次，提高产业链中利益主体的激励相容。处于价值链不同位置的利益主体容易因利益挤占而提高交易成本，降低生态系统整体效率。为此，地方政府应一方面建立绿色食品品牌网络交易平台，通过合理的竞价和产品竞争，提高上下游企业的协同度，优化企业竞争环境。另一方面应通过制度建设对不良竞争主体进行约束，并淘汰低效率市场主体。最后，优化绿色食品协会的治理结构。在成立区域绿色食品协会的基础上，通过政策设计和制度优化，切实夯实绿色食品协会的治理主体地位，明确协会内部治理结构，进而妥善解决各利益主体之间的治理冲突，提升对原材料供应商、产品加工制造商和品牌代理商的治理效率，降低代理成本和交易成本，提升绿色食品区域品牌生态系统成长潜力。

8.2.3 优化跨层次网络协同效应

快速成长期间，绿色食品区域品牌生态系统中各个层面的行动主体不断发展壮大，组织规模迅速扩张，管理专业化程度不断增强。生态系统内部复杂程度和规模进一步提升，必须培育和改善品牌生态系统的协同创新环境，这是绿色食品区域品牌生态系统得以快速成长的关键。为提升生态系统的整体发展张力，应在该阶段充分发挥行动主体之间的协同效应，按照"农户（合作社）—供应商—制造商—代理商"的价值链条，从同层和跨层两个维度构建行动主体之间的协同机制，提高生态系统运行效率，优化跨层次网络效应。

依靠行业协会或地方政府，通过网络信息平台和实地考察这种线上线下相结合的方式，举办农业技术交流会等活动，创造机会促进农户（合作社）之间交流互动，积极沟通和相互学习相关种植技术和经验，推广绿色食品新品种、种植存储新方法、经营销售新思路，提高绿色食品相关原材料的供应质量和效率。在行业协会引导和政策支持下，原材料供应商之间应摆脱利益挤占关系，通过构建良好的原材料市场秩序，达到对供应商优胜劣汰的净化效果，为提高原材料质量和绿色食品质量奠定基础。绿色食品加工制造商之间应建立积极的竞合关系，通过相互竞争合作，不断丰富区域品牌的产品线和品牌体系，提升绿色食品动态竞争能力和市场占有率。同时应配合地方政府、行业协会合力构建统一的绿色食品营销规划和区域品牌战略，加大绿色食品区域品牌的整体营销力度。

175

另外，在绿色食品产业价值链条中，跨层协同对于提高绿色食品区域品牌生态系统内部要素与资源的流动以及系统整体运行效率具有重要作用。首先农户与供应商之间应建立长期稳定的合作关系，在合作过程中就出现的问题及时沟通，不断提高合作默契程度，保证合作的顺畅稳定，保障双方的利益共赢以及绿色食品原材料的高质量供给，为绿色食品生产打下坚实基础。供应商与制造商之间应建立稳健的战略联盟，以长期共赢为目标，以彼此信任为基础，通过打造积极的沟通渠道，降低因信息不对称造成的逆向选择与道德风险，全面降低交易成本。制造商与品牌代理商之间应在建立科学的利益分配机制的基础上，优化激励约束机制，提高代理商对企业品牌的信任度和忠诚度，努力开拓绿色食品区域品牌的产品市场潜力。

8.3 绿色食品区域品牌生态系统成熟期的优化

经过快速成长期后，区域品牌生态系统进入成熟期，系统的成长速度和成长动力下降，企业动态能力提升速度下降。诸多食品制造企业被纳入企业集群中，集群规模实现最大值，金融机构、合作网络以及中介机构与企业及其他行动者之间也已建立了成熟的关联关系。此时要注意行动者高效运转产生的环境外部性。因此，绿色食品品牌生态系统成熟期优化策略如下。

8.3.1 促进国内外产销对接，扩大品牌影响

在品牌生态系统的成熟期，集群内企业众多，并且通过自主研发、合作创新等各种方式推出了序列丰富的绿色食品产品，此时需要龙头企业积极制定国际化的销售策略，铺陈多元化的销售渠道，促进国内外生产商、批发商与零售商的紧密对接，发挥绿色食品产业产品多样化的优势，结合各城市地方特色进行绿色食品品牌宣传，进一步提升区域品牌影响力和号召力，从而带动当地中小规模企业协同发展。

处于成熟期的绿色食品企业绝不能产生懈怠心理，而应积极聘请和组织国内外专家学者进行成熟期销售策略的探讨与制定，并把绿色食品区域品牌的建设、推广和升级作为成熟期的重要目标之一。绿色食品企业必须对区域品牌建设进行系统性、全面化的布局和设计，加强绿色食品国际市场份额的占领，提升绿色食品品牌的国际化影响力、品牌效益和品牌附加值。首先，绿色食品企业要密切关注并满足当前消费市场多元化、个性化的消费需求，准确把握绿色食品消费者心理，从而对绿色食品市场进行精准的定位和把控，有利于准确塑造品牌形象，提升品牌的亲和力和可信度，大力提高绿色食品区域品牌市场影响力和竞争力。其次，要拓宽绿色食品多元化销售渠道。积极拓展绿色食品企业的销售路径和渠道，培养高素质、高效率组织人员进行企业与销售商、零售商的洽谈和合作，促进各地市生产商、批发商与零售商的紧密对接，完善绿色食品各种形式的物流运输体系。利用"互联网＋"的迅猛和便捷，

搭建绿色食品"生产—销售—售后服务"完整电子商务平台，广泛搜集相关数据和资料，参与到新时代绿色食品大数据管理体系当中，开拓绿色食品线上销售和线下销售相结合的新模式，不断提升绿色食品区域品牌效益和市场影响力。最后，巩固当前绿色食品区域品牌生态系统的稳定性，积极组织与国外跨国公司的商务谈判，对接国际资源建立"绿色食品战略联盟"，拓展国际化的销售渠道及海外绿色产品市场，学习和利用国际先进的生产技术进行绿色食品生产线的改良和再设计，促使绿色食品品牌走出中国市场，迈向世界市场，并通过先进品牌的国际化来带动我国整体品牌生态系统的绿色、健康、持续发展。

8.3.2　优化产品结构，提高区域品牌竞争力

处于成熟期的绿色食品区域品牌生态系统产品供给结构不断完善，但一系列问题也在逐渐显现，比如市场消费者需求与产品供给结构的不匹配，出现供求关系的不对等，甚至容易演变成结构性失衡等问题。加之现有的生产力发展水平限制了市场的开放程度，企业很难满足消费者越来越个性化的需求，这就会导致绿色食品产业的生产效率、产品收益和品牌效益并不高。为解决上述问题，实现绿色食品产业的持续健康发展，应加快调整产业结构，优化产业在区域内的布局，延伸产业链长度，努力实现市场供给与消费者需求之间的紧密对接。

企业应结合当地土地资源环境和政府优惠政策，努力追求产品技术创新，依托区域资源禀赋的差异性优化产品结构及发展环境，延长产业链，丰富绿色食品产品序列，增加产品附加值。随着"互联网+"热潮迅速席卷全国，绿色食品产业越来越集中于资源禀赋条件优越、产业发展基础扎实的地区，这一演变态势在未来会愈演愈烈。政府应因地制宜，结合当地绿色食品产业发展的区域资源禀赋，以"扶优、扶特"为原则，比较地区内资源环境等差异，坚持实施非均衡发展战略，合理开发、梯度推进，及时调整绿色食品产业发展结构，优化绿色食品区域品牌形象，积极为绿色食品产业的持续健康发展提供地方政策支持，并"以一带十"，利用好绿色食品龙头企业的辐射带头作用，带动当地经济水平的快速、高效发展。与此同时，政府还应依据绿色食品区域性分布特点，实行针对性的品牌规划，最大限度地发挥各地区比较资源优

势，最合理地配置和利用有限资源，加快发展优质、安全、绿色产品，形成良好的产品供给结构，不断提高市场占有率和国际竞争力。加强绿色食品生产、加工、物流节点等基地建设，更好地发挥绿色食品基地在产品生产、产业链延伸、物流运输等方面的功能，从而更好地推动绿色食品产业结构优化升级，提升产品价值和产业效益。严格执行淘汰退出机制，确保产品符合标准；要建立质量追溯体系，实现产品质量即时查询；要深化企业诚信意识和诚信体系建设，严厉打击制售假冒伪劣产品行为，促进产业持续健康发展。

8.3.3　履行企业社会责任，维护良好外部环境

当绿色食品区域品牌生态系统进入成熟期后，企业和集群在品牌培育、产品营销、新产品研发等各个领域积累了丰富的资金与技术资本，得到一定的商业利益，这些都是在当地政府和消费者的支持下实现的。田敏等（2014）指出新时代下的企业经济利益与社会责任并存，企业的社会责任行为会对消费者品牌评价产生影响。正因如此，集群与集群内企业应主动承担相应的社会责任，自觉履行义务，为当地社会经济发展做出应有贡献，主要从经济责任、法律责任、社会责任和慈善责任四个方面强化企业责任意识。

首先，经济责任是企业应承担的首要责任。扩大销售，降低成本，保障利益相关者的合法权益，确保为消费者提供优质、安全、环保的绿色食品。其次，法律责任方面，企业要遵纪守法，特别是消费者权益法、环境保护法和劳动保护法。企业应履行诚信经营的义务，赢得消费者信任，在消费者当中维护优良的信誉和口碑，有效留住老顾客并争取赢得新顾客。企业应及时有效完成合同中规定的义务，规范管理企业内部各部门及员工，带领员工和社区依法经营、遵纪守法，共建法治、和谐社会。绿色食品区域品牌进入成熟期后，最显著的特征就是企业高效运转产生的环境外部性，因此，企业必须要履行生态保护社会责任，改善生产加工工艺，降低环境外部性。克服盲目追求经济利益的短视目标，充分考虑环境承载力的前提下获取开发生态资源，通过支付费用和资源输出的方式，维护生态环境，改善生态质量，努力履行社会责任，实现社会、生态、区域资源和经济效益的和谐发展。再次，企业应重视

社会责任，依法履行好社会责任，及时规避经营活动中有可能存在的风险，避免因产品服务质量带来的不良影响。尤其在高新技术产业迅猛发展的今天，企业更应重视科学技术的引进和应用，加快产业结构调整，并增加就业岗位，引进海内外优秀人才，致力于塑造一个绿色、健康、创新、高效的技术型生态企业。最后，企业还应积极履行慈善责任。企业应将慈善捐赠和社会救助作为自己必要责任中的一部分，充分调动资金发展公益事业，并积极探索更加规范、更具公信力的慈善事业运作机制，利用大数据平台支援社区教育、医疗卫生、社会保障等项目的发展，引导员工关注慈善事业，为社区改善做出应有的贡献。

对于政府而言，应当严格审核，从严把关，严格按照国家颁布的标准和技术规范，切实加强对产地环境、生产过程、产品质量等重点环节的审核，从重视形式审查到强化实质审查转变，将风险评估贯穿于审查工作的各个环节。地方政府、行业协会以及社区和居民开始对企业行动者施加约束机制和社会舆论压力，促使其改善产品生产加工工艺，降低环境外部性，同时通过费用支付和资源输出的方式，维护生态质量，改善生态质地，关注生态文明，从而实现经济、社会、自然资源与生态环境之间的和谐、稳健发展。

8.3.4　关注各方行动者，着力推进协同发展

在此阶段，农户、股东、供应商、金融机构、消费者、竞争者等众多利益相关者参与到系统中来，互动频繁，因此做好各利益相关者的协同发展，着力推进系统发展变得尤为重要。应着力推进产业协同、创新协同、品牌管理协同、环保协同和基础设施建设协同，通过以上途径协调系统各行动参与者的利益关系及互动机制，实现绿色食品区域品牌生态系统的共生成长。

加快建设绿色食品科技园、特色有机食品示范生产基地，同时可以开展绿色食品旅游开发，形成特色鲜明、竞争力强、产业链长、品牌效应突出的绿色食品产业带、产业区，实现区域内产业协同发展。抓好创新协同工作，打造科技转化基地，迎接高校及研究机构创业园区的创建和转移，推动创新成果在区域内的孵化。鉴于绿色食品区域品牌的公共性，为追求超额利润的搭便车行为在本阶段会较为严重，保护区域品牌

成为重要任务。政府应当实行全方位监管，对区域品牌的使用制定严格标准，实施产品质量认证，开展全面质量管理，以维护区域品牌的美誉度。对于环保协同和基础设施建设协同，要深化区域内大气、水、土壤污染防治协作，建立环境生态补偿机制；推进区域内铁路、公路等基础设施建设和专用货运通道建设，为生态系统发展提供环境和基建支持。此外，仍应当保持产区品牌宣传推广系列活动的开展，根据实际情况，组织区域性、全国性，乃至国际性的推介品鉴会、新闻发布会、摄影大赛等，为社会和消费者提供了解绿色食品区域品牌的窗口，带动当地的休闲度假旅游业的发展，贯彻绿色食品、绿色产业、绿色旅游等绿色发展新理念。

8.4 绿色食品区域品牌生态系统蜕变期的优化

随着企业动态能力下降，绿色食品区域品牌生态系统进入蜕变期，系统发展速度降低，甚至呈现出衰减状态。受到企业动态能力下降的影响，区域资源的开发利用效率下降，绿色食品生产企业和供应商之间的互动频率下降，甚至个别供应商逐渐退出生态系统。企业组织结构出现冗余特征，企业面临巨大的成长压力。品牌老化、竞争者倒逼、产品结构不合理、市场供需不平衡、环境负外部性等问题更加突出，区域品牌市场空间受到挤压。因此，绿色食品区域品牌生态系统蜕变期优化策略应从以下几个方面展开。

8.4.1 改革创新增强企业动力，摆脱原有路径依赖

绿色食品区域品牌生态系统进入蜕变期，企业动态能力下降，供需失衡，组织结构出现冗余，此时，企业组织需要进行各种方式的改革创新以增强企业动态能力，开辟新的增长路径，获得新的利润增长点。通过技术创新对产品的性能和功能进行再完善和再开发，提升科技创新力度和创新投入能力，提高企业生产效率，为变革提供技术支持与保障。针对产品结构单一、定位落后、消费群体流失等问题，通过产品创新将原有产品包装升级，研发新产品，品牌再次定位精准对接消费市场，重

新占领市场份额。通过管理创新进行业务流程再造，实现组织架构、薪酬体系、营销系统、人力资源管理等方面的改革以增强企业动力，提高企业运转效率。企业应当对生产、研发系统进行改革，开展公司内部管理系统和业务流程再造，为企业创新发展注入新的活力，拓展新的业务增长点。同时，企业要本着科学严谨的态度，深挖自身管理方面存在的不足，找出制约企业发展的短板加以弥补，进行公司治理体系的变革，努力提升风险管控能力，积极转型成长，进而推动生态系统重新回到平衡状态。

8.4.2　区域品牌形象重塑，实现品牌价值迁移

面临市场、技术、环境和竞争者的多重压力，品牌建设不足和市场竞争加剧，企业面临严峻的经营形势，产品形态老化，消费者大量流失，此时的品牌定位急需重新调整，进行品牌价值迁移，以获得持续的竞争优势（Maheswaran et al.，2006）。品牌老化和衰退的原因主要是品牌价值固化（Maheswaran et al.，2006），这个问题能够通过基于产品创新和品牌二次定位的品牌延伸，以及品牌价值链扩张创建新品牌，构建新的品牌组合，进入新的市场来实现价值迁移和升级（Vukasovic，2012）。在品牌延伸的过程中，由于消费者对于使用情境一致的品牌延伸会给予较高评价，理解新的产品信息更加容易（Estes，2012），因此要注意与原有品牌的匹配性和相关性，并且要坚持消费者价值导向，品牌重塑时要特别注意瞄准消费人群，在开发新产品时应当对产品希望传达给消费者的品牌感受进行调研和规划，在产品上市时实行品牌整合。凭借精准的市场定位和高品质的产品质量以及良好的用户体验，以此实现品牌价值迁移和品牌重塑。生态系统内的各品牌实现了独特的品牌定位，分别聚焦于品牌所对应的业务板块，实现了品牌与细分市场、品牌与业务板块的融合发展，为打破边界、实现品牌共创奠定了良好的基础和支撑条件（许晖等，2017）。区域品牌重塑能够实现品牌价值创新，扩大市场空间，更重要的是在此过程中打破了核心能力刚性，使得企业在市场竞争中展现了核心竞争力的价值资源，实现企业核心动态能力的进阶与提升。

值得注意的是，在区域品牌重塑的过程中，政府和行业协会应当注

意协调个体品牌之间的协同发展，在品牌定位、品牌运营等层面上加以规范和引导，不断完善和提升现有品牌、新品牌之间的协同能力，便于发挥区域竞争优势，便于同竞争对手展开全面竞争，拓展新的产业边界和市场边界。

8.4.3　强化政策支持，推动系统持续演进

系统进入蜕变期，一方面，政府要以绿色生态为导向，对造成生态恶化的企业，要制定严苛的规制政策，促使企业进行生态保护，勒令极端企业关闭或停产；另一方面，政府要为企业转型成长提供充分的政策和制度支持，完善农业补贴政策，通过财政补贴、联系外部合作伙伴、促进产学研合作创新等方式，提升企业和其他行动者的成长潜力，实现食品品牌生态系统的持续演进。此外，政府应认真贯彻落实农业农村部对绿色食品产业发展提出的相关政策建议，认真研究当前绿色食品区域品牌生态系统运行过程中在标准体系、认证程序、监管制度等方面存在的问题，并积极组织专家小组对其中不完善、不合理、不适应的地方进行探讨，深究制约其发展的根本原因，从本质出发制定合理、有效的解决方案，并对当地绿色食品产业的发展潜力进行勘探和挖掘，对绿色食品产业持续健康发展的地方政策法规进行修改、丰富和完善。企业应当抓住这一契机，变不利为有利，积极争取地方财政、税收、金融、科技等方面的政策支持，获取多重资源，再次激活企业动态能力，优化资源配置效率和配置水平，实现产品序列、管理体制、科研开发、追求顾客价值导向、营销宣传等方面的科学再造，重塑良好的企业产品形象，焕发绿色食品区域品牌新生命、新活力。

第9章 研究结论与展望

9.1 研究结论

中国绿色食品产业实现了突飞猛进的健康发展，呈现出了较强的区域性特征，知名区域品牌成为推动绿色食品成长的重要途径和动力源泉，众多区域品牌运营发展的成功案例也为中国绿色食品产业健康发展提供了宝贵的实践经验和理论依据。理论界和实业界越来越多的运用"生态系统"的概念去思考绿色食品产业，将其作为一个复杂适应系统来对待，将企业、集群、政府、消费者、创新网络等众多利益相关者和参与者的相互关系及交互作用纳入考察分析范围，得以对绿色食品产业进行全方位和动态化的解析。本书在回顾国际和国内权威期刊和专著文献的基础上，从区域品牌、生态系统、利益相关者、协同学等多种理论和多个角度出发对绿色食品品牌发展进行了较为深入的研究，整合区域品牌和品牌生态系统理论，以"区域品牌生态系统"理论对绿色食品行业进行针对性分析。运用理论分析、数理分析、案例分析等方法构建了绿色食品区域品牌生态系统模型，并对其构成要素、驱动机制、系统序参量加以解析，设计了生态系统的演化模型，生成系统演化轨迹，结合案例对系统演化的全过程展开分析，运用计量分析方法实证检验了企业动态能力对绿色食品区域品牌生态系统的驱动机制，最终得出如下研究结论：

第一，绿色食品区域品牌生态系统是一个涉及多种要素、众多利益相关者的复杂适应系统，包括建构主体、品牌合作主体和外部环境三个基础体系。本书采用层级建构方法，构建了绿色食品区域品牌生态系统（GFBE）模型，该模型包括建构主体、合作主体和外部环境3个基础体系，共计13个二级系统要素。绿色食品区域品牌生态系统建构主体是区域品牌培育和发展的主导力量，决定了产品质量和品牌价值，直接影响区域品牌的整体竞争力和市场效应，包括区域资源禀赋、供应商、企业、产业集群和地方政府5个要素，各要素之间能够形成相对闭合的资源和信息反馈回路。绿色食品区域品牌生态系统合作主体是对建构主体的生产流程进行协同和辅助，是产品创新能力和区域品牌发展张力的重要动力源泉，包涵行业协会、金融机构、创新网络、外包机构4个要素。外部环境体系涵盖消费者、竞争性集群、社区与居民、生态环境4个要素，是绿色食品区域品牌赖以生存和发展的依靠和环境保障。

　　第二，绿色食品区域品牌生态系统竞争力评价指标体系是由目标层、准则层以及子准则层3个层次组成。目标层是对绿色食品区域品牌生态系统竞争力的最终评价结果，即整体竞争力的评判；准则层由绿色食品区域品牌管理能力、绿色食品区域品牌基础能力、绿色食品区域品牌市场能力、绿色食品区域品牌关系能力四个维度构成；子准则层由13个二级指标构成，管理能力包括企业组织管理、政府监管和行业协会监管，基础能力涵盖区域资源禀赋、产业集群和产业化龙头企业，市场能力包括市场占有能力、创利能力、创新能力和持久发展能力，关系能力涵盖与消费者的关系、与供应商的关系和与竞争性集群的关系。绿色食品区域品牌生态系统一级指标对系统竞争力影响作用由高到低依次为：基础能力、管理能力、市场能力、关系能力。地方政府监管、企业组织管理对绿色食品区域品牌管理能力影响较为显著，产业化龙头企业对绿色食品区域品牌基础能力影响最为明显，持久发展能力是影响绿色食品区域品牌市场能力的最重要因素，与消费者的关系对绿色食品区域品牌关系能力的影响最明显。

　　第三，绿色食品区域品牌生态系统包括两级驱动机制，系统的一级驱动机制是企业与区域资源禀赋之间的交易行为，成为系统能量交换的起点；企业动态能力构成系统的二级驱动机制，决定了企业与外部资源之间的互动广度、深度和持久度，对复杂涌现结构的产生具有直接影响，从根本上驱动绿色食品区域品牌生态系统向前演化发展。系统内存在多种能量输入和输出机制，能量输入机制主要包括区域内企业与金融机构、创新网络、外包机构之间所发生的资金、人员、知识、技术和服务等能量交换；系统的能量输出流主要存在于企业与产业集群、消费者、竞争性集群和社区居民之间所发生的产品、技术、信息和资源等能量交换。在此基础上，基于企业动态能力驱动视角，以区域资源为起点，按照系统演化级别和政府参与两个维度，梳理出了绿色食品区域品牌生态系统存在初级状态和高级状态下包含政府参与和无政府参与的 4 条资源循环反馈回路。

第四，企业动态能力为绿色食品区域品牌生态系统的序参量。以企业动态能力为序参量，运用逻辑斯蒂方程构建绿色食品区域品牌生态系统演化速度模型，对方程进行推导，描绘出系统的演化轨迹，并将生态系统的动态演化划分萌芽期、成长期、成熟期和蜕变期 4 个阶段。绿色食品区域品牌生态系统的企业动态能力随着时间按照 S 形曲线增长，从而带来 GFBE 的不同演化发展特征。萌芽期，绿色食品企业动态能力不断提升，在该序参量的带动下，绿色食品区域品牌生态系统成长速度和加速度也表现出递增的态势；成长期，绿色食品企业动态能力快速提升，但是加速度减慢，在企业的推动下，绿色食品区域品牌生态系统开始迅速成长；成熟期，企业动态能力的成长速度与加速度呈现递减规律，此时系统的成长速度开始放缓；衰退期，该阶段企业动态能力的成长速度递减，但是加速度递增，也就是说企业动态能力的增长变得越来越缓慢，直至几乎停止增长，绿色食品区域品牌生态系统加速向衰落方向运行。GFBE 内各要素和行动者在不同时期呈现不同行为特点和能量、信息与资源交换机制。

第五，实证研究发现，企业动态能力对绿色食品区域品牌生态系统的成长性具有显著促进作用。即企业动态能力越高，生态系统成长性越高。动态能力驱动的企业可持续成长，能够增加生态系统的整体动能，使之与系统外部的资源交换频率增加，成长性增强。此外，企业动态能力的增加将有效提升生态系统内部各个构成要素之间的资源与信息流动，资源配置效率提高，交易成本较低，再次提升生态系统的成长性。企业动态能力对生态系统成长性的促进作用具有较强的稳健性，对于南方和北方的绿色食品区域品牌生态系统均适用。但是，南方企业动态能力对生态系统成长性的贡献高于北方。此外，生态系统规模与系统的成长性存在显著的正相关关系，即系统规模越大，成长性越好。生态系统规模的扩大，一方面能够提高企业技术创新能力，提高绿色食品品牌在市场上的竞争优势，为生态系统获得更多的资源输入；另一方面，有利于企业集群内的资源配置效率，进而激发生态系统的成长活性。企业经济效益与生态系统的成长存在显著的正相关关系，即企业经济效益越好，越有利于品牌生态系统的成长。企业拥有的资源基础决定了企业的竞争优势和可持续成长能力。企业集群整体成长动力增强，使企业与政府、供应商、社区之间的资源交换和流通加快，这势必将激发生态系统的运行效率，促进了生态系统的成长性。资金风险与品牌生态系统成长性之间存在负相关关系，与系统规模存在正相关关系。当企业负债率过高，面临较强的偿债风险时，企业可持续发展能力和成长空间受到极大压缩，使序参量对生态系统的驱动作用不断下降，抑制了区域品牌生态系统的成长性。

9.2　研究局限

　　本书的研究虽然取得了一定成果，但是仍然存在局限性和不足之处，主要体现在以下三个方面：

　　第一，案例研究样本存在局限。虽然本书分析资料丰富，且样本涵盖了山东、河南、河北、山西、陕西、江苏、黑龙江7个省份共计104个绿色食品区域品牌，但是由于绿色食品区域品牌呈现广泛分布、明显的区域化差异等特征，研究结果的普适性也会受到一定影响。此外，本书的实证检验部分仅把研究样本区分为南方和北方，用以检验企业动态能力对生态系统驱动机制的稳定性，划分范围太广，过于简单化，存在一定局限。

　　第二，本书虽然采用了多源化的问卷填答形式，选择地方政府主管部门人员填答绿色食品区域品牌生态系统成长性量表问卷，区域品牌内龙头企业高管填答企业动态能力量表问卷，但是鉴于知识层次、个人好恶等因素影响，不同类型的受访者对绿色食品区域品牌生态系统和企业动态能力等指标的评价存在不同的体验和理解。这会在一定程度上影响本书的研究结论。

　　第三，受到笔者研究方向和所掌握研究方法的限制，本书仅选取了系统核心要素——企业动态能力作为解释变量，实证分析其对生态系统成长性的驱动作用。但由于绿色食品区域品牌生态系统的复杂性，包含众多系统要素，本研究的实证分析并未涉及很多要素，对于企业动态能力之外的其他部分重要系统演进参与者的行为方式，主要是通过理论分析的方式实现的。限于这部分数据的难以获得性，本书难以做到面面俱到，难免存在疏漏，研究对象和研究方法亦存在一定局限，需要在后续研究过程持续完善。

9.3　研究展望

针对以上研究局限和不足之处，未来研究可以从以下几方面加以深化和丰富。

第一，未来研究可以收集更广泛的绿色食品区域品牌和企业样本加以分析，以进一步验证本书建构模型的广泛性和普适性。未来研究可以将样本区域进一步细化，按照当前七大自然地理分区：华东、华北、华中、华南、西北、西南、东北分区域进行比较研究，以增强研究结论的针对性和可参考性。

第二，未来研究可以扩展受访者类型，以增强本书研究结果的广泛适应性，进而丰富研究的理论价值和应用内涵。

第三，绿色食品区域品牌生态系统包含着众多颇有研究价值的系统参与要素，研究对象和研究方法均存在很大空间。这一领域涉及多门学科，研究方向上也存在多种选择。未来研究可以选取除了企业动态能力之外的多个关键变量，选取的部分变量最好能够运用面板数据加以测量，通过实证分析检验各要素之间的影响关系和作用边界，深入讨论各要素对于生态系统成长所发挥的作用和相关关系，为绿色食品区域品牌生态系统演化发展提供更多研究启示。

参 考 文 献

[1]《安溪铁观音地理标志农产品数字化 一张图服务平台上线运行》，泉州市农业农村局网，2021 年 3 月 10 日，http：//nyncj. quanzhou. gov. cn/xxgk/qxdt/202103/t20210312_2523436. htm。

[2] 宝贡敏、龙思颖：《企业动态能力研究：最新述评与展望》，载于《外国经济与管理》2015 年第 7 期。

[3] 标志管理处：《绿色食品统计年报（2009 - 2020）》，中国绿色食品发展中心，http：//www. greenfood. moa. gov. cn。

[4] 陈立新：《现有企业突破性创新的惯性障碍及其超越机制研究》，载于《外国经济与管理》2008 年第 7 期。

[5] 陈忠：《现代系统科学学》，上海科学技术文献出版社 2005 年版。

[6] 刁兆峰、张辅松：《企业技术创新系统的耗散结构分析》，载于《江南大学学报（人文社会科学版）》2009 年第 2 期。

[7] 董晓红：《中国绿色食品产业竞争优势区域差异分析》，载于《统计与决策》2016 年第 7 期。

[8] 杜晓丹：《烟台苹果蝉联中国果业第一品牌品牌价值 145. 05 亿元，连续 12 年登顶实现"身价" 11 连增》，齐鲁网，2020 年 9 月 11 日，http：//news. iqilu. com/shandong/shandonggedi/20200911/4645767. shtml。

[9] 方敏：《论绿色食品供应链的选择与优化》，载于《中国农村经济》2003 年第 4 期。

[10] 高红岩：《品牌生态与中国电影的战略选择》，载于《当代电影》2013 年第 5 期。

[11] 顾帅坤、袁慎祥、郭保林、董皓阳：《新零售视角下黑龙江绿色食品零售模式分析》，载于《农业展望》2020 年第 2 期。

［12］韩杰：《基于软集合的贵州小微企业生态竞争力评价》，贵州师范大学，2018。

［13］韩杨：《中国绿色食品产业演进及其阶段特征与发展战略》，载于《中国农村经济》2010年第2期。

［14］《夯实基础形成集聚效应 烟台力促葡萄酒产业发展》，胶州在线，2017年7月11日，http://www.jiaodong.net/news/system/2017/07/11/013466962.shtml。

［15］何佳讯、吴漪：《国家品牌资产：构念架构及相关研究述评》，载于《外国经济与管理》2020年第5期。

［16］何佳讯、吴漪：《品牌价值观：中国国家品牌与企业品牌的联系及战略含义》，载于《华东师范大学学报（哲学社会科学版）》2015年第5期。

［17］贺建勋：《系统建模与数学模型》，福建技术科学技术出版社1995年版。

［18］洪文生：《产业集群区域品牌建设构想——以"安溪铁观音"为例》，载于《华东经济管理》2005年第9期。

［19］胡大立、谌飞龙、吴群：《企业品牌与区域品牌的互动》，载于《经济管理》2006年第5期。

［20］胡岗岚、卢向华、黄丽华：《电子商务生态系统及其协调机制研究——以阿里巴巴集团为例》，载于《软科学》2009年第9期。

［21］胡正明、王亚卓：《农产品区域品牌形成与成长路径研究》，载于《江西财经大学学报》2010年第6期。

［22］黄璐茜：《生态位视角下安化黑茶品牌竞争力评价》，中南林业科技大学，2013。

［23］黄漫宇、彭虎锋：《中国绿色食品产业发展水平的地区差异及影响因素分析》，载于《中国农业科学》2014年第19期。

［24］姜彦华：《绿色食品产业升级的消费驱动与政策引导》，载于《宏观经济管理》2016年第8期。

［25］焦豪、魏江、崔瑜：《企业动态能力构建路径分析：基于创业导向和组织学习的视角》，载于《管理世界》2008年第4期。

［26］孔丹：《浅议自组织理论对黑龙江省绿色食品企业集群品牌整合的指导意义》，载于《商业经济》2009年第23期。

[27] 孔伟、张贵、李涛：《中国区域创新生态系统的竞争力评价与实证研究》，载于《科技管理研究》2019 年第 4 期。

[28] 李长生、廖金萍、朱述斌：《绿色食品产业协同创新的制度需求和供给分析》，载于《农林经济管理学报》2016 年第 6 期。

[29] 李舸：《产业集群的生态演化规律及其运行机制研究》，吉林大学，2008。

[30] 李光斗：《品牌竞争力》，中国人民大学出版社 2004 年版。

[31] 李晗、陆迁：《产品质量认证能否提高农户技术效率——基于山东、河北典型蔬菜种植区的证据》，载于《中国农村经济》2020 年第 5 期。

[32] 李佳俐、程涛、石晶：《电子商务环境下绿色食品产业发展研究》，载于《山西农经》2021 年第 1 期。

[33] 李林竹、李艳军、王丹：《空间距离、内群体边界与近乡区域品牌偏好》，载于《经济管理》2020 年第 9 期。

[34] 李明武、綦丹：《产业集群品牌生态系统的构成、特征及演化》，载于《企业经济》2017 年第 3 期。

[35] 李平、胡晶：《中国绿色食品产业集群发展中的问题与对策》，载于《商业经济》2008 年第 5 期。

[36] 李思瑾：《茅台集团给供应商提要求："亲"则两利"清"则相安》，多彩贵州网，2019 年 12 月 31 日，http：//www. gog. cn/zonghe/system/2019/12/31/017474547. shtml。

[37] 李铁：《3090. 15 亿元，茅台集团继续登顶 2021 贵州 "100 强品牌"》，腾讯网，2021 年 5 月 31 日，https：//new. qq. com/omn/20210531/20210531A0DRV400. html。

[38] 李英禹、胡春娟、郭鑫：《黑龙江绿色食品品牌建设障碍因素研究》，载于《商业研究》2011 年第 7 期。

[39] 林海：《绿色食品产业的发展机制与动力系统》，载于《农业经济》2006 年第 11 期。

[40] 林毅夫：《新结构经济学：反思经济发展与政策的理论框架》，北京大学出版社 2012 年版。

[41] 林毅夫：《制度、技术与中国农业发展》，上海人民出版社 1999 年版。

[42] 刘慧：《山东省制造企业绿色竞争力模糊综合评价研究》，载于《质量与市场》2021 年第 1 期。

[43] 刘军、王旭、张东潇：《企业动态技术创新能力与债权人治理极限——来自高科技上市公司的经验证据》，载于《宏观经济研究》2015 年第 8 期。

[44] 刘连馥：《我国绿色食品发展的现状、趋势与对策》，载于《中国食物与营养》1998 年第 1 期。

[45] 刘守贞、王奎良：《烟台苹果产业的发展现状与对策措施》，载于《山东农业科学》2011 年第 9 期。

[46] 刘文超、孙丽辉、辛欣：《区域品牌化理论研究：国外文献述评》，载于《税务与经济》2018 年第 5 期。

[47] 刘志峰、王典典、杨彦欣：《产业集群品牌生态系统概念拓展与内涵阐释》，载于《商业时代》2012 年第 19 期。

[48] 卢宏亮、许潇月、朱宇豪：《自媒体时代消费者生态认知与区域农产品品牌资产创建》，载于《经济与管理评论》2020 年第 6 期。

[49] 卢泰宏、高辉：《品牌老化与品牌激活研究述评》，载于《外国经济与管理》2007 年第 2 期。

[50] 陆鹏飞、贺红权：《工业产业集群品牌生态系统协同机理及运行机制研究》，载于《工业技术经济》2016 年第 11 期。

[51] 苏路程：《"世界橙乡"江西赣州 2018 年脐橙产量或达 116 万吨》，中国新闻网，2018 年 11 月 16 日，http：//www.chinanews.com/cj/2018/11 – 16/8678792. shtml。

[52] 吕时坚：《赣南脐橙入选中欧地理标志协定保护名录》，赣州市农业农村局网，2020 年 7 月 28 日，https：//www.ganzhou.gov.cn/zfxxgk/c100449q/2020 – 07/28/content _ 3a16d4cbadc047b18b95bd54379d9277. shtml。

[53] Liu MingYue：《绿色食品市场占有率 2020 绿色食品行业前景、现状分析》，中研网，2020 年 8 月 5 日，https：//www.chinairn.com/hyzx/20200805/155148781. shtml。

[54] 罗峦、曹炜：《基于"钻石理论"的中国绿色食品产业发展思考》，载于《农业现代化研究》2006 年第 5 期。

[55] 罗珉、赵亚蕊：《组织间关系形成的内在动因：基于帕累托

改进的视角》，载于《中国工业经济》2012 年第 4 期。

[56] 马清学：《农产品区域品牌建设模式研究》，载于《河南师范大学学报（社会科学版）》2010 年第 1 期。

[57] 马向阳、刘肖、焦杰：《区域品牌建设新策略——区域品牌伞下的企业品牌联合》，载于《软科学》2014 年第 1 期。

[58] 梅拉妮·米歇尔著，唐璐译：《复杂》，湖南科学技术出版社 2018 年版。

[59] 牛永革：《地理品牌研究》，四川大学出版社 2014 年版。

[60] 彭灿：《突破性技术创新的资产基础与面向突破性技术创新的联盟战略》，载于《研究与发展管理》2009 年第 8 期。

[61] 秦剑：《突破性创新：国外理论研究进展和实证研究综述》，载于《技术经济》2012 年第 11 期。

[62] 任晓峰、陈颖：《区域品牌群落的影响因素分析——以江苏常州木业品牌为例》，载于《南京财经大学学报》2008 年第 5 期。

[63] 阮建青、石琦、张晓波：《产业集群动态演化规律与地方政府政策》，载于《管理世界》2014 年第 12 期。

[64] 阮建青、张晓波、卫龙宝：《不完善资本市场与生产组织形式选择——来自中国农村产业集群的证据》，载于《管理世界》2011 年第 8 期。

[65] 沈忱、李桂华、顾杰、黄磊：《产业集群品牌竞争力评价指标体系构建分析》，载于《科学学与科学技术管理》2015 年第 1 期。

[66] 沈鹏熠：《农产品区域品牌资产影响因素及其作用机制的实证研究》，载于《经济经纬》2011 年第 5 期。

[67] 盛亚军、张沈清：《基于集群视角的区域名牌形成影响因素探究——集群产业优势测量量表的开发及检验》，载于《管理评论》2009 年第 3 期。

[68] 施鹏丽、韩福荣：《品牌的扇型生命周期分析》，载于《标准科学》2006 年第 12 期。

[69] 时宇：《精心培植脐橙产业集群》，赣南日报网，2006 年 11 月 2 日，https：//3n. jxnews. com. cn/system/2006/11/02/002365965. shtml。

[70] 市场信息处：《什么是绿色食品》，中国绿色食品发展中心，2012 年 2 月 6 日，http：//www. greenfood. moa. gov. cn/zl/bztx/。

［71］寿萌吉、雷淑芳、杨凌志：《服装区域品牌竞争优势网络结构模型》，载于《经营与管理》2012 年第 2 期。

［72］宋德军：《产业竞争优势模型构建与实证研究——以黑龙江省绿色食品产业为例》，载于《东北大学学报》2008 年第 1 期。

［73］宋德军：《我国绿色食品产业区域发展差异与策略》，载于《技术经济》2011 年第 8 期。

［74］宋先道：《区域品牌营运战略分析》，载于《科技进步与对策》2000 年第 7 期。

［75］孙虹、林清锻：《"中国产茶大县"福建安溪的品牌之路》，中国新闻息网，2020 年 5 月 12 日，http：//www.fj.chinanews.com/news/2020/2020－05－12/466459.html。

［76］孙丽辉、毕楠、李阳：《国外区域品牌化理论研究进展探析》，载于《外国经济与管理》2009 年第 2 期。

［77］孙丽辉：《区域品牌形成中的地方政府作用研究——基于温州鞋业集群品牌的个案分析》，载于《当代经济研究》2009 年第 1 期。

［78］汤国林：《基于区间二型模糊集的多属性决策方法及应用》，北京工业大学，2020。

［79］唐伟、张志华：《"互联网＋"绿色食品产业发展路径探讨》，载于《农产品质量与安全》2015 年第 6 期。

［80］滕佳蕾：《2016 中国·荣成国际海洋食品博览会在荣成举办》，齐鲁网，2016 年 8 月 10 日，http：//weihai.iqilu.com/whyaowen/2016/0813/2965082.shtml。

［81］汪波、殷红春、符银丹：《基于生态因子理论的中国农机品牌培育策略研究》，载于《中国农机化学报》2006 年第 4 期。

［82］王磊、郑洪文、丁立孝：《日照市茶产业人才队伍需求状况与培养对策研究》，载于《教育教学论坛》2021 年第 2 期。

［83］王念：《中国轿车自主品牌生态系统研究》，武汉理工大学，2010。

［84］王宁、李冰、乔晶：《论绿色食品品牌建设》，载于《中国市场》2014 年第 21 期。

［85］王宁、王美、乔瑞中：《浅析黑龙江省绿色食品区域品牌竞争力的提升》，载于《中国市场》2014 年第 29 期。

［86］王琦：《试论绿色食品品牌建设和市场发展》，载于《科技展望》2016 年第 29 期。

［87］王启万、王兴元：《品牌生态系统框架下集群品牌驱动机制研究》，载于《经济与管理研究》2015 年第 1 期。

［88］王启万、王兴元：《战略性新兴产业集群品牌生态系统研究》，载于《科研管理》2013 年第 10 期。

［89］王仕卿、韩福荣：《品牌生态位界定及演化模式研究》，载于《科技进步与对策》2008 年第 1 期。

［90］王文良：《煤炭企业生态竞争力评价及实证研究》，中国地质大学，2013。

［91］王兴元：《名牌生态系统成员构成特点及其利益平衡》，载于《商业研究》2000 年第 10 期。

［92］王兴元：《名牌生态系统的竞争与合作研究》，载于《南开管理评论》2000 年第 6 期。

［93］王兴元：《品牌生态系统结构及其适应复杂性探讨》，载于《科技进步与对策》2006 年第 2 期。

［94］王兴元：《品牌生态学产生的背景与研究框架》，载于《科技进步与对策》2004 年第 7 期。

［95］王兴元、于伟、张鹏：《高科技品牌生态系统特征、成长机制及形成模式研究》，载于《科技进步与对策》2009 年第 1 期。

［96］王兴元、朱强：《原产地品牌塑造及治理博弈模型分析——公共品牌效应视角》，载于《经济管理》2017 年第 8 期。

［97］王旭、张晓峰：《组织双元性、创新协同与企业绩效：基于战略一致性的调节作用》，载于《南京师大学报（社会科学版)》2015 年第 1 期。

［98］王运浩：《推进我国绿色食品和有机食品品牌发展的思路与对策》，载于《农产品质量与安全》2015 年第 2 期。

［99］王运浩：《我国绿色食品"十三五"主攻方向及推进措施》，载于《农产品质量与安全》2016 年第 2 期。

［100］王运浩：《中国绿色食品发展现状与发展战略》，载于《中国农业资源与区划》2011 年第 3 期。

［101］王德章、李乐：《绿色食品区域优势品牌发展对策研究——

以黑龙江省为例》，载于《哈尔滨商业大学学报（社会科学版)》2012年第 1 期。

　　[102] 王德章、赵大伟、陈建梅：《产业竞争优势模型：基于黑龙江省绿色食品产业的实证研究》，载于《中国工业经济》2006 年第 5 期。

　　[103] 王德章、赵大伟：《中国绿色食品产业发展的战略选择》，载于《中国软科学》2003 年第 9 期。

　　[104] 王德章：《中国绿色食品产业结构优化与政策创新》，载于《中国工业经济》2009 年第 9 期。

　　[105] 王德章：《中国绿色食品产业区域竞争力提升思考》，载于《商业时代》2013 年第 19 期。

　　[106] 王兆峰：《区域旅游产业竞争力评价指标体系的构建》，载于《经济管理》2009 年第 8 期。

　　[107] 翁胜斌、李勇：《农产品区域品牌生态系统的成长性研究》，载于《农业技术经济》2016 年第 2 期。

　　[108] 吴雷、曾卫明：《装备制造业原始创新能力对经济增长的贡献率测度》，载于《经济管理》2011 年第 8 期。

　　[109] 吴雷：《装备制造业突破性创新机制的系统演化过程研究》，载于《科学学与科学技术管理》2014 年第 4 期。

　　[110] 吴顺情、林清锻：《走进福建安溪铁观音茶文化系统》，载于《农民日报》2019 年 12 月 31 日。

　　[111] 夏曾玉、谢健：《区域品牌建设探讨——温州案例研究》，载于《中国工业经济》2003 年第 10 期。

　　[112] 肖潇：《复杂适应系统及其在经济政策模拟中的应用》，经济科学出版社 2014 年版。

　　[113] 谢向英、陈小玲、余忠：《福建茶叶品牌生态系统的指标构建与评价》，载于《中国农学通报》2012 年第 2 期。

　　[114] 熊爱华、韩召、张涵：《消费者的农产品品牌认知与情感对品牌忠诚度的影响研究》，载于《山东财经大学学报》2019 年第 1 期。

　　[115] 熊爱华、梁仕宁、邢夏子：《青岛市家电品牌生态系统协同进化研究》，载于《商场现代化》2016 年第 21 期。

　　[116] 熊爱华：《品牌生态系统协同进化研究》，经济科学出版社

2012 年版。

［117］熊爱华：《区域品牌与产业集群互动关系中的磁场效应分析》，载于《管理世界》2008 年第 8 期。

［118］熊爱华、汪波：《基于产业集群的区域品牌形成研究》，载于《山东大学学报》2007 年第 2 期。

［119］熊爱华、邢夏子：《区域品牌发展对资源禀赋的敏感性研究》，载于《中国人口·资源与环境》2017 年第 4 期。

［120］熊爱华、邢夏子：《中国绿色食品区域品牌生态系统建构与系统动力分析》，载于《东岳论丛》2017 年第 6 期。

［121］徐峰：《试论义乌城市品牌的塑造与提升》，载于《边疆经济与文化》2009 年第 1 期。

［122］徐鹏、徐向艺、苏建军：《行业变革背景下先发企业合法性的获取机制——基于扎根理论的国家电网公司案例》，载于《经济管理》2017 年第 11 期。

［123］徐荣辉：《逻辑斯蒂方程及其应用》，载于《山西财经大学学报》2010 年第 2 期。

［124］许晖、邓伟升、冯永春：《品牌生态圈成长路径及其机理研究——云南白药 1999 – 2015 年纵向案例研究》，载于《管理世界》2017 年第 6 期。

［125］许晖、薛子超、邓伟升：《区域品牌生态系统视域下的品牌赋权机理研究——以武夷岩茶为例》，载于《管理学报》2019 年第 8 期。

［126］薛红志、张玉利：《突破性创新、互补性资产与企业间合作的整合研究》，载于《中国工业经济》2006 年第 8 期。

［127］《烟台市苹果协会简介》，烟台苹果网，2002 年，http：//www. yantaiapple. com/educ/xie – hui – jie – shao. htm。

［128］烟台市商务局副局长张丹解读《烟台葡萄酒产区保护条例》，烟台市人民政府网，2020 年 12 月 31 日，http：//www. yantai. gov. cn/art/2020/12/31/art_43373_2922992. html。

［129］颜泽贤：《系统科学导论：复杂性探索》，人民出版社 2006 年版。

［130］杨保军：《品牌生态系统结构分析及应用》，载于《重庆工

商大学学报（社会科学版）》2010 年第 2 期。

[131] 杨建梅、黄喜忠、张胜涛：《产业集群的品牌结构及其对集群竞争力影响的探讨》，载于《科技管理研究》2006 年第 11 期。

[132] 苏依依、周长辉：《企业创新的集群驱动》，载于《管理世界》2008 年第 3 期。

[133] 苏屹：《耗散结构理论视角下大中型企业技术创新研究》，载于《管理工程学报》2013 年第 2 期。

[134] 苏屹、李柏洲：《大型企业原始创新支持体系的系统动力学研究》，载于《科学学研究》2010 年第 1 期。

[135] 银红娟：《我国有机食品产业竞争力影响因素研究》，江南大学，2008。

[136] 尹波、赵军、敖治平、张良：《商业生态系统构建、治理与创新研究——以泸州老窖商业生态系统战略为例》，载于《软科学》2015 年第 6 期。

[137] 袁胜军、符国群：《中国企业品牌战略选择——基于生物进化论的思考》，载于《同济大学学报（社会科学版）》2012 年第 5 期。

[138] 袁瑜、王建明、陈红喜：《基于 DEA 法的浙江省上市公司绿色竞争力评价研究》，载于《经济问题探索》2007 年第 1 期。

[139] 约翰·霍兰德：《隐秩序》，上海世纪出版集团 2011 年版。

[140] 张辅松：《企业管理中的耗散结构》，载于《武汉理工大学学报（信息与管理工程版）》2003 年第 4 期。

[141] 张力小、梁竞：《区域资源禀赋对资源利用效率影响研究》，载于《自然资源学报》2010 年第 8 期。

[142] 张敏、吴书、彭宇泓、范莉莉、蒋玉石：《集群区域品牌锁定效应量表开发与检验——以中国白酒金三角（川酒）为例》，载于《南开管理评论》2019 年第 3 期。

[143] 张明林、刘克春：《我国农业龙头企业绿色品牌局部化战略的现状、动机、问题与对策》，载于《宏观经济研究》2012 年第 8 期。

[144] 张鹏：《品牌生态系统动力学模型与仿真研究》，山东大学，2012。

[145] 张侨、刘学锋、张晓云、孟浩：《供给侧改革背景下山东省绿色食品发展面临的困难和对策研究》，载于《中国食物与营养》2016

年第 11 期。

[146] 张燚、张锐、刘进平:《品牌生态理论与管理方法研究》,中国经济出版社 2013 年版。

[147] 张燚、张锐:《品牌生态管理:21 世纪品牌管理的新趋势》,载于《财贸研究》2003 年第 2 期。

[148] 张月:《绿色食品品牌发展探讨》,载于《农产品质量与安全》2020 年第 4 期。

[149] 张月义、虞岚婷、茅婷、宋明顺:《"标准+认证"视角下制造业区域品牌建设企业参与意愿及决策行为研究》,载于《管理学报》2020 年第 2 期。

[150] 张志峰:《绿色食品产业发展评价模型的构建》,载于《统计与决策》2016 年第 3 期。

[151] 张志红、张伟民、赵佳娜:《城市品牌生态系统特征与机制分析》,载于《商业经济研究》2011 年第 2 期。

[152] 张志华、余汉新、李显军:《我国绿色食品产业发展战略研究》,载于《中国农业资源与区划》2015 年第 3 期。

[153] 赵广英:《黑龙江省绿色食品区域品牌建设与竞争力提升的研究》,载于《对外经贸》2012 年第 10 期。

[154] 赵进:《产业集群生态系统的协同演化机理研究》,北京交通大学,2011。

[155] 赵卫宏、孙茹:《驱动企业参与区域品牌化——资源与制度视角》,载于《管理评论》2018 年第 12 期。

[156] 日照绿茶畅销全省远销国外 被誉为"江北第一茶",凤凰网山东,2014 年 3 月 25 日,http://sd.ifeng.com/zt/rzncby/detail_2014_03/25/2033622_0.shtml。

[157]《中国茶叶营销年——2020 中国日照茶产业标准与品牌发展峰会在日照市举行》,山东省日照市供销合作社联合社,2020 年 8 月 31 日,http://sls.rizhao.gov.cn/art/2020/8/31/art_30927_9741566.html。

[158] 周广亮、吴明:《中国绿色食品产业与经济发展耦合协调性分析》,载于《预测》2020 年第 2 期。

[159] 周云峰:《黑龙江省绿色食品区域品牌竞争力提升研究》,东北林业大学,2010。

［160］朱英明:《中国产业集群结构研究》,载于《系统工程学报》2007 年第 3 期。

［161］朱文涛:《中国绿色食品产业发展区域差异收敛研究》,载于《当代经济管理》2016 年第 10 期。

［162］祝合良、张志明:《产业集聚与品牌生态系统演化的要素与功能——以乳品产业为例》,载于《品牌研究》2017 年第 3 期。

［163］Aaker D. A. *Building Strong Brands*. New York: The Free Press, 1998.

［164］Aaker D. A. *Managing Brand Equity: Capitalizing on the Value of a Brand Name*. New York: The Free Press, 1991.

［165］A. D. Nisco. , S. Elliot. , N. Papadopoulos. From 'Made-in' to 'Product-country Images' and 'Place Branding': A Journey Through Research Time and Space. *Mercati e Competitività*, Vol. 2, No. 2, July 2013.

［166］Allen G. Place Branding: New Tools for Economic Development. *Design Management Review*, Vol. 18, No. 2, June 2010.

［167］Anderson M. Region Branding: The Case of the Baltic Sea Region. *Place Branding & Public Diplomacy*. Vol. 3, No. 2, April 2007.

［168］Anholt S. , Heinemann B. *Brand New Justice: The Upside of Global Branding.* Social Science Electronic Publishing, 2003.

［169］Anholt S. The Anholt – GMI City Brands Index: How the World Sees the World's Cities. *Place Branding*, Vol. 2, No. 1, January 2006.

［170］Aragón – Correa J. A. , Sharma S. A. Contingent Resource-based View of Proactive Corporate Environmental Strategy. *Academy of Management Review*, Vol. 28, No. 1, January 2003.

［171］Baskin K. *Corporate DNA*. London: Routledge, 2016.

［172］Baykasoǧlu A. Gölcük İ. Development of an Interval Type – 2 Fuzzy Sets Based Hierarchical MADM Model by Combining and TOPSIS. *Expert Systems with Applications*, Vol. 34, No, 3, June 2017.

［173］Bennett P. D. , Harrell G. D. The Role of Confidence in Understanding and Predicting Buyers' Attitudes and Purchase Intentions. *Journal of Consumer Research*, Vol. 2, No. 2, September 1975.

［174］Beracs J. , Clifton R. , Davidson H. etc. How Has Place Branding Developed during the Year that Place Branding Has Been in Publication?. *Place Branding*, Vol. 2, No. 1, January 2006.

[175] Berry N. C. Revitalizing Brands. *Journal of Consumer Marketing*, Vol. 5, No. 3, March 1988.

[176] Bharadwaj S. G. , Varadarajan P. R. , Fahy J. Sustainable Competitive Advantage in Service Industries: A Conceptual Model and Research Propositions. *Journal of Marketing*, Vol. 57, No. 4, October 2015.

[177] Bryla P. Organic Food Consumption in Poland: Motives and Barriers. *Appetite*, Vol. 10, No. 5, June 2016.

[178] Cai L. A. Cooperative Branding for Rural Destinations. *Annals of Tourism Research*, Vol. 29, No. 3, June 2002.

[179] Carriquiry M. , Babcock B. A. Reputations, Market Structure, and The Choice of Quality Assurance Systems in the Food Industry. *American Journal of Agricultural Economics*, Vol. 89, No. 1, February 2007.

[180] Yan C. , Zhai R. R. , Wang C. , Zhong C. Home Institutions, Internationalization and Firm Performance. *Management Decision*, Vol. 53, No. 1, February 2015.

[181] Claro D. P. , Borin P. Coodinating B2B Cross-border Supply Chains: The Case of the Organic Coffee Industry. *Journal of Business & Industrial Marketing*, Vol. 19, No. 6, June 2004.

[182] Cleave E. , Arku G. , Sadler R. , Gilliland J. The Role of Place Branding in Local and Regional Economic Development: Bridging the Gap Between Policy and Practicality. *Regional Studies Regional Science*, Vol. 3, No. 1, January 2016.

[183] Danneels E. Trying to Become a Different Type of Company: Dynamic Capability at Smith Corona. *Strategic Management Journal*, Vol. 32, No. 1, January 2011.

[184] Decuyper S. , Dochy F. , Bossche P. V. D. Grasping the Dynamic Complexity of Team Learning: An Integrative Model for Effective Team Learning in Organisations. *Educational Research Review*, Vol. 5, No. 2, June 2010.

[185] Descartes R. *A Discourse on the Method*. Oxford: Oxford universi-

ty press, 2008.

[186] Dinnie K. Competitive Identity: The New Brand Management for Nations, Cities and Regions. *Journal of Brand Management*, Vol. 14, No. 6, July 2007.

[187] Duncan T. *Driving Brand Value: Using Integrated Marketing to Manage Profitable Stakeholder Relationships.* New York: McGraw Hill, 1998.

[188] Eisenhardt K. M., Martin J. A. Dynamic Capabilities: What are They? *Strategic Management Journal*, Vol. 21, No. 10 – 11, October 2000.

[189] Elsie M. Managing Brand in the New Stakeholder Environment. *Journal of Business Ethics*, Vol. 44, No. 2 – 3, May 2003.

[190] Estes Z., Gibbert M., Guest D., Mazursky D. A Dual-process Model of Brand Extension: Taxonomic Feature-based and Thematic Relation-based Similarity Independently Drive Brand Extension Evaluation. *Journal of Consumer Psychology*, Vol. 22, No. 1, January 2012.

[191] Favache A., Dochain D., Maschke B. An Entropy-based Formulation of Irreversible Processes Based on Contact Structures. *Chemical Engineering Science*, Vol. 65, No. 18, June 2010.

[192] Finch J. E. The Impact of Personal Consumption Composite Values and Beliefs on Organic Food Purchase Behavior. *Journal of Food Product Marketing*, Vol. 11, No. 4, January 2006.

[193] Fujita M. Economic Development Capitalizing on Brand Agriculture: Turning Development Strategy on Its Head. *Ide Discussion Papers*, Vol. 76, November 2006.

[194] Giannakas K. Information Asymmetries and Consumption Decision Inorganic Food Product Market. *Canadian Journal of Agricultural Economics*, Vol. 50, No. 1, March 2002.

[195] Kandiah G., Gossain S. Reinventing Value: The New Business Ecosystem. *Strategy & Leadership*, Vol. 26, No. 5, May 1998.

[196] Hankinson G. Place Branding Research: A Cross – Disciplinary Agenda and the Views of Practitioners. *Place Branding & Public Diplomacy*, Vol. 6, No. 4, November 2010.

［197］Gudjonsson H. Nation branding. *Place Branding*, Vol. 1, No. 3, February 2005.

［198］Haken H. *Synergetics*. Berlin: Springer, 1978.

［199］Holland J. H. *Hidden Order: How Adaptation Builds Complexity*. Reading, MA: Addison Wesley, July 1995.

［200］Huang Z., Zhang X., Zhu Y. The Role of Clustering in Rural Industrialization: A Case Study of the Footwear Industry in Wenzhou. *China Economic Review*, Vol. 19, No. 3, June 2007.

［201］Jones R. Finding Sources of Brand Value: Developing a Stakeholder Model of Brand Equity. *Brand Management*, Vol. 13, No. 1, June 2005.

［202］Jorgensen O. H. Place and City Branding in Danish Municipalities with Focus on Political Involvement and Leadership. *Place Branding & Public Diplomacy*, Vol. 12, No. 1, February 2016.

［203］Jumba F. R., Freyer B., Mwine J., Dietrich P. Understanding Organic Food Qualities in the Global South: An East African Perspective. *Journal of Agricultural Science*, Vol. 4, No. 11, October 2012.

［204］Kapferer J. N. *The New Strategic Brand Management*. London: Kogan Page, 2012.

［205］Kavaratzis M., Ashworth G. J. City Branding: An Effective Assertion of Identity or a Transitory Marketing Trick? *Place Branding*, Vol. 2, No. 3, February 2006.

［206］Kavaratzis M., Hatch M. J. The dynamics of Place Brands: An Identity-based Approach to Place Branding Theory. *Marketing Theory*, Vol. 13, No. 1, January 2013.

［207］Kavaratzis M. Place Branding: A Review of Trends and Conceptual Models. *Marketing Review*, Vol. 5, No. 4, December 2005.

［208］Keller K. L. Conceptualizing, Measuring, and Managing Customer-based Brand Equity. *Journal of Marketing*, Vol. 57, No. 1, January 1993.

［209］Kolter P., Keller K. L. *Marketing Management* (*14th Edition*). New Jersey: Prentice Hall, 2011.

［210］ Kotler P. , Haider D. H. , Rein I. Marketing Places: Attracting Investment, Industry, and Tourism to Cities, States, and Nations. *Asia Pacific Journal of Tourism Research*, Vol. 7, No. 1, January 1994.

［211］ Kotler P. , Jain D. C. , Maesincee S. Marketing Moves: A New Approach to Profits, Growth, and Renewal. *Journal of Academic Librarianship*, Vol. 28, No. 6, June 2002.

［212］ Kotler P. , Gertner D. Country as Brand, Product, and Beyond: A Place Marketing and Brand Management Perspective. *Palgrave Macmillan UK*, Vol. 9, No. 4, April 2002.

［213］ Kuran L. M. , Mirela M. Applying the Theory of Planned Behavior in the Purchase of Organic Food. *Tržište/Market*, Vol. 26, No. 2, December 2014.

［214］ Lam D. Cultural Influence on Proneness to Brand Loyalty. *Journal of International Consumer Marketing*, Vol. 19, No. 2, April 2007.

［215］ Leonard B. D. Core Capabilities and Core Rigidities: A Paradox in Managing New Product Development. *Strategic Management Journal*, Vol. 13, No. 1, July 1992.

［216］ Long C. , Zhang X. Cluster-based Industrialization in China: Financing and Performance. *Journal of International Economics*, Vol. 84, No. 1, June 2011.

［217］ Lundequist P. , Power D. Putting Porter into Practice? Practices of Regional Cluster Building: Evidence from Sweden. *European Planning Studies*, Vol. 10, No. 6, September 2002.

［218］ Lynn B. U. *Building Brand Identity: A Strategy for Success in a Hostile Market Place*. New York: Wiley, 1995.

［219］ Maheswaran D. , Chen C. Y. Nation Equity: Incidental Emotions in Country of Origin Effects. *Journal of Consumer Research*, Vol. 33, No. 3, December 2006.

［220］ Mihailovich P. Kinship Branding: A Concept of Holism and Evolution for the Nation Brand. *Place Branding*, Vol. 2, No. 3, July 2006.

［221］ Moore J. F. *The Death of Competition: Leadership and Strategy in the Age of Business Ecosystems*. New York: Harper Paperbacks, 1996.

203

[222] Musap P. S. , Trap P. Creating Competitive Advantage through Ingredient Branding and Brand Ecosystem: The Case of Turkish Cotton and Textiles. *Journal of International Food and Agribusiness Management*, Vol. 20, No. 2, January 2008.

[223] Olins W. Branding the Nation-the Historical Context. *Journal of Brand Management*, Vol. 9, No. 4, April 2002.

[224] Oliver C. Sustainable Competitive Advantage: Combining Institutional and Resource-based Views. *Strategic Management Journal*, Vol. 18, No. 9, October 1997.

[225] Pasquinelli C. Branding as Urban Collective Strategy-making: the Formation of Newcastle Gateshead's Organizational Identity. *Urban Studies*, Vol. 51, No. 4, March 2014.

[226] Pavlou P. A. , Sawy OAE. Understanding the Elusive Black Box of Dynamic Capabilities. *Decision Sciences*, Vol. 42, No. 1, February 2011.

[227] Pederson S. B. Place Branding: Giving the Region of Oresund A Competitive Edge. *Journal of Urban Technology*, Vol. 11, No. 1, April 2004.

[228] Porter M. E. Clusters and the New Economics of Competition. *Harvard Business Review*, Vol. 76, No. 6, October 1998.

[229] Protogerou A. , Caloghirou Y. , Lioukas S. Dynamic Capabilities and Their Indirect Impact on Firm Performance. *Druid Working Papers*, Vol. 21, No. 8 – 11, January 2008.

[230] Rainisto S. K. Success Factors of Place Marketing: A Study of Place Marketing Practices in Northern Europe and the United States. *Helsinki University of Technology*, Vol. 4, No. 4, January 2003.

[231] Raynolds L. T. The Globalization of Organic Agro food Networks. *World Development*, Vol. 32, No. 5, May 2004.

[232] Rosenfeld S. A. Creating Smart Systems: A Guide to Cluster Strategies in Less Favoured Regions. *Regional Technology Strategies*, January 2002.

[233] Rothaermel F. T. , Hess A. M. Building Dynamic Capabilities: Innovation Driven by Individual, Firm, and Network – Level Effects. *Organization Science*, Vol. 18, No. 6, December 2007.

[234] Ruan J. , Zhang X. Finance and Cluster based Industrial Development in China. *Economic Development and Cultural Change*, Vol. 58, No. 1, February 2009.

[235] Schmid O. Evaluation of the European Action Plan for Organic Food and Farming. *Evaluation of the European Action Plan for Organic Food & Farming*, February 2006.

[236] Schmid O. Organic Action Plans: Development, implementation and evaluation. A resource manual for the organic food and farming sector. *American Journal of Environmental Sciences*, Vol. 4, No. 6, January 2008.

[237] Schmitz H. , Nadvi K. Clustering and Industrialization: Introduction. *World Development*, Vol. 27, No. 9, September 2008.

[238] Seyfang G. Ecological Citizenship and Sustainable Consumption: Examining Local Organic Food Networks. *Journal of Rural Studies*, Vol. 22, No. 4, October 2006.

[239] Sonobe T. , Otsuka S. *Cluster – Based Industrial Development*: *An East Asian*. London: Palgrave Macmillan, 2010.

[240] Stagl S. Local Organic Food Market: Potentials and Limitation for Contributing to Sustainable Development. *Empirica*, Vol. 29, No. 2, June 2002.

[241] Teece D. J. , Pisano G. , Shuen A. Dynamic and Capabilities and Strategic Management. *Strategic Management Journal*, Vol. 18, No. 7, March 1997.

[242] Teece D. J. Explicating Dynamic Capabilities: The Nature and Micro Foundations of (Sustainable) Enterprise Performance. *Strategic Management Journal*, Vol. 28, No. 13, August 2007.

[243] Trueman M. , Klemm M. , Giroud A. Can A City Communicate? Bradford as A Corporate Brand. *Corporate Communications An International Journal*, Vol. 9, No. 4, December 2004.

[244] Valle S. , Vázquez B. D. Concurrent Engineering Performance: Incremental Versus Radical Innovation. *International Journal of Production Economics*, Vol. 119, No. 1, May 2009.

[245] Verona G. , Ravasi D. Unbundling Dynamic Capabilities: An

Exploratory Study of Continuous Product Innovation. *Industrial and Corporate Change*, Vol. 12, No. 3, June 2003.

［246］Vukasovic T. Searching for Competitive Advantage with the Brand Extension Process. *Journal of Product & Brand Management*, Vol. 21, No. 7, October 2012.

［247］Wang C. L. , Ahmed P. K. Dynamic Capabilities: A Review and Research Agenda. *International Journal of Management Reviews*, Vol. 9, No. 1, February 2007.

［248］Wilhelm H. , Schlömer M. , Maurer I. How Dynamic Capabilities Affect the Effectiveness and Efficiency of Operating Routines under High and Low Levels of Environmental Dynamism. *British Journal of Management*, Vol. 26, No. 2, May 2015.

［249］Winkler A. *Warp-speed Branding: The Impact of Technology on Marketing.* New York: Wikey, 1999.

［250］Zahra S. A. , Sapienza H. J. , Davidsson P. Entrepreneurship and Dynamic Capabilities: A Review, Model and Research Agenda. *Journal of Management Studies*, Vol. 43, No. 4, May 2006.

［251］Zheng S. , Zhang W. , Wu X. , Du J. Knowledge-based Dynamic Capabilities and Innovation in Networked Environments. *Journal of Knowledge Management*, Vol. 15, No. 6, October 2011.

［252］Zollo M. , Reuer J. J. Experience Spillovers across Corporate Development Activities. *Organization Science*, Vol. 21, No. 6, December 2009.

［253］Zollo M. , Winter S. G. Deliberate Learning and the Evolution of Dynamic Capabilities. *Organization Science*, Vol. 13, No. 3, June 2002.

附录

附录 A　绿色食品区域品牌生态系统
竞争力指标关联评价调查问卷

尊敬的专家：

　　您好！目前我们在进行一项有关我国绿色食品区域品牌生态系统竞争力影响因素的调查，本次调查用于学术研究，不会用于任何形式的商业活动，并对您填写的内容页严格保密。衷心感谢您的参与！

　　一级指标之间的影响程度调查：

　　请您阅读下面关于绿色食品区域品牌生态系统竞争力的 4 个一级指标的含义，并对问卷中提到的指标 1 对指标 2 的直接影响程度给出评价。问卷采用 1 ~ 7 标度法，分别表示影响程度极端低、非常低、低、中等、高、非常高、极端高，请在相应的数字下打"√"。

　　绿色食品区域品牌生态系统竞争力的 4 个一级指标的含义如下：

一级指标	基本含义
绿色食品区域品牌管理能力	区域内政府、行业协会及绿色食品企业对绿色食品区域品牌的监管能力
绿色食品区域品牌基础能力	区域资源禀赋、产业集群成熟度和龙头企业发展能力
绿色食品区域品牌市场能力	市场占有能力、品牌创利能力、品牌创新能力和持久发展能力
绿色食品区域品牌关系能力	绿色食品区域品牌企业与供应商、消费者和竞争性集群的协同合作能力

　　一级指标中的指标 1 对指标 2 的直接影响程度评价信息：

指标1	影响程度							指标2
管理能力	1	2	3	4	5	6	7	基础能力
管理能力	1	2	3	4	5	6	7	市场能力
管理能力	1	2	3	4	5	6	7	关系能力
基础能力	1	2	3	4	5	6	7	管理能力
基础能力	1	2	3	4	5	6	7	市场能力
基础能力	1	2	3	4	5	6	7	关系能力
市场能力	1	2	3	4	5	6	7	管理能力
市场能力	1	2	3	4	5	6	7	基础能力
市场能力	1	2	3	4	5	6	7	关系能力
关系能力	1	2	3	4	5	6	7	管理能力
关系能力	1	2	3	4	5	6	7	基础能力
关系能力	1	2	3	4	5	6	7	市场能力

各维度下二级指标之间影响程度调查：

请您对问卷中提到的二级指标中的指标 1 对指标 2 的直接影响程度给出评价。问卷采用 1~7 标度法，分别表示影响程度极端低、非常低、低、中等、高、非常高、极端高，请在相应的数字下打"√"。

"绿色食品区域品牌管理能力"维度下指标 1 对指标 2 的直接影响程度评价信息：

指标1	影响程度							指标2
企业组织管理	1	2	3	4	5	6	7	地方政府监管
企业组织管理	1	2	3	4	5	6	7	行业协会监管
地方政府监管	1	2	3	4	5	6	7	企业组织管理
地方政府监管	1	2	3	4	5	6	7	行业协会监管
行业协会监管	1	2	3	4	5	6	7	企业组织管理
行业协会监管	1	2	3	4	5	6	7	地方政府监管

"绿色食品区域品牌基础能力"维度下指标 1 对指标 2 的直接影响程度评价信息：

指标 1	影响程度							指标 2
区域资源禀赋	1	2	3	4	5	6	7	产业集群
区域资源禀赋	1	2	3	4	5	6	7	产业化龙头企业
产业集群	1	2	3	4	5	6	7	区域资源禀赋
产业集群	1	2	3	4	5	6	7	产业化龙头企业
产业化龙头企业	1	2	3	4	5	6	7	区域资源禀赋
产业化龙头企业	1	2	3	4	5	6	7	产业集群

"绿色食品区域品牌市场能力"维度下指标 1 对指标 2 的直接影响程度评价信息：

指标 1	影响程度							指标 2
市场占有能力	1	2	3	4	5	6	7	创利能力
市场占有能力	1	2	3	4	5	6	7	创新能力
市场占有能力	1	2	3	4	5	6	7	持久发展能力
创利能力	1	2	3	4	5	6	7	市场占有能力
创利能力	1	2	3	4	5	6	7	创新能力
创利能力	1	2	3	4	5	6	7	持久发展能力
创新能力	1	2	3	4	5	6	7	市场占有能力
创新能力	1	2	3	4	5	6	7	创利能力
创新能力	1	2	3	4	5	6	7	持久发展能力
持久发展能力	1	2	3	4	5	6	7	市场占有能力
持久发展能力	1	2	3	4	5	6	7	创利能力
持久发展能力	1	2	3	4	5	6	7	创新能力

"绿色食品区域品牌关系能力"维度下指标 1 对指标 2 的直接影响程度评价信息：

指标 1	影响程度							指标 2
与消费者的关系	1	2	3	4	5	6	7	与供应商的关系
与消费者的关系	1	2	3	4	5	6	7	与竞争性集群的关系
与供应商的关系	1	2	3	4	5	6	7	与消费者的关系
与供应商的关系	1	2	3	4	5	6	7	与竞争性集群的关系
与竞争性集群的关系	1	2	3	4	5	6	7	与消费者的关系
与竞争性集群的关系	1	2	3	4	5	6	7	与供应商的关系

问卷到此结束，感谢您的配合！

附录 B　绿色食品区域品牌生态系统竞争力指标评价调查问卷

尊敬的女士/先生：

您好！目前我们在进行一项有关我国绿色食品区域品牌生态系统竞争力的调查，主要目的为评价绿色食品区域品牌生态系统竞争力水平。本次调查用于学术研究，不会用于任何形式的商业活动并对您填写的内容页绝对严格保密。衷心感谢您的参与！

基本情况调查：

1. 性别：

☐ 男　　　　　　☐ 女

2. 年龄：

☐ 18 岁以下　　☐ 18 ~ 35 岁　　☐ 35 ~ 50 岁　　☐ 50 岁以上

3. 学历：

☐ 高中及以下　☐ 大专　　　　☐ 本科　　　　　☐ 研究生及以上

4. 职位：

☐ 一般员工　　　　　　　　　☐ 基层管理人员

☐ 中层管理人员　　　　　　　☐ 高层管理人员

5. 工作年限：

☐ 1 ~ 5 年　　☐ 6 ~ 10 年　　☐ 10 年以上

6. 所在区域：＿＿＿＿＿＿＿＿＿

请您根据对绿色食品区域品牌的理解和自身认知判断，对绿色食品区域品牌生态系统竞争力评价指标与贵地区域品牌的符合程度进行评价。问卷采用 1 ~ 7 标度法，分别表示非常不满意、不满意、比较不满意、中等满意、比较满意、满意、非常满意，请您在相应的认同程度数字上划"√"。

序号	评价指标	满意程度						
1	企业组织管理规范、高效	1	2	3	4	5	6	7
2	地方政府提供良好的公共服务和政策支持	1	2	3	4	5	6	7
3	行业协会发挥了较好监管作用	1	2	3	4	5	6	7
4	区域资源禀赋优越	1	2	3	4	5	6	7
5	产业集群发展成熟	1	2	3	4	5	6	7
6	产业化龙头企业发展强劲	1	2	3	4	5	6	7
7	绿色食品区域品牌具有较高的市场占有率	1	2	3	4	5	6	7
8	绿色食品区域品牌具有良好的创利能力	1	2	3	4	5	6	7
9	绿色食品区域品牌具有良好的创新能力	1	2	3	4	5	6	7
10	绿色食品区域品牌具有持久发展能力	1	2	3	4	5	6	7
11	绿色食品企业与供应商关系良好	1	2	3	4	5	6	7
12	绿色食品企业与消费者互动关系良好	1	2	3	4	5	6	7
13	绿色食品企业与竞争性集群关系良好	1	2	3	4	5	6	7

问卷到此结束,感谢您的配合!

附录 C 绿色食品区域品牌生态系统
驱动机制调查问卷

尊敬的女士/先生:

您好! 非常感谢您在百忙中抽空填答这份调查问卷。本项研究旨在考察企业动态能力对绿色食品区域品牌生态系统成长性的影响。您的回答无对错之分,填写时请不要有任何顾虑。我们承诺本次问卷调查仅供学术研究专用,不涉及任何商业用途,并对您填写的内容页绝对严格保密。您对问卷的填写质量直接决定了我们研究成果的准确与否,希望您能抽出一点宝贵的时间逐一回答每一个问题。衷心感谢您的支持和参与,并祝您身体健康、工作顺利!

企业填答题项:

1. 企业所在行业是:

□ 制造业 □ 非制造业

2. 企业性质属于:

□ 国有控股 □ 私人控股

□ 合资企业 □ 其他_____

3. 企业的成立时间有多长:

□ 3 年以下 □ 3 ~ 5 年 □ 5 ~ 10 年

□ 10 ~ 20 年 □ 20 年以上

4. 企业负债率在:

□ 低于 30% □ 30% ~ 60% □ 60% ~ 90%

□ 高于 90%

5. 企业净资产收益率:

□ 高于行业平均水平 □ 低于行业平均水平

□ 与行业平均水平持平

请您根据对企业动态能力的理解和自身认知判断,对企业动态能力评价指标与贵企业的符合程度进行评分,并在相应的认同程度上画"√"。评分用 1 ~ 5 表示,1 分表示"非常不符合",2 表示"不符合",3 表示"中立",4 表示"符合",5 表示"非常符合"。

A1. 企业具备长期、稳定地获取竞争优势的能力:

□ 非常不符合　　　　□ 不符合　　　　□ 中立

□ 符合　　　　　　　□ 非常符合

A2. 企业能将现有资源进行高效地重置：

□ 非常不符合　　　　□ 不符合　　　　□ 中立

□ 符合　　　　　　　□ 非常符合

A3. 企业能将新技术或知识纳入到内部学习计划中：

□ 非常不符合　　　　□ 不符合　　　　□ 中立

□ 符合　　　　　　　□ 非常符合

A4. 企业能以较快速度响应市场上的价格、市场偏好等变化：

□ 非常不符合　　　　□ 不符合　　　　□ 中立

□ 符合　　　　　　　□ 非常符合

行业协会或地方政府填答题项：

1. 绿色食品区域品牌所在区域为：

□ 中国南方地区　　　□ 中国北方地区

2. 绿色食品区域品牌龙头企业的成立时间有多长：

□ 3 年以下　　　　　□ 3～5 年　　　　　□ 5～10 年

□ 10～20 年　　　　 □ 20 年以上

3. 绿色食品区域品牌平均资产规模以上的企业数量为：

□ 10 家以下　　　　 □ 10～20 家　　　　□ 20 家以上

请您根据对绿色食品区域品牌的理解和自身认知判断，对绿色食品区域品牌评价指标与贵地区域品牌的符合程度进行评分，并在相应的认同程度上画"√"。评分用 1～5 表示，1 分表示"非常不符合"，2 表示"不符合"，3 表示"中立"，4 表示"符合"，5 表示"非常符合"。

B1. 区域品牌具有优越的地理环境

□ 非常不符合　　　　□ 不符合　　　　□ 中立

□ 符合　　　　　　　□ 非常符合

B2. 区域品牌具有优越的人文环境：

□ 非常不符合　　　　□ 不符合　　　　□ 中立

□ 符合　　　　　　　□ 非常符合

B3. 品牌文化具有良好的历史传承：

□ 非常不符合　　　　□ 不符合　　　　□ 中立

□ 符合　　　　　　　□ 非常符合

B4. 区域品牌获得的政策支持力度较大：

☐ 非常不符合　　　☐ 不符合　　　☐ 中立

☐ 符合　　　　　　☐ 非常符合

B5. 区域品牌能够享受到地方政府良好的公共服务：

☐ 非常不符合　　　☐ 不符合　　　☐ 中立

☐ 符合　　　　　　☐ 非常符合

B6. 区域品牌拥有良好的品牌战略：

☐ 非常不符合　　　☐ 不符合　　　☐ 中立

☐ 符合　　　　　　☐ 非常符合

B7. 区域品牌具有统一的品牌推广体系：

☐ 非常不符合　　　☐ 不符合　　　☐ 中立

☐ 符合　　　　　　☐ 非常符合

B8. 区域品牌的品牌建设体系较为健全：

☐ 非常不符合　　　☐ 不符合　　　☐ 中立

☐ 符合　　　　　　☐ 非常符合

B9. 区域品牌具有良好的市场竞争力：

☐ 非常不符合　　　☐ 不符合　　　☐ 中立

☐ 符合　　　　　　☐ 非常符合

问卷到此结束，感谢您的配合！